*Robert Louis Stevenson*

# Die Abenteuer des David Balfour

***Teil 1: David***



nexx verlag

*Robert Louis Stevenson*
**Die Abenteuer des David Balfour**
*Teil 1: David*

*ISBN/EAN: 978-3-95870-693-4*

2. Auflage

Rechtschreibung und Schreibweise des Originaltextes wurden behutsam angepasst.

Cover: Illustration von Madelaine Harder,
Gestaltung: nexx verlag, 2024

www.nexx-verlag.de

**Hersteller**
*nexx verlag gmbh*
Terra Wohnpark 7
78052 Villingen-Schwenningen

**Kontakt**
kontakt@nexx-verlag.de

nexx
verlag

## Inhalt

## Ich mache mich auf, um zum Haus der Shaws zu reisen

Ich will die Geschichte meiner Abenteuer mit einem bestimmten Tag beginnen. Es war ein Juni-Morgen im Jahre des Heils 1751, als ich zum letzten Mal den Schlüssel aus der Tür meines Vaterhauses zog. Die Sonne sandte ihre ersten Strahlen über die Gipfel der Hügel, während ich die Straße hinunterschritt, und als ich bis zum Pfarrhaus gekommen war, sangen die Amseln in den Holunderbüschen des Gartens, und der Nebel, der zur Zeit der Dämmerung rings im Tal zu hängen pflegte, begann sich zu heben und dahinzuschwinden.

Mr. Campbell, der Geistliche von Essendean, wartete auf mich beim Gartentor, der gute Mann! Er fragte mich, ob ich gefrühstückt hätte, und als er hörte, dass ich nichts brauche, nahm er meine Hand in seine beiden und zog sie freundschaftlich unter seinen Arm.

»Nun Davie, mein Junge,« sagte er, »ich will mit dir bis zum Fluss gehen, um dich auf den richtigen Weg zu bringen.«

Und wir begannen schweigend vorwärts zu gehen.

»Tut es dir leid, Essendean zu verlassen?« fragte er nach einer Weile.

»Ja, Herr,« sagte ich, »wenn ich wüsste, wohin ich gehe oder was aus mir werden soll, so würde ich es Euch offen sagen. Essendean ist wirklich ein schöner Ort und ich war hier sehr glücklich; aber dann wieder – ich bin noch nie anderswo gewesen. Meinem Vater und meiner Mutter werde ich, da sie nun beide tot sind, in Essendean nicht näher sein als im Königreich Ungarn; und um die Wahrheit zu sprechen, wenn ich glauben könnte, dass ich die Chance habe, es mir dort, wohin ich gehe, zu verbessern, dann ging ich wohl mit Freuden.«

»Ja?« sagte Mr. Campbell. »Das ist gut, Davie. Dann ist es wohl angebracht, dir deine Zukunft vorauszusagen, wenigstens so weit ich es kann. Als deine Mutter gestorben war und dein Vater (der ehrenwerte, gute Christ) krank wurde und sein Ende nahen fühlte, vertraute er mir einen gewissen

Brief an und sagte, das wäre dein Erbe. ›Sobald ich‹, sagte er, ›gegangen sein werde und das Haus übergeben ist und über alle Habe verfügt sein wird‹ (was alles geschehen ist, Davie), ›so gebt meinem Jungen diesen Brief in die Hand und sorgt dafür, dass er sich zum Haus der Shaws aufmacht, nicht weit von Cramond. Das ist der Ort, von dem ich stamme,‹ sagte er, ›und es gehört sich, dass mein Sohn dahin zurückkehrt. Er ist ein starker Bursche‹, sagte dein Vater, ›und ein gut zu Fuß; und ich zweifle nicht, dass er dort heil ankommen und gut aufgenommen werden wird.‹«

»Das Haus der Shaws!« rief ich. »Was hatte mein armer Vater mit dem Haus der Shaws zu tun?«

»Ja,« sagte Mr.Campbell, »wer könnte das mit Gewissheit sagen? Aber der Name dieser Familie, Davie, mein Junge, ist der Name, den du trägst – Balfour of Shaws; ein altes, ehrenwertes, wohlbekanntes Haus, in letzter Zeit durch Zufall in Verfall geraten. Auch war dein Vater, wie dies seiner Stellung entsprach, ein Mann von Wissen; keiner war wie er dazu berufen eine Schule zu leiten; auch hatte er weder das Benehmen noch die Sprache eines einfachen Dorfschullehrers, sondern (wie du dich wohl selbst erinnern wirst) hatte ich viel Vergnügen daran, ihn ins Pfarrhaus zu rufen, dass er dort Leuten von Stand und Ansehen begegne; und die Angehörigen meines Hauses, Campbell von Kilrennet, Campbell von Dunswire, Campbell von Minch und andere – alles wohl angesehene Herren – fanden Vergnügen an seiner Gesellschaft. Endlich nun, um dir alle Einzelheiten dieser Angelegenheit selbst klar zu machen, hier ist der testamentarische Brief selbst, von der eigenen Hand unseres verstorbenen Bruders geschrieben.«

Er gab mir den Brief, der mit folgenden Worten überschrieben war: »Zu Händen von Ebenezer Balfour, Esquire of Shaws, im Haus der Shaws, wird dieses von meinem Sohn David Balfour übergeben.« Mein Herz begann heftig zu schlagen bei diesen großen Aussichten, die sich mir plötzlich eröffneten, einem Knaben von sechzehn Jahren, dem Sohn eines armen Dorfschullehrers in den Wäldern von Ettrick.

»Mr. Campbell,« stammelte ich, »würdet Ihr gehen an meiner Stelle?«

»Ganz sicherlich,« sagte der Geistliche, »das tät ich, und zwar ohne Zeitverlust. Ein kräftiger Bursche wie du, müsste in zwei Tagesmärschen in Cramond sein (das ist nicht weit über Edinburgh). Käme das Schlimmste zum Schlimmen, und deine hohen Angehörigen (denn ich muss wohl annehmen, dass sie irgendwie deine Blutsverwandten sind) versperrten dir ihre Tür, dann müsstest du diese beiden Tagereisen eben wieder zurückgehen und an die Tür des Pfarrhauses klopfen. Aber ich will eher hoffen, dass du gut empfangen wirst, wie dein armer Vater annahm, und soweit ich es überblicken kann, mit der Zeit ein großer Mann werden wirst. Und jetzt, Davie, mein Junge,« schloss er, »liegt es mir sehr am Herzen, diese Abschiedsstunde würdig zu nützen und dich vor allen Gefahren der Welt ernsthaft zu warnen.«

Hier sah er sich nach einer bequemen Sitzgelegenheit um, wählte dann einen großen Stein unter einer Birke am Rand der Straße, setzte sich hin, machte eine sehr lange, ernste Oberlippe und breitete, da die Sonne nun zwischen zwei Berggipfeln hell auf uns schien, ein Taschentuch über seinen krämpenlosen Hut, um sich zu schützen. So begann er nun mich mit erhobenem Zeigefinger erst vor einer beträchtlichen Anzahl von Irrlehren zu warnen, zu denen ich keinerlei Neigungen hatte, und beschwor mich, beständig zu bleiben in meinen Gebeten und im Lesen der Bibel. Dies getan, entwarf er ein Bild des großen Hauses, in das ich kommen werde und wie ich mich gegenüber den Bewohnern benehmen sollte.

»Sei nachgiebig, Davie, in gleichgültigen Dingen«, sagte er. »Halte es dir stets vor Augen, dass du, obgleich edel geboren, nur auf dem Lande erzogen wurdest. Beschäm' uns nicht, Davie, beschäm' uns nicht. In jenem großen Haus mit all den Bedienten oben und unten, zeig' dich so höflich, so umsichtig, so schnell im Begreifen und so langsam im Sprechen wie irgendeiner. Und was den Gutsherrn betrifft – vergiss nicht, er ist der Gutsherr; ich sage nicht mehr. Ehre, wem Ehre gebührt. Es ist für junge Menschen ein Vergnügen, seinem Gutsherrn zu gehorchen.«

»Gut, Herr,« sagte ich, »es mag so sein, und ich versprech' Euch, mich zu bemühen, es so zu machen.«

»Sehr gut gesagt«, antwortete Mr. Campbell herzlich. »Und nun, um zur Sache zu kommen oder (um ein Wortspiel zu machen) zur Nebensache. Ich habe hier ein kleines Päckchen, das vier Dinge enthält.« Er zog es bei diesen Worten nicht ohne Schwierigkeiten aus der Brusttasche seines Mantels hervor. »Von diesen vier Dingen ist das erste dein gesetzliches Erbteil: das bisschen Geld für deines Vaters Bücher und Einrichtungsgegenstände, die ich gekauft habe (wie ich von Anfang an erklärte), um sie mit Gewinn dem zukünftigen Schullehrer wieder zu verkaufen. Die anderen drei Gaben sind von Mrs. Campbell und mir und wir würden uns freuen, wenn du sie annehmen würdest. Das erste ist rund und wird dir wohl fürs erste am besten gefallen; aber, oh Davie, mein Junge, es ist nur wie ein Tropfen Wasser im Meer; es wird dir nur einen Schritt weit helfen und dahinschwinden wie der Morgen. Das zweite ist flach und viereckig und beschrieben; es wird dir dein ganzes Leben lang beistehen wie ein guter Stock auf der Landstraße oder ein gutes Kissen unterm Kopf auf dem Krankenlager. Und was das letzte betrifft, das kubisch ist, das wird dich hoffentlich – ich will Gott darum in meinen Gebeten bitten – in ein besseres Land begleiten.«

Mit diesen Worten stand er auf, nahm seinen Hut ab und betete ein Weilchen laut und in rührenden Worten für einen jungen Mann, der im Begriff stand in die weite Welt zu ziehen. Dann schloss er mich plötzlich in seine Arme und küsste mich sehr fest; dann hielt er mich mit ausgestreckten Armen vor sich und sah mich mit schmerzlich zuckendem Gesicht an, dann drehte er sich schnell um und rief mir ein Lebewohl zu und lief in einer Art Trab den Weg zurück, den wir gekommen waren. Einem anderen hätte es lächerlich vorkommen mögen, aber mir war nicht zum Lachen zumute. Ich blickte ihm nach, solange er noch zu sehen war; er blieb auch nicht einen Augenblick stehen und sah sich nicht ein einziges Mal um. Da wurde es mir mit einem Mal klar, dass all dies nur sein Schmerz über meine Abreise war und ich empfand heftige Gewissensbisse, weil ich für mein Teil nur allzu glücklich war, fortzukommen aus diesem stillen Dorf und in ein großes, bewegtes Haus unter reiche und angesehene, vornehme Leute meines eigenen Namens und Blutes zu gehen.

»Davie, Davie,« dachte ich, »hat man schon je solch Undank gesehen? Kannst du beim bloßen Klang eines Namens gleich alte Wohltaten und alte Freunde vergessen? Pfui, pfui! Welche Schande!«

Und ich setzte mich an eben der Stelle nieder, von wo der gute Mann gerade aufgestanden war und öffnete das Päckchen, um meine Gaben zu besehen. Das, was er kubisch genannt hatte, war natürlich – ich war darüber keinen Augenblick im Zweifel gewesen – eine kleine Taschenbibel. Das, was er rund genannt hatte, war, wie sich herausstellte, ein Schillingstück und das dritte, das mir so wunderbar, ob gesund, ob krank, all mein Lebtag helfen sollte, war ein kleines, gewöhnliches, gelbes Stückchen Papier, auf dem mit roter Tinte folgendes geschrieben stand:

*Bereitung von Maiglöckchen-Wasser*

*Man nehme die Blüten von Maiglöckchen, destilliere sie in Säckchen und trinke ein oder zwei Löffel davon, je nach Bedarf. Es gibt den Stummen die Sprache wieder. Es ist gut gegen die Gicht. Es stärkt das Herz und schärft das Gedächtnis. Die Blüten gebe man in ein fest verschlossenes Glas und setze dieses für einen Monat in einen beliebigen Ameisenhaufen, dann nehme man es wieder heraus und man wird einen Saft finden, der von den Blüten stammt und den man in einem Fläschchen aufbewahren muss. Er ist gut für Mann und Weib, ob gesund, ob krank.*

Und dann von des Geistlichen eigener Hand:

*Ebenso für Verstauchungen, damit einzureiben; und für Koliken, ein großer Löffel stündlich.*

Darüber nun habe ich natürlich gelacht. Aber es war mehr ein zitterndes Lachen und ich war froh, mein Bündel an das Ende meines Stockes zu hängen; so setzte ich über den Fluss und dann, auf der anderen Seite, den Hügel hinauf. Bis ich, gerade als ich zur großen Herdenstraße kam, die breit durch die Heide lief, den Blick auf Kirk Essendean warf, auf die

Bäume, die um das Pfarrhaus standen und auf den Friedhof, wo mein Vater und meine Mutter lagen.

## Ich gelange an das Endziel meiner Reise

Am Vormittag des zweiten Tages sah ich, als ich auf die Spitze eines Hügels kam, das Land rings vor mir zum Meer hin abfallen; und inmitten dieses Abhanges, auf einem langen Grat rauchte die Stadt Edinburgh wie ein Riesenofen. Eine Flagge wehte auf dem Schloss, und Schiffe bewegten sich auf dem Meer oder lagen in der Bucht verankert. Ich konnte beides genau sehen, so weit entfernt ich auch stand, und beides bewog mich, mein Landratten-Maul weit aufzusperren.

Kurz nachher kam ich an einem Haus vorbei, in dem ein Hirte wohnte und der gab mir ungefähr die Richtung an, wie ich in die Gegend von Cramond käme; und so arbeitete ich mich von einem zum anderen durch, bis ich über Colinton westlich von der Hauptstadt auf der Straße von Glasgow herauskam. Dort erblickte ich zu meiner großen Freude und Verwunderung ein Regiment Soldaten, die im Takt zum Klang der Pfeifen marschierten, ein alter rotwangiger General auf einem grauen Pferd an einem Ende und eine Kompagnie Grenadiere mit ihren Bischofsmützen am anderen. Aller Lebensmut schien mir beim Anblick der Rotröcke und beim Klang der fröhlichen Musik zu Kopf zu steigen.

Ein Stückchen weiter sagte man mir, dass ich im Gemeindebezirk von Cramond wäre, und ich fing nun an, mich in meinen Fragen nach dem Haus der Shaws zu erkundigen. Das schien jene, von denen ich meinen Weg zu erfragen suchte, in Erstaunen zu setzen. Zuerst glaubte ich, dass die Einfachheit meiner Erscheinung – in meinem Bauernanzug, der noch dazu von der Landstraße ganz staubig war – schlecht zu der Größe des Ortes passte, zu dem ich gelangen wollte. Aber nachdem ich von zweien oder auch dreien denselben Blick und dieselbe Antwort erhalten hatte, da ging es mir langsam auf, dass da etwas Sonderbares um die Shaws sein müsse.

Um diese Furcht schneller zu verscheuchen, änderte ich die Art meiner Fragen. Als ich einen ehrlichen Burschen erspäht hatte, der in seinem Karren über eine Wiese herankam, fragte ich ihn, ob er jemals etwas von einem Haus der Shaws, wie sie es nannten, gehört habe.

Er hielt seinen Wagen an und sah mich genau so wie die übrigen an.

»Ja,« sagte er, »warum?«

»Ist es ein großes Haus?« fragte ich.

»Sicherlich«, sagte er. »das Haus ist ein großes, geräumiges Haus.«

»Ja,« sagte ich, »und die Leute, die darin wohnen?«

»Leute?« rief er, »seid Ihr verrückt? Dort gibt's keine Leute – was man so Leute nennt.«

»Was?« sagte ich, »nicht Mr. Ebenezer?«

»Oh ja,« sagte der Mann, »der Gutsherr dort, natürlich wenn Ihr den sucht. Was habt Ihr denn dort zu tun, Herrchen?«

»Ich hab' geglaubt, dass ich dort eine Stelle bekommen könnte«, sagte ich und sah so bescheiden drein, wie ich nur konnte.

»Was?« ruft der Mann so laut, dass sogar sein Pferd scheute. Und dann: »Na, mein Herrchen,« fügte er hinzu »es geht mich ja nichts an, aber Ihr scheint ein ordentlicher Bursche zu sein und wenn Ihr von mir einen Rat annehmen wollt, so haltet Euch fern von den Shaws.«

Der Nächste, dem ich begegnete, war ein gewandtes, kleines Männchen mit einer schönen, weißen Perücke, das ich sofort als einen Barbier erkannte, der seine Runde machte. Da ich wohl wusste, dass Barbiere große Schwätzer sind, fragte ich ihn geradeheraus, was Mr. Balfour of Shaws für ein Mann sei.

»Hu, hu, hu,« sagte der Barbier, »das ist so eine Art von einem Mann, gar keine Art von einem Mann eigentlich«, und er fing ganz schlau an, mich darüber auszufragen, was ich eigentlich vorhätte. Aber darin war ich ihm wohl gründlich gewachsen und er musste zu seinem nächsten Kunden abziehen, um Nichts klüger als zuvor.

Ich kann nicht gut beschreiben, was das für ein Schlag für all meine Illusionen war. Je unbestimmter die Anschuldigungen waren, umso weniger gefielen sie mir, denn sie ließen meiner Phantasie umso größeren Spielraum. Was für ein seltsames Haus musste das sein, dass die ganze Gemeinde erstaunte und erstarrte, wenn einer nach dem Weg dahin fragte? Oder was für ein merkwürdiger Herr, dass sein übler Ruf auf der offenen Straße so wohlbekannt war? Hätte mich eine Stunde Weges nach Essendean zurückgebracht, wie gerne hätte ich meine Abenteuer im Stich gelassen und wäre zurückgekehrt zum Haus des Mr. Campbell. Aber da ich schon einen so weiten Weg gemacht hatte, schämte ich mich, von meinem Vorhaben abzusehen, ehe ich die Sache genau geprüft hatte. Ich fühlte mich aus bloßer Selbstachtung gezwungen, durchzuhalten. Und so wenig mir auch das, was ich hörte, gefiel und so langsam ich auch weiterging, so fragte ich mich doch durch und kam vorwärts.

Es war schon um die Dämmerung, als mir ein kräftiges, dunkles, finster blickendes Weib begegnete, das langsam einen Hügel herunter kam. Als ich meine gewohnte Frage an sie stellte, wandte sie sich schnell um, begleitete mich bis zur Spitze des Hügels, den sie eben heruntergekommen war, zurück und deutete auf einen großen Gebäudekomplex, der auffallend kahl inmitten einer Rasenfläche stand, unten in dem vor uns liegenden Tal. Die Gegend rings umher war gar lieblich; sanfte Hügel, Bäche, Wälder und Felder, deren Getreide mir ganz besonders hoch und schön zu stehen schien. Aber das Haus selbst glich einer Ruine, keine Straße führte hinzu, kein Rauch stieg von den Kaminen empor, auch gab es Nichts, was einem Garten glich. Mein Mut sank. »Das?« rief ich.

Das Antlitz des Weibes leuchtete auf in boshaftem Hass. »Das ist das Haus der Shaws!« rief sie. »Mit Blut wurde es gebaut; Blut brachte den Bau zum Stillstand; durch Blut soll es fallen. Da sieh!« rief sie wieder, »ich speie auf den Boden und knicke meinen Daumen davor! Dunkel sei sein Fall! Wenn du den Gutsherrn siehst, sag' ihm, was du hörst. Sag' ihm, dies ist das zwölfhundertneunzehnte Mal, dass Jennet Clouston den Fluch gesprochen hat über ihn und sein Haus, über Speicher und Stall, Männer und Gäste und Herr, Frau, Mädchen und Kind – schwarz und schwer sei ihr Fall!«

Und das Weib, deren Stimme sich zu einer Art beschwörendem Sing-Sang erhoben hatte, wandte sich mit einem Ruck um und war verschwunden. Ich stand, wo sie mich verlassen hatte und die Haare standen mir zu Berge. In jenen Tagen glaubten die Leute noch an Hexen und zitterten vor einem Fluch. Und dieser, der so unerwartet niedergedonnert war, ein zufälliges Omen, mich warnend, an meinem Vorhaben festzuhalten, ließ mir das Mark in den Knochen erstarren.

Ich setzte mich hin und starrte auf das Haus der Shaws. Je länger ich hinsah, umso lieblicher erschien mir die ganze Gegend. Rings umher die Hagedornbüsche in voller Blüte, die Wiesen gesprenkelt mit weidenden Schafen, ein Zug Krähen hoch oben in der Luft, alle Anzeichen eines fruchtbaren Bodens und freundlichen Klimas. Doch diese Baracke inmitten all dieses Friedens wollte zu meinen Erwartungen so gar nicht passen.

Es gingen wohl Bauersleute vorbei, als ich da so am Rand des Grabens saß, aber es fiel mir nicht ein, ihnen einen guten Abend zu wünschen. Endlich ging die Sonne unter und dann sah ich, sich scharf gegen den gelben Himmel abhebend, eine Rauchsäule aufsteigen, nicht viel dicker schien es mir als der Rauch einer Kerze. Aber immerhin sie war doch da und bedeutete Feuer und Wärme und Essen und irgendeinen lebendigen Bewohner, der es angezündet haben musste. Und das tröstete mein Herz ungemein – mehr, sicherlich, als eine ganze Flasche voll von jenem Maiglöckchen-Wasser, von dem Mr. Campbell so viel Aufhebens machte.

Und so setzte ich mich in Bewegung und folgte einer schwachen Spur im Gras, die in meiner Richtung führte. Sie war wirklich sehr schwach, als einziger Weg zu einem bewohnten Ort, aber ich sah keine andere. Endlich brachte sie mich zu einigen aufgeschichteten Steinen mit einer ungedeckten Hütte daneben und einer Menge dürrer Äste darauf. Zweifellos hätte das wohl einmal ein Haupteingang werden sollen, war aber nie vollendet worden. Statt eines Gittertores aus getriebenem Eisen waren einige mit Stroh umwickelte Zaunpfähle im Boden befestigt, und da es keine Gartenmauer gab und kein Anzeichen einer Allee, folgte ich einem Pfad, der rechts an den Pfählen vorbei auf das Haus zu führte.

Je näher ich kam, umso trostloser sah es aus. Es erschien wie der eine Flügel eines Hauses, das niemals beendet worden war. Was im Innern hätte sein sollen, stand frei sichtbar im oberen Stockwerk und hob sich mit Stufen und Stiegen eines unvollendeten Baues vom Himmel ab. Viele der Fenster waren ohne Scheiben und die Fledermäuse flogen ein und aus wie Tauben in einen Taubenschlag.

Als ich nahe gekommen war, begann es langsam Nacht zu werden. In dreien der unteren Fenster, die ziemlich hoch oben waren und klein und fest vergittert, fing das flackernde Licht eines kleinen Feuers zu leuchten an.

War dies das Schloss, zu dem ich gewandert war? Waren es diese Mauern, hinter denen ich neue Freunde und ein großes Vermögen suchen sollte? Nein, in meines Vaters Haus in Essendean pflegte das Feuer und die hellen Lichter eine Meile weit zu leuchten und die Tür sich beim ersten Pochen eines jeden Bettlers zu öffnen.

Ich ging vorsichtig weiter und scharf hinhorchend, hörte ich jemand mit Schlüsseln klappern und ein schwaches trocknes Husten, das stoßweise kam; aber es war kein Ton einer menschlichen Stimme zu hören und kein Hund bellte.

Die Tür war, so gut ich es im Finstern sehen konnte, aus starkem Holz, ganz mit Nägeln beschlagen und ich zog schwachen Mutes meine Hand unterm Rock hervor, um zu klopfen. Dann stand ich und wartete. Im Haus war es totenstill geworden. Eine ganze Minute verging und nichts regte sich, nur die Fledermäuse oben. Ich klopfte wieder und horchte wieder. Jetzt waren meine Ohren schon so sehr an die Stille gewöhnt, dass ich das Ticken der Uhr drinnen vernahm, wie sie langsam die Sekunden zählte. Aber wer auch immer in diesem Haus sein mochte, er verhielt sich totenstill und musste sogar seinen Atem anhalten.

Ich war im Zweifel, ob ich davonlaufen sollte; aber der Zorn behielt die Oberhand und ich fing stattdessen an, mit Fäusten und Füßen gegen die Tür zu schlagen und laut nach Mr. Balfour zu schreien. Ich war mittendrin, als ich das Husten gerade über meinem Kopf vernahm. Ich fuhr zurück, sah hinauf und erblickte den Kopf eines Mannes in einer großen Nachtmütze und die Mündung eines Gewehres in einem der Fenster des ersten Stockwerkes.

»S' ist geladen«, sagte die Stimme.

»Ich bin mit einem Brief hergekommen«, sagte ich, »für Mr. Ebenezer Balfour of Shaws. Ist er hier?«

»Von wem ist er?« fragte der Mann mit der Flinte.

»Von irgendjemandem«, sagte ich, denn ich wurde ganz wütend.

»Gut,« war die Antwort, »du kannst ihn auf die Türschwelle legen und dich fortscheren.«

»Das werde ich nicht tun«, rief ich. »Ich werde ihn Mr. Balfour selbst übergeben, so wie es mir aufgetragen worden war. Es ist ein Empfehlungsbrief.«

»Was ist es?« rief die Stimme scharf.

Ich wiederholte, was ich gesagt hatte.

»Wer bist denn du selbst?« war die nächste Frage nach einer beträchtlichen Pause.

»Ich schäme mich meines Namens nicht,« sagte ich, »man nennt mich David Balfour.«

Daraufhin musste der Mann wohl zurückgefahren sein, denn ich hörte das Gewehr am Fensterbrett rasseln; und erst nach einer ziemlich langen Pause und mit merkwürdig veränderter Stimme folgte die nächste Frage:

»Ist dein Vater tot?«

Ich war so überrascht, dass mir die Stimme versagte. Ich stand still und starrte ihn an.

»Ja,« fing der Mann wieder an, »er wird wohl tot sein, zweifellos, und das führt dich auch her und darum klopfst du an meine Tür.« Wieder Pause und dann verächtlich: »Na gut, junger Mann,« sagte er, »ich will dich herein lassen.« Und er verschwand vom Fenster.

## Ich mache die Bekanntschaft meines Onkels

Gleich darauf hörte man ein schreckliches Rasseln von Ketten und Riegeln, die Tür wurde vorsichtig geöffnet und, sobald ich hinein gegangen war, gleich wieder hinter mir geschlossen.

»Geh in die Küche, aber rühr' dort nichts an«, sagte die Stimme, und während der Hausbewohner daran ging, die Verschanzung der Tür wieder in Ordnung zu bringen, tastete ich meinen Weg vorwärts und trat in die Küche.

Das Feuer brannte nun hübsch hoch und zeigte mir den kahlsten Raum, den ich nur jemals in meinem Leben gesehen hatte, glaub' ich. Ein halbes Dutzend Schüsseln standen auf dem Sims; der Tisch war für das Abendessen gedeckt: ein Teller Suppe, ein Holzlöffel und ein Becher dünnen Bieres. Außer den Dingen, die ich aufgezählt habe, war auch nicht ein einziger Gegenstand in diesem großen, steinüberdeckten, leeren Raum, nur fest versperrte Kasten längs der Wände und ein Eckschrank mit einem großen Vorhängeschloss.

Endlich, als die letzte Kette wieder vorgehängt war, kam mir der Mann nach. Er war ein schmächtiger, gebückter, schmalschultriger Kerl von fahler Gesichtsfarbe, und sein Alter mochte so zwischen fünfzig und sechzig liegen. Seine Nachtmütze war aus Flanell und ebenso sein Schlafrock, den er statt eines Rockes und einer Weste über seinem zerrissenen Hemd trug. Er war schon lange nicht rasiert, aber was mich am meisten abschreckte, ja sogar entsetzte, war, dass er die Augen weder von mir abwandte, noch mir gerade ins Gesicht sah. Was er nach Geburt und Stand sein mochte, war mehr als ich ergründen konnte; am ehesten glich er noch einem alten, unbrauchbaren Diener, dem man gegen ein Kostgeld die Aufsicht über dieses weitläufige Gebäude übergeben hatte.

»Bist du müde gelaufen«, fragte er bis etwa zur Höhe meiner Knie schielend. »Kannst den Tropfen Suppen da essen.« Ich sagte, ich fürchtete, es wäre sein eigenes Essen.

»Oh,« sagte er, »ich kann es leicht entbehren. Nur das Bier will ich nehmen, es lindert meinen Husten.« Er trank den Becher halb aus, wobei er mich während des Trinkens stets im Auge behielt und plötzlich streckte er die Hand aus und sagte: »Zeig' mir den Brief.«

Ich sagte ihm, dass der Brief für Mr. Balfour wäre und nicht für ihn.

»Und wer glaubst du, bin ich?« sagte er, »gib mir Alexanders Brief.«

»Ihr kennt den Namen meines Vaters?«

»'s wär' merkwürdig, wenn ich ihn nicht kennen sollte,« antwortete er, »er war doch mein leiblicher Bruder. Und so wenig dir meine Person, mein Haus und meine gute Suppe zu gefallen scheinen, so bin ich doch dein leiblicher Onkel, Davie, mein Junge, und du mein leiblicher Neffe. Also gib uns den Brief und setz' dich nieder und füll' dir den Magen.«

Wäre ich einige Jahre jünger gewesen, so wäre ich zweifellos vor Scham, Müdigkeit und Enttäuschung in Tränen ausgebrochen. Aber so wie es war, konnte ich keine Worte finden, weder gut noch böse, sondern händigte ihm den Brief aus und setzte mich zur Suppe nieder, mit so geringer Lust zu essen, wie nur je ein junger Mann empfunden haben mag.

Inzwischen drehte mein Onkel, über das Feuer gebeugt, den Brief in seinen Händen hin und her.

»Weißt du, was drin steht?«, fragte er mich plötzlich.

»Ihr könnt ja selbst sehen, Herr, dass das Siegel nicht aufgebrochen ist«, sagte ich.

»Ja,« sagte er, »aber was hat dich hergeführt?«

»Den Brief abzugeben«, sagte ich.

»Nein,« sagte er schlau, »du hast doch sicherlich irgendwelche Hoffnungen gehabt?«

»Ich gestehe, Herr,« sagte ich, »als ich hörte, dass ich wohlhabende Verwandte hätte, wiegte ich mich wohl in der Hoffnung, dass sie mir auf meinem Lebensweg behilflich sein könnten. Aber ich bin kein Bettler. Ich schiele nicht nach Gnaden von Eurer Hand und will keine Geschenke, die nicht freiwillig gegeben werden. Denn, so arm ich auch scheinen mag, so hab' ich doch eigene Freunde, die mir gerne helfen werden.«

»Ta – ta – ta!« sagte Onkel Ebenezer, »musst mich nicht gleich anschnauzen und beleidigt sein. Wir werden uns schon ganz gut vertragen. Und dann, Davie, mein Junge, wenn du die Suppe nicht mehr essen willst, kann ich ebenso gut selbst einen Löffel voll davon nehmen. Ja,« fuhr er fort, nachdem er mir Stuhl und Löffel abgenommen hatte, »'s ist ein gutes, nahrhaftes Essen, Suppe.« Er murmelte leise irgendein Tischgebet und fiel darüber her. »Dein Vater war ein guter, um nicht zu sagen starker Esser; während ich von den Speisen immer nur kaum naschen konnte.« Er nahm einen Schluck Dünnbier und sein nächster Ausspruch lautete: »Wenn deine Kehle vielleicht trocken ist, hinter der Tür findest du Wasser.«

Darauf gab ich keine Antwort, sondern stand steif auf meinen zwei Beinen und sah zornerfüllt auf meinen Onkel nieder. Er, für sein Teil, fuhr fort zu essen, wie einer, der es eilig hat und warf kleine flüchtige Blicke bald auf meine Schuhe, bald auf meine handgestrickten Socken. Einmal nur, als er zufällig wagte, ein wenig höher zu schielen, begegneten sich unsere Blicke, und kein Dieb, auf frischer Tat ertappt, hätte lebhaftere Zeichen von Verlegenheit zeigen können. Dies erweckte in mir den Gedanken, ob sein scheues Wesen nicht vielleicht daher stammte, dass er jeder menschlichen Gesellschaft so lange entwöhnt war, und ob es nicht auf einen kleinen Versuch ankäme dies zu ändern und mein Onkel vielleicht ein ganz anderer Mensch werden könnte. Seine schrille Stimme weckte mich aus diesen Betrachtungen.

»Dein Vater ist schon lange tot?« fragte er.

»Drei Wochen, Herr«, sagte ich.

»Er war ein verschlossener Mann, Alexander – ein verschlossener, schweigsamer Mann«, fuhr er fort. »Er sprach nie viel, so lange er jung war. Er wird wohl nicht viel von mir erzählt haben?«

»Ich wusste nicht einmal, Herr, dass er überhaupt einen Bruder hatte, ehe Ihr es mir jetzt selbst gesagt habt.«

»Nein, du meine Güte!« sagte Ebenezer. »Auch wohl von den Shaws nicht, wie?«

»Nicht einmal den Namen, Herr«, sagte ich.

»Denk einer nur mal!« sagte er. »Ein sonderbarer Mensch!«

Trotz alledem schien er merkwürdig zufrieden, aber ob mit sich selbst oder mit mir oder mit dem Benehmen meines Vaters war mehr, als ich enträtseln konnte. Sicherlich aber schienen dieser Abscheu und das Übelwollen, die er anfangs gegen meine Person gezeigt hatte, zu schwinden. Denn plötzlich sprang er auf, schritt durch das Zimmer auf mich zu und schlug mir freundschaftlich auf die Schulter. »Wir werden uns noch ganz gut vertragen!« rief er. »Ich bin eigentlich froh, dass ich dich hereingelassen habe. Und jetzt komm ins Bett.«

Zu meiner Verwunderung zündete er weder eine Lampe noch eine Kerze an, sondern ging in den finsteren Vorraum hinaus, tastete, schwer atmend, seinen Weg ein Stockwerk höher die Stiege hinauf und blieb vor einer Tür stehen, die er aufsperrte. Ich war ihm, so gut ich konnte, nachgestolpert und folgte ihm dicht auf den Fersen. Er ließ mich eintreten, denn dies wäre mein Zimmer. Ich tat, wie er mich hieß und bat ihn zum Schlafengehen um ein Licht.

»Ta–ta–ta,« sagte Onkel Ebenezer, »der Mond scheint hell genug.«

»Weder Mond noch Sterne, Herr. Es ist stockfinster«, sagte ich. »Ich kann das Bett nicht sehen.«

»Ta–ta–ta!« sagte er, »Lichter im Haus, das ist so eine Sache, mit der ich nun einmal nicht einverstanden bin. Ich fürchte mich vorm Feuer. Gute Nacht, Davie, mein Junge!« Und ehe ich noch Zeit hatte, weitere Einsprüche zu erheben, schlug er die Tür zu und ich hörte, wie er mich von außen einsperrte.

Ich wusste nicht, ob ich weinen oder lachen sollte. Das Zimmer war so kalt wie ein Brunnen und das Bett, als ich meinen Weg dahin gefunden hatte, so feucht und dumpf wie eine Torfgrube. Aber zum Glück hatte ich mein Bündel und meine Decke mit heraufgebracht, und so wickelte ich mich gut ein, legte mich auf den Boden, windgeschützt durch das große Bettgestell, und schlief augenblicklich ein.

Beim ersten Morgengrauen öffnete ich die Augen. Ich befand mich in einem großen Zimmer; die Wände waren mit gepresstem Leder tapeziert, schöne, gestickte Möbel standen darin und das Licht fiel durch drei große, helle Fenster herein. Vor zehn oder zwanzig Jahren musste es eines der schönsten Zimmer gewesen sein, in dem man zu schlafen oder aufzuwachen nur wünschen konnte. Aber Feuchtigkeit, Schmutz, Unbenütztheit, Mäuse und Spinnen hatten seither alles getan, was in ihrer Macht gestanden hatte. Außerdem waren viele Fensterscheiben zerbrochen; aber das war tatsächlich ein so gewohnter Anblick an der Fassade dieses Hauses, dass ich annehme, mein Onkel musste einmal von Seiten seiner entrüsteten Nachbarn eine Belagerung ausgestanden haben – vielleicht mit Jennet Clouston an der Spitze.

Inzwischen schien draußen hell die Sonne. Da mir in diesem elenden Zimmer sehr kalt war, klopfte und schrie ich solange, bis mein Kerkermeister kam und mich herausließ. Er führte mich an die Hinterseite des Hauses, wo ein Ziehbrunnen war und hieß mich, mir dort Gesicht und Hände waschen, wenn ich wollte. Nachdem dies geschehen war, fand ich, so gut ich konnte, allein den Weg in die Küche zurück, wo er das Feuer bereits angezündet hatte und die Suppe bereitete. Der Tisch war gedeckt mit zwei Schüsseln und zwei Löffeln, aber nur ein Maß Dünnbier wie gestern. Vielleicht ruhte mein Auge mit einigem Erstaunen auf dieser Einzelheit und vielleicht hatte mein Onkel dies bemerkt.

Denn er fing an, wie in Beantwortung meines Gedankens, und fragte mich, ob ich gerne Bier tränke.

Ich sagte ihm, dass dies wohl eine Gewohnheit sei, bat ihn aber, sich deswegen nicht stören zu lassen.

»Na, na,« sagte er, »ich will dir nichts abschlagen, was recht und billig ist.«

Er holte einen zweiten Becher vom Sims herunter, und dann goss er, zu meiner größten Verwunderung, anstatt mehr Bier zu holen, genau die Hälfte von seinem Becher in den anderen. Es lag eine Art Vornehmheit darin, die mir den Atem raubte. Wenn mein Onkel auch sicherlich ein Geizhals war, so war er doch wenigstens ein so wohlerzogener, dass sein Laster dadurch beinahe geadelt wurde.

Als wir unsere Mahlzeit beendet hatten, sperrte mein Onkel Ebenezer einen Kasten auf, nahm eine Tonpfeife und einen Tabaksbeutel heraus, stopfte die Pfeife und sperrte den Tabak wieder ein. Dann setzte er sich an eines der Fenster in die Sonne und rauchte schweigend. Von Zeit zu Zeit schweiften seine Blicke zu mir herüber und er stieß eine seiner Fragen hervor. Einmal war es: »Und deine Mutter?« Und als ich ihm gesagt hatte, dass auch sie bereits tot sei, »Ja, sie war ein liebes, gutes Mädchen!« Dann wieder nach einer langen Pause: »Wer sind denn deine Freunde, die du hast?«

Ich erzählte ihm, es wären einige Herren aus der Familie der Campbells. Eigentlich war es ja nur einer und das war der Geistliche, der sich, genau genommen, nie um mich gekümmert hatte. Aber ich fing an zu glauben, dass mein Onkel meine Stellung zu gering einschätzte und da ich mich mit ihm allein befand, wollte ich nicht, dass er mich für ganz hilflos hielt.

Er schien dies wohl zu überlegen und dann, »Davie, mein Junge,« sagte er, »du hast das Richtige getan, als du zu deinem Onkel Ebenezer kamst. Ich habe viel Sinn für die Familie und will dir Gutes tun. Aber ich will mir's noch ein wenig überlegen, wozu du wohl am besten taugst – ob zu Gericht oder zum Prediger oder vielleicht ins Heer – Buben wollen immer raufen; ich möchte nicht, dass die Balfours von einem gewöhnlichen Highlander Campbell beschämt werden und bitte dich, vorläufig den Mund zu halten. Keine Briefe, keine Botschaften, kein Wort zu irgendjemand, oder sonst – dort ist die Tür!«

»Onkel Ebenezer,« sagte ich, »ich habe keinen Grund anzunehmen, dass du mir anderes als Gutes willst. Trotz alledem möchte ich, dass du weißt, auch ich habe meinen Stolz. Ich bin nicht aus freiem Willen hergekommen um dich aufzusuchen, und wenn du mir noch einmal die Tür weist, so werde ich dich beim Wort nehmen.«

Er geriet anscheinend ganz außer sich. »Ta-ta-ta,« sagte er, »nimm dich in Acht, Mensch! – Nimm dich in Acht! Bleib ein oder zwei Tage hier. Ich bin kein Zauberer, dass ich dein Glück im Suppenteller finden kann! Lass mir doch ein oder zwei Tage Zeit und sag' niemandem was; ich werde schon, so sicher wie nur etwas, das Richtige für dich finden.«

»Also gut,« sagte ich, »dann wollen wir nicht mehr davon sprechen. Wenn du mir helfen willst, dann werde ich sicherlich sehr froh sein und dir gewiss allen Dank wissen.«

Es schien mir (zu früh, muss ich wohl sagen), dass ich die Oberhand über meinen Onkel gewann und ich sagte gleich, dass mein Bettzeug gelüftet werden müsse; denn nichts könnte mich dazu bringen, in einem solchen Kellerloch zu schlafen.

»Ist das mein Haus oder deins?« sagte er mit seiner schrillen Stimme und dann brach er plötzlich ab. »Na, na,« sagte er, »ich hab's nicht so gemeint. Was mein ist, ist dein, Davie, mein Junge, und was dein ist, ist mein. Blut ist stärker als Wasser und es ist keiner außer dir und mir, der den Namen trägt.« Und dann faselte er weiter über die Familie und ihre einstige Größe und seinen Vater, der das Haus vergrößern wollte, und sich selbst, der den Bau als sündhafte Verschwendung angesehen habe, und das brachte mich auf den Gedanken, ihm Jennet Cloustons Botschaft auszurichten.

»Die Vettel!« rief er, »zwölfhundertneunzehn – das ist ebenso viel wie Tage verstrichen sind, seitdem ich sie ausgepfändet habe. Gott, David, ich muss sie auf dem Scheiterhaufen verbrennen lassen, früher werde ich keine Ruhe haben von ihr! Eine Hexe – eine ausgesprochene Hexe! Ich geh' sofort zu Gericht.«

Und mit diesen Worten öffnete er einen Schrank, nahm einen alten, gut erhaltenen blauen Rock samt Weste heraus und einen leidlich guten Biberhut, beides ohne Borten. Er zog schnell alles irgendwie an, nahm einen Stock aus dem Kasten, sperrte alles wieder zu und wollte eben hinausgehen, als ihn ein Gedanke zurückhielt.

»Ich kann dich nicht allein im Haus lassen,« sagte er, »ich muss dich aussperren.«

Das Blut stieg mir zu Kopf. »Wenn du mich aussperrst, hast du mich zum letzten Mal im Guten gesehen.«

Er wurde sehr blass und begann an seiner Oberlippe zu saugen. »Das ist nicht die Art,« sagte er und sah boshaft in eine Ecke auf den Boden, »... das ist nicht die Art, um meine Gunst zu gewinnen, David.«

»Herr,« sagte ich, »mit aller schuldigen Achtung vor Eurem Alter und unserem gemeinsamen Blut ist mir Eure Gunst keinen Pfennig wert. Ich wurde mit einiger Selbstachtung erzogen; und wärt ihr auch zehnmal mehr als alle Onkels und die ganze Familie, die ich auf der Welt besitze, möcht ich Eure Liebe nicht um solchen Preis erwerben.«

Onkel Ebenezer ging und sah zum Fenster hinaus. Ich sah, wie er zitterte und zuckte, wie in Krämpfen. Aber als er sich umwandte, lag ein Lächeln auf seinem Gesicht.

»Gut, gut,« sagte er, »wir müssen dulden und verzeihen. Ich werde nicht gehen, das ist alles, was darüber noch zu sagen ist.«

»Onkel Ebenezer,« sagte ich, »ich verstehe das Ganze nicht. Du behandelst mich wie einen Dieb; du willst mich nicht im Haus haben; du zeigst es mir jeden Augenblick und mit jedem Wort; es ist unmöglich, dass du mich gern hast; und was mich anbelangt, so hab' ich zu dir gesprochen, wie ich niemals zu irgendjemand sprechen wollte. Warum versuchst du es dann, mich hier zu behalten? Lass mich zurückkehren – lass mich zu meinen Freunden zurückkehren, die mich lieben!«

»Na, na, na, na,« sagte er sehr ernst. »Ich habe dich sehr gern, wir werden uns noch sehr gut vertragen. Und um der Ehre unseres Hauses willen, könnte ich dich nicht dahin zurückkehren lassen, woher du gekommen bist. Bleib ruhig hier, sei ein guter Junge, bleib schön ruhig hier, ich bitte dich, und du wirst sehen, wir werden uns vertragen.«

»Nun gut, Herr,« sagte ich, nachdem ich mir die Sache im Stillen überlegt hatte, »ich will noch eine Weile bleiben. Es ist natürlicher, dass ich von meinem eigenen Blut unterstützt werde, als von Fremden; und sollten wir uns nicht vertragen, ich will mich bemühen, dass es nicht durch meine Schuld geschehe.«

## Ich laufe große Gefahr im Haus meines Onkels

Für einen so übel begonnenen Tag verlief der Tag ganz leidlich. Wir hatten mittags wieder kalte Suppe und abends warme Suppe. Suppe und Dünnbier waren meines Onkels Diät. Er sprach wenig und das Wenige in derselben Art wie vorher. Er warf mir nach langem Stillschweigen eine Frage hin, und wenn ich versuchte, ihn in ein Gespräch über meine Zukunft zu ziehen, entschlüpfte er mir. Ich fand in einem Zimmer neben der Küche – das er mir zu betreten erlaubte – eine große Anzahl Bücher, sowohl englische als auch lateinische, mit denen ich mich den ganzen Nachmittag mit viel Vergnügen beschäftigte. Die Zeit verging in dieser angenehmen Gesellschaft tatsächlich so schnell, dass ich schon anfing, mich mit meinem Aufenthalt in Shaws wieder auszusöhnen und nur der Anblick meines Onkels, dessen Blicke mit den meinen immer Verstecken spielten, erweckte immer wieder mein stärkstes Misstrauen.

Eines fiel mir auf, worüber ich mir Gedanken machte. Ich fand auf dem Vorsatzblatt eines Buches eine Widmung von der Hand meines Vaters geschrieben: »Meinem Bruder Ebenezer, an seinem fünften Geburtstag.« Was mich daran nun so sehr in Erstaunen setzte, war, dass mein Vater, da er natürlich der jüngere Bruder war, entweder einen sonderbaren Irrtum begangen haben musste oder, noch ehe er das fünfte Lebensjahr erreicht hatte, eine ausgezeichnete, leserliche, männliche Handschrift besessen hatte.

Das wollte mir nicht aus dem Kopf gehen. Obwohl ich eine Menge interessanter Autoren herunternahm, alte und neue, Geschichte, Poesie, Erzählungen, immer wieder kam mir der Gedanke an meines Vaters Handschrift. Und als ich endlich in die Küche zurückging und mich wieder zu Suppe und Dünnbier setzte, war das erste, was ich meinen Onkel Ebenezer fragte, ob mein Vater nicht schon im frühesten Alter gut lesen und schreiben konnte.

»Alexander? Nein, er nicht!« war seine Antwort. »Ich lernte es viel früher. Ich war ein kluges Kerlchen, als ich noch jung war. Ja, ich konnte schon zur selben Zeit lesen wie er.«

Das versetzte mich in noch größere Verwunderung. Da ging mir ein Gedanke durch den Kopf und ich fragte ihn, ob sie vielleicht Zwillinge gewesen seien.

Er sprang vom Stuhl auf, der Löffel fiel ihm aus der Hand und auf den Boden. »Wozu fragst du das?« sagte er und packte mich vorne am Rock und sah mir dieses Mal gerade in die Augen. Seine, klein und hell und schimmernd wie die eines Vogels, tanzten und blitzten gar seltsam.

»Was willst du,« fragte ich ganz ruhig, denn ich war viel stärker als er und nicht leicht zu erschrecken. »Nimm deine Hand weg von meinem Rock. Das ist keine Art sich zu benehmen.«

Mein Onkel schien sich mühsam zu bezwingen. »Gott, David, mein Junge,« sagte er, »du solltest nicht mit mir über deinen Vater sprechen. Das ist der Fehler.« Er saß eine Weile zitternd da und stierte auf seinen Teller. »Er war mir alles, was einem ein Bruder sein kann,« fügte er hinzu, aber seine Stimme klang gefühllos. Und dann nahm er seinen Löffel wieder auf und fiel über die Suppe her. Aber er zitterte noch.

Nun dieses letzte Ereignis, dass er Hand an mich gelegt und mir dann plötzlich seine Liebe zu meinem toten Vater bekannte, war glatt über meinem Verständnis und es erfüllte mich mit Angst und Hoffnung zugleich. Einerseits fing ich an zu glauben, dass mein Onkel geisteskrank sei und vielleicht gefährlich werden könnte; anderseits kam mir (ganz zufällig und beinahe wider meinen Willen) eine Geschichte in den Sinn – wie eine Ballade, die ich einmal singen gehört – von einem armen Knaben, der rechtmäßiger Erbe war, und von einem bösen Anverwandten, der versuchte, ihm sein Eigentum vorzuenthalten. Denn wozu sollte mein Onkel mit einem Verwandten, der beinahe als Bettler an seine Tür gekommen war, eine Komödie spielen, wenn er nicht in seinem Herzen einen Grund hatte, ihn zu fürchten?

Mit diesem Gedanken, der zwar noch unklar war, sich aber immer bestimmter in meinem Kopf festsetzte, fing ich nun an, seine versteckten Blicke nachzuahmen. So saßen wir bei Tisch wie Katze und Maus, einer den anderen heimlich beobachtend. Er wusste mir kein Wort mehr zu sagen, weder gut noch böse, sondern schien emsig damit beschäftigt, irgendetwas in seinem Kopf hin und her zu wälzen. Und je länger wir beisammen saßen und je mehr ich ihn beobachtete, umso klarer wurde es mir, dass dieses Etwas mir feindlich war.

Sobald er die Schüssel geleert hatte, stopfte er sich seine Pfeife, genauso wie am Morgen, rückte sich einen Stuhl in die Ecke zum Kamin und saß eine Weile still rauchend mit dem Rücken zu mir.

»Davie,« sagte er endlich, »ich habe mir gedacht,« dann machte er wieder eine Pause und dann sagte er es nochmals. »Es ist ein kleines bisschen Silber da, das ich dir versprochen habe, noch eh du auf der Welt warst,« fuhr er fort, »ich habe es deinem Vater versprochen. Oh, nichts Gesetzliches, weißt du, so wie Männer, die bei einem Glas Wein zusammen sitzen. Nun dieses bisschen Geld, das hab' ich aufgehoben – es war zwar eine große Auslage, aber ein Versprechen ist ein Versprechen – na und all die Zeit über ist es gewachsen, bis es jetzt eine Sache sein dürfte von genau – ganz genau,« hier hielt er inne und stotterte – »von ganz genau vierzig Pfund!« Das stieß er hervor mit einem seitlichen

Blick über die Schulter und setzte im nächsten Augenblick beinahe mit einem Schrei hinzu: »Schottische!«

Da ein schottisches Pfund so viel wert war wie ein englischer Schilling, war der Unterschied ein beträchtlicher. Ich konnte außerdem leicht sehen, dass die ganze Geschichte eine Lüge sei, zu irgendeinem Zweck erfunden, den zu erraten es mich lockte. So machte ich gar keinen Versuch, den spöttischen Ton meiner Stimme zu verbergen, als ich ihm antwortete.

»Oh, Herr, denkt nochmal nach! Pfund Sterling, glaube ich.«

»Ja, das sag' ich eben,« antwortete mein Onkel. »Pfund Sterling! Und wenn du einen Augenblick zur Tür hinausgehen wolltest, um vielleicht nach dem Wetter zu sehen, so will ich es für dich herausholen und dich dann wieder hereinrufen.«

Ich tat nach seinem Wunsch und lächelte im Stillen höhnisch, dass er glauben könnte, ich wäre so leicht zu betrügen. Es war eine finstere Nacht und nur wenige Sterne standen am Himmel. Als ich eben vor der Tür stand, hörte ich das dumpfe Heulen des Windes drüben in den Bergen. Ich sagte mir, dass das Wetter nach Umschlag und Gewitter aussehe und wusste nicht, von wie großer Bedeutung dies noch für mich werden sollte, ehe der Abend verging.

Als ich wieder hineingerufen wurde, zählte mir mein Onkel siebenunddreißig Goldguineen auf die Hand; der Rest lag in kleinen Gold- und Silbermünzen in seiner Hand, aber da versagte ihm die Kraft, und er kramte das Kleingeld wieder in seine Tasche.

»Da,« sagte er, »da siehst du, ich bin ein sonderbarer Mensch und fremd gegen Fremde, aber mein Wort ist ein Pfand, und dies ist der Beweis dafür.«

Mein Onkel schien so elend, dass ich durch seine plötzliche Freigebigkeit wie vor den Kopf gestoßen war und keine Worte finden konnte, ihm zu danken.

»Nein, nein, kein Wort!« sagte er. »Keinen Dank, ich will keinen Dank. Ich tue meine Pflicht. Ich will nicht sagen, dass ein jeder sie getan hätte; aber ich für meinen Teil, wenn ich auch ein vorsichtiger Kauz bin, mir macht's Freude, dem Sohn meines Bruders Gutes zu tun; und es macht mir Freude, zu glauben, dass wir uns nun als gute Freunde vertragen werden, so wie es sich für uns gehört.«

Auch ich sprach so freundlich und in so schönen Worten zu ihm, wie ich es nur konnte; aber all die Zeit über war ich neugierig, was dann kommen würde und warum er sich von seinen kostbaren Guineen getrennt hatte. Denn was den Grund anbelangte, den er selbst vorgab, so hätte den auch nicht einmal ein Baby anerkannt.

Dann sah er mich von der Seite an.

»Und siehst du,« sagte er, »dies für das!«

Ich erklärte mich bereit, ihm meine Dankbarkeit innerhalb vernünftiger Grenzen zu beweisen, worauf ich eine ungeheure Forderung erwartete. Doch als er endlich den Mut fand, zu sprechen, sagte er mir nur (noch dazu sehr freundlich, wie es mir schien), dass er alt werde und gebrechlich und dass er mich bäte, ihm dabei behilflich zu sein, Haus und Garten zu bestellen.

Ich sprach ihm in meiner Antwort meine Bereitwilligkeit aus, ihm zu dienen.

»Gut,« sagte er, »wir wollen gleich anfangen.« Er zog einen riesigen Schlüssel aus seiner Tasche hervor. »Da,« sagte er, »da ist der Schlüssel zur Turmstiege am Ende des Hauses. Du kannst nur von außen dazu gelangen, denn dieser Teil des Hauses ist nicht ausgebaut. Geh dort hinein und die Stiege hinauf und bring mir die Kiste herunter, die ganz oben steht. Es sind Papiere drin«, fügte er hinzu.

»Kann ich ein Licht haben, Herr«, sagte ich.

»Nein,« sagte er schlau, »kein Licht in meinem Haus.«

»Sehr gut, Herr«, sagte ich. »Ist die Stiege gut?«

»Sie ist sehr breit,« sagte er und als ich mich zum Gehen wandte, »halte dich an der Mauer,« fügte er hinzu, »es ist kein Geländer da. Aber die Stiege ist gut und breit.«

Hinaus ging ich in die Nacht. Der Wind heulte noch immer in der Ferne, obwohl kein Hauch bis an das Haus der Shaws gelangte. Die Finsternis war tiefer hereingebrochen als jemals und ich war froh, als ich, an der Mauer entlang tastend, endlich zur Tür der Turmstiege am anderen Ende des unfertigen Flügels gelangte. Ich hatte den Schlüssel ins Schlüsselloch gebracht und ihn eben umgedreht, als plötzlich, ohne eine Spur von Wind oder Donner, der ganze Himmel hell aufleuchtete in wilden Flammen und wieder verschwand. Ich musste meine Hand vor die Augen legen, um mich wieder an die Dunkelheit zu gewöhnen; und ich war tatsächlich schon halb blind, als ich in den Turm hineinging.

Drinnen war es so finster, dass man kaum atmen zu können meinte. Aber ich tastete mit Händen und Füßen weiter und stieß endlich mit jenen gegen die Wand und mit diesen an die unterste Stufe. Die Mauer war, soviel ich greifen konnte, aus gut behauenem Stein; die Stufen waren auch, obwohl etwas steil und eng, gut polierte Mauerarbeit, regelmäßig und fest. Eingedenk der Worte meines Onkels bezüglich des Geländers, hielt ich mich eng an der Turmseite und tastete meinen Weg durch die Finsternis mit klopfendem Herzen.

Das Haus der Shaws war volle fünf Stockwerke hoch, den Boden nicht mitgezählt. Als ich nun so vorwärts kam, schien es mir, als ob die Stiege luftiger werde und eine Spur heller. Ich wunderte mich und dachte, was wohl der Grund dieser Veränderung sein könnte, als zum zweiten Mal das Wetterleuchten aufblitzte und verschwand. Wenn ich nicht aufschrie, so geschah es nur, weil mir die Angst die Kehle zuschnürte; und wenn ich nicht fiel, so geschah es mehr durch Gottes Gnade als durch meine eigene Kraft. Nicht nur, dass der Blitz von allen Seiten hereinschien, durch unzählige Löcher in der Mauer, so dass ich auf einem freien Gerüst in die Höhe zu klettern schien, sondern die vorübergehende Helle zeigte mir, dass die Stufen ungleich lang waren und meine Füße in diesem Augenblick nur zwei Zoll weit vom inneren Absturz entfernt waren.

Dies war die breite Stiege! Ich dachte nach, und mit dem Denken kam der Eigensinn und der Mut eines Verzweifelten über mich. Mein Onkel hatte mich sicherlich hierher geschickt, auf dass ich große Gefahr laufe, vielleicht auf dass ich sterbe. Ich schwor dieses »vielleicht« festzustellen und sollte ich dabei auch den Hals brechen. Ich ließ mich auf Knie und Hände nieder, und langsam wie eine Schnecke, jeden Zoll vor mich hin tastend und die Festigkeit jedes Steines prüfend, fuhr ich fort, die Stiege hinauf zu kriechen. Die Finsternis schien im Gegensatz zum Blitz noch einmal so dunkel. Aber das war noch nicht alles. Die Fledermäuse schlugen im oberen Teil des Turmes einen großen, ohrenbetäubenden und sinnverwirrenden Lärm; die verfluchten Tiere flogen auch manchmal herunter und schlugen mir mit ihren Flügeln um Gesicht und Hände.

Der Turm war, möchte ich sagen, viereckig und die Stufe an jeder Ecke war von einem großen Stein von etwas anderer Form zur Verbindung der Stockwerke gebildet. Ich war nun einer dieser Wendungen ganz nahe gekommen, als ich, wie gewöhnlich vorwärts tastend, mit der Hand von einer Kante abrutschte und dahinter nichts als gähnende Leere fand. Die Stiege war nicht höher gebaut worden; einen Fremden im Finstern hinaufschicken, hieß ihn geradewegs in den Tod schicken. Und obwohl ich (dank dem Blitz und meiner eigenen Vorsicht) selbst leidlich sicher ging, trieb mir der bloße Gedanke an die Gefahr, die ich gelaufen wäre und an die furchtbare Höhe, die ich hätte hinunterstürzen können, den Angstschweiß auf die Stirn, und ich hätte beinahe meinen festen Halt verloren.

Aber ich wusste jetzt, was ich wissen wollte, wendete mich um und kroch den Weg wieder hinunter mit einer wunderbaren Wut im Herzen. Ungefähr auf halbem Weg abwärts sprang der Wind plötzlich um, schüttelte den Turm mit wildem Dröhnen und starb wieder hin. Der Regen folgte, und ehe ich den letzten Absatz erreicht hatte, fiel er in Bächen nieder. Ich steckte meinen Kopf in den Sturm hinaus und blickte in der Richtung der Küche entlang. Die Tür, die ich beim Hinausgehen geschlossen hatte, stand nun offen und ließ einen kleinen Lichtschimmer hindurch. Ich glaubte, eine Gestalt sehen zu können, die ganz still im Regen stand, wie ein Mann, der horchte. Und dann kam ein blendender Blitzschlag, der mir deutlich meinen Onkel zeigte, ebendort, wo ich ihn zu sehen glaubte, und gleich darauf ein lautes Donnerrollen.

Ob nun mein Onkel den Krach für den Lärm meines Falles hielt oder ob er darin Gottes Stimme vernahm, die den Mord verkündete, das will ich euch zu erraten überlassen. Sicher ist wenigstens, dass er dabei von einer Art panischen Schreckens ergriffen wurde, dass er ins Haus lief und hinter sich die Tür offen ließ. Ich folgte so leise ich nur konnte, kam ungehört in die Küche und stand und sah ihm zu.

Er hatte Zeit gefunden, den Eckschrank zu öffnen, eine Flasche Schnaps herauszunehmen und setzte sich nun, mit dem Rücken zu mir, an den Tisch. Von Zeit zu Zeit schüttelte es ihn wie in heftigen Fieberanfällen und er stöhnte laut, setzte die Flasche an den Mund und trank in langen Zügen.

Ich schritt vor, kam dicht hinter ihn zu stehen, ließ plötzlich meine beiden Hände auf seine Schultern niederfallen und rief: »Ah!«

Mein Onkel stieß einen schwachen, heiseren Schrei aus, wie das Blöcken eines Schafes, warf die Arme in die Luft und fiel wie tot zu Boden. Ich erschrak darüber einigermaßen, aber ich musste zuerst an mich denken und zögerte nicht, ihn so liegen zu lassen, wie er gefallen war. Die Schlüssel hingen im Wandschrank und ich fasste den Plan, mich mit Waffen zu versehen, ehe mein Onkel wieder zum Bewusstsein käme und Böses auszuhecken imstande wäre. Im Wandschrank waren einige Flaschen, zum Teil anscheinend Medizinflaschen; eine Menge Rechnungen und andere Papiere, die ich nur gar zu gerne durchstöbert hätte, wäre nicht die Zeit zu kurz gewesen; ferner noch einige Gebrauchsgegenstände, die für mein Vorhaben ohne Belang waren. Dann wendete ich mich den Kasten zu. Der erste war voll mit Lebensmittelvorräten, der zweite enthielt Geld und Papiere, fest in Bündel verschnürt, im dritten fand ich, unter vielen anderen Dingen (hauptsächlich waren es Kleider) einen rostigen, übelaussehenden Dolch ohne Scheide. Den nun verwahrte ich unter meinem Rock und wendete mich meinem Onkel zu.

Er lag, so wie er hingefallen war, ein Knie in der Höhe und einen Arm weit von sich gestreckt. Sein Gesicht hatte eine merkwürdig blaue Farbe und er schien nicht mehr zu atmen. Ich bekam Angst, er könnte tot sein. Ich holte Wasser und spritzte es ihm ins Gesicht, und davon schien er ein wenig zu sich zu kommen; seine Lippen bewegten sich und seine Augen zuckten. Endlich blickte er auf, sah mich, und da stieg ein Ausdruck des Schreckens in seinen Augen auf, der nicht von dieser Welt war.

»Komm, komm,« sagte ich, »setze dich auf.«

»Du lebst?« seufzte er. »Mensch, du lebst?«

»Ja,« sagte ich, »dein Verdienst ist es nicht!«

Er hatte mit tiefen Zügen versucht, Atem zu schöpfen. »Die blaue Phiole,« sagte er, »im Kasten dort – die blaue Phiole.« Sein Atem ging noch langsamer.

Ich lief zum Schrank und fand dort natürlich die blaue Phiole mit Medizin – die Dosis stand auf einem Stückchen Papier darauf – und die gab ich ihm ein, so schnell ich nur konnte.

»Es ist mein altes Leiden,« sagte er, sich wieder ein wenig erholend, »ich habe ein Leiden, Davie, es ist das Herz.«

Ich setzte ihn auf einen Stuhl und sah ihn an. Es ist wahr, dass ich ein wenig Mitleid empfand beim Anblick eines so krank aussehenden Menschen, aber nebstbei war ich doch rechtschaffen zornig, und so zählte ich ihm die Punkte auf, über die ich Rechenschaft von ihm forderte: Warum er mich mit jedem Wort belog; warum er Angst hatte, dass ich ihn verlasse; warum er es nicht hören wollte, dass er und mein Vater Zwillinge waren ... »Ist es darum, weil es wahr ist?« fragte ich; warum er mir Geld gegeben habe, auf das ich – davon wäre ich überzeugt – keinen Anspruch hatte; und schließlich, warum er versucht hatte, mich umzubringen. Er hörte mich stillschweigend bis zu Ende an und bat mich dann, mit zitternder Stimme, ihn zu Bett zu bringen.

»Ich erzähl's dir morgen früh,« sagte er, »totsicher, ich versprech' es dir.«

Er war so schwach, dass mir nichts anderes übrig blieb als einzuwilligen. Immerhin schloss ich ihn in sein Zimmer ein und steckte den Schlüssel zu mir. Dann ging ich in die Küche zurück und fachte ein schönes Feuer an, wie dort wohl gar manch langes Jahr keines gebrannt hatte, wickelte mich in meine Decke, legte mich auf die Bank und schlief fest ein.

## Ich gehe nach Queensferry

Die ganze Nacht hindurch regnete es fort, und am nächsten Morgen wehte ein scharfer, kalter Wind von Nord-West her, dass die Wolken stoben. Trotzdem nahm ich, noch ehe die Sonne heraufgekommen und die letzten Sterne verschwunden waren, meinen Weg zum Bach und tauchte tief in das wirbelnde Wasser. Ganz glühend von meinem Bad, setzte ich mich nochmals ans Feuer, das ich neu anfachte und begann, meine Lage ernstlich zu überdenken.

Es bestand jetzt wohl kein Zweifel mehr über meines Onkels Feindseligkeit; auch bestand kein Zweifel, dass ich mein Leben in der Hand hielt und er jeden Stein umdrehen werde, um mich zu verderben. Aber ich war jung und frisch und hatte, wie die meisten auf dem Lande aufgewachsenen Burschen eine gute Meinung von meiner Schlauheit. Als ich an seine Tür kam, war ich nicht viel mehr als ein Bettler und nicht viel älter als ein Kind. Er war mir mit tückischem Verrat und roher Gewalt begegnet. Es wäre eine feine Vergeltung, die Oberhand zu gewinnen und ihn wie eine Herde Schafe zu treiben und zu lenken.

Ich saß da am Feuer, rieb mir das Knie und lächelte vor mich hin. Ich sah mich schon in Gedanken, ihm ein Geheimnis nach dem anderen herauslocken und dieses Mannes Gebieter und König werden. Der Zauberer von Essendean, hieß es, habe einen Spiegel gemacht, in dem man die Zukunft sehen könnte. Der musste aus anderem Stoff gewesen sein als aus brennenden Kohlen; denn in allen Gestalten und Bildern, die ich so vor mich starrend sah, war auch keine Spur von einem Schiff, von einem Mann mit einer Pelzmütze, nichts von einem Knüppel auf meinem dummen Kopf und all dem anderen Elend, das mich so bald befallen sollte.

Endlich ganz aufgeblasen und eingebildet ging ich hinauf und gab meinem Gefangenen die Freiheit. Er wünschte mir höflich einen guten Morgen, ich tat desgleichen und lächelte von der Höhe meiner Selbstgefälligkeit verächtlich auf ihn nieder. Bald saßen wir beim Frühstück, als wäre es tags zuvor gewesen.

»Nun, Herr,« sagte ich in spöttischem Ton, »habt Ihr mir nichts mehr zu sagen?« Und dann, als er keine deutliche Antwort gab: »Es wird Zeit sein, einander klipp und klar zu verstehen«, fuhr ich fort. »Ihr habt mich für einen dummen Bauernbuben gehalten, der nicht viel mehr Mut oder Mutterwitz besitzt als ein Suppenlöffel. Ich hielt Euch für einen guten Mann oder zumindest für nicht schlechter als andere. Es scheint, wir haben uns beide geirrt. Welchen Grund Ihr habt, mich zu fürchten, mich zu betrügen und mir nach dem Leben zu stehen...«

Er murmelte etwas von einem Scherz und dass er gerne ein wenig Spaß treibe und dann, als er mein Lächeln bemerkte, änderte er plötzlich den Ton und versicherte mir, er wolle alles aufklären, sobald wir unser Frühstück beendet hätten. Ich sah ihm am Gesichte an, dass er keine Lüge für mich bereit hatte, obwohl er sich sehr bemühte, eine zu finden; und ich glaube, ich wollte ihm das gerade sagen, als wir durch ein Klopfen an der Tür unterbrochen wurden.

Ich hieß meinen Onkel auf seinem Platz sitzen bleiben und ging, um aufzumachen. Ich fand vor der Tür einen halbwüchsigen Buben in Seemannstracht. Sobald er mich erblickt hatte, tanzte er einige Schritte zum Klang einer Holzflöte (wie man sie auf Schiffen zu haben pflegt und die ich nie zuvor gesehen oder gar gehört hatte), schnalzte mit den Fingern in der Luft und machte im Takt Schritte dazu. Er war aber ganz blau vor Kälte und in seinem Gesicht lag ein Ausdruck zwischen Weinen und Lachen, der ungemein traurig anmutete und schlecht zu seinen Heiterkeitsgebärden passte.

»Lustig, Kamerad, lustig!« rief er mit heiserer Stimme.

Ich fragte ihn gelassen nach seinem Begehren.

»Oh Freude!« sagte er und fing an zu singen.

»Gut,« sagte ich, »wenn du überhaupt kein Begehren vorzubringen hast, werde ich dir einfach und ohne viel Höflichkeit die Tür vor der Nase zumachen.«

»Halt, Bruder!« rief er. »Verstehst du keinen Spaß? Oder willst du, dass ich Prügel bekomme? Ich habe einen Brief vom alten Heasyoasy an Mr. Belflower.« Er reichte mir einen Brief. »Und ich sag' dir, Kamerad,« fügte er hinzu, »ich bin todhungrig.«

»Gut,« sagte ich, »komm ins Haus und du sollst was zu essen kriegen, wenn ich dafür auch leer ausgehen sollte.«

Damit führte ich ihn hinein und setzte ihn an meinen eigenen Platz, wo er gierig über die Reste meines Frühstückes herfiel, mir von Zeit zu Zeit zublinzelte und Gesichter schnitt, was der arme Kerl, glaub' ich, für männlich hielt. Inzwischen hatte mein Onkel den Brief gelesen und saß in Gedanken da; dann sprang er plötzlich sehr lebhaft auf und zog mich in den entferntesten Winkel des Raumes.

»Lies das«, sagte er und gab mir den Brief in die Hand. Er liegt hier vor mir, während ich schreibe:

Hawes Gasthaus in Queensferry

*Sehr geehrter Herr!*

*Ich liege hier mit gelichteten Ankern und schicke Euch meinen Schiffsjungen, um Euch davon zu benachrichtigen. Wenn Ihr noch irgendwelche Wünsche habt über See, so ist heute die letzte Gelegenheit, denn der Wind ist günstig zum Ausfahren. Ich will nicht leugnen, dass ich mit Eurem Anwalt, Mr. Rankeillor, Streitigkeiten gehabt habe, und wenn die Sache nicht schnell in Ordnung gebracht wird, könnt Ihr Euch auf einen Verlust gefasst machen. Ich schicke Euch anbei eine Rechnung und verbleibe,*

*Euer ergebenster Diener,*
*Elias Hoseason*

»Du siehst, Davie,« nahm mein Onkel das Wort, sobald er sah, dass ich fertig wäre, »ich habe bei diesem Hoseason eine Ladung, er ist Kapitän eines Handelsschiffes, der »Covenant of Dysart«. Wenn du und ich nun mit diesem

Jungen hinübergingen, könnte ich den Kapitän bei Hawes oder an Bord der »Covenant«, wenn vielleicht Papiere zu unterschreiben wären, sprechen und dies wäre nicht nur kein Zeitverlust für uns, sondern wir könnten sogar gleich weitergehen zu Mr. Rankeillor, dem Advokaten. Nach all dem, was vorgefallen ist, wirst du mir auf mein bloßes Wort hin nicht glauben wollen; aber Mr. Rankeillor wirst du glauben. Er führte die Geschäfte von beinahe allen Edelleuten hier ringsherum; ist nebenbei ein alter Mann, hoch angesehen und hat deinen Vater gut gekannt.«

Ich stand ein« Weile da und dachte nach. Ich sollte in einen Hafenort gehen, der zweifellos voll Menschen war und wo mein Onkel wohl keine Gewalttat wagen dürfte und sogar die Gesellschaft des Schiffsjungen schützte mich soweit. Einmal dort, dachte ich, werde ich den Besuch beim Advokaten schon erzwingen können, selbst wenn mein Onkel es jetzt mit diesem Vorschlag nicht ehrlich meinte; und schließlich wünschte ich vielleicht im Grunde meines Herzens, das Meer und die großen Schiffe in der Nähe zu sehen. Man muss bedenken, dass ich mein ganzes Leben in den Bergen verbracht hatte und eben erst vor zwei Tagen zum ersten Mal den Hafen gesehen hatte, der wie ein blauer Fleck vor mir gelegen war, und die segelnden Schiffe, die darauf hinfuhren, nicht größer als Spielzeug. Eines kam zum andern, und ich entschloss mich zu gehen.

»Sehr gut,« sagte ich, »gehn wir nach Ferry.«

Mein Onkel nahm Hut und Mantel und gürtete sich einen alten, rostigen Degen um. Dann traten wir das Feuer aus, sperrten die Tür zu und machten uns aus den Weg.

Der Wind, der von Nordwest her kam, blies uns beinahe gerade ins Gesicht. Es war im Monat Juni, die Wiesen waren voll Gänseblümchen, und die Bäume standen in Blüte. Nach unseren blauen Fingernägeln aber und gefrorenen Knöcheln zu schließen, hätte es Winter sein können.

Onkel Ebenezer trabte in der Wegrinne und wankte von einer Seite auf die andere wie ein alter Bauer, der abends vom Pflügen heimkehrt. Er sprach den ganzen Tag über kein einziges Wort, und ich war, was das Reden anbelangte, auf den Schiffsjungen angewiesen. Er erzählte mir, sein Name wäre

Ransome und er sei seit seinem neunten Lebensjahr auf der See; aber er wusste nicht, wie alt er war, denn er hatte inzwischen die Rechnung verloren. Er zeigte mir seine Tätowierungen, wobei er sich trotz dem beißend kalten Wind und all meinen Vorstellungen die Brust entblößte; ich dachte, er könnte sich den Tod dabei holen. Er fluchte fürchterlich, wann immer er Gelegenheit dazu finden konnte, aber mehr wie ein dummer Schulbub als wie ein Mann; auch prahlte er mit vielen wüsten und schlechten Taten, die er begangen hätte: heimliche Diebstähle, falsche Anklagen, ja sogar Morde; aber alles mit so geringer Wahrscheinlichkeit in den Einzelheiten und so schwacher, dummer Großtuerei in der Ausführung, dass ich ihn eher bemitleidete als ihm glaubte.

Ich fragte ihn nach dem Schiff (von dem er behauptete, es wäre das feinste Fahrzeug, das nur je gesegelt sei) und nach dem Kapitän Hoseason, den er ebenso hoch pries. Heasyoasy (denn so nannte er den Schiffsherrn immer noch) war nach seinem Bericht ein Mann, der sich um nichts anderes im Himmel oder auf Erden kümmerte; einer der, wie man zu sagen pflegte, »mit vollen Segeln ins Jüngste Gericht hineinfahren würde«; roh, wild, skrupellos und brutal; und all dies hatte mein armer Schiffsjunge als etwas Seemännisches, Männliches bewundern gelernt. Nur einen Fehler seines Idols gab er zu. »Er ist kein Seemann,« gab er zu, »es ist Mr. Shuan, der das Schiff führt; er ist der tüchtigste Seefahrer von allen, bis auf das Trinken; und ich kann dir sagen, ich muss es wohl wissen. Da, schau her«, er zog seinen Strumpf hinunter und zeigte mir eine große rote Wunde, dass mir das Blut stockte. »Das hat er getan, Mr. Shuan hat's getan«, sagte er mit einem gewissen Stolz. »Was,« rief ich, »lässt du dir eine so rohe Behandlung von ihm gefallen? Du bist doch kein Sklave, dass man dich so behandelt!«

»Nein,« sagte das arme Mondkalb und änderte sofort seinen Ton, »und er wird schon sehen! Da schau!« und er zeigte mir ein großes Messer, das, wie er mir sagte, gestohlen sei. »Oh!« sagte er, »Er soll's nur versuchen! Ich rat' es ihm! Ich werd' noch fertig mit ihm! Oh, er wäre nicht der erste!« Und er bekräftigte es mit einem armseligen, dummen, hässlichen Fluch.

Ich habe noch niemals für irgendjemand auf der ganzen Welt so großes Mitleid empfunden wie für dieses halbblöde Geschöpf und es wurde mir langsam klar, dass das Segelschiff »Covenant« (trotz des friedlichen Namens) nur wenig besser war als die Hölle auf dem Meer.

»Hast du keine Freunde?« sagte ich.

Er sagte, dass er einen Vater in irgendeinem englischen Seehafen hätte, ich vergaß den Namen. »Er war auch ein feiner Kerl,« sagte er, »aber jetzt ist er tot.«

»Um Gottes willen,« rief ich, »kannst du nicht irgendeinen ehrlichen Lebensunterhalt an Land finden?«

»Oh, nein,« sagt er blinzelnd und sah sehr verschlagen drein, »Sie würden mich in die Lehre stecken. Ich kenne einen noch besseren Trick, ah ja!«

Ich fragte ihn, was für ein Leben denn noch so schrecklich sein könnte wie das seine, da er doch in ständiger Lebensgefahr schwebe, nicht nur von Wind und Wasser bedroht, sondern von der schrecklichen Grausamkeit jener, die seine Gebieter wären. Er sagte, das wäre schon wahr und dann fing er an, sein Leben zu preisen und was für ein Vergnügen es sei, mit Geld in der Tasche ans Land zu gehen und es wie ein Mann ausgeben zu können, Äpfel zu kaufen und sich groß aufzuspielen. »Und dann schließlich ist es auch nicht gar so arg,« sagte er, »andere sind noch ärger dran als ich: da sind die Zwanzig-Pfünder. Oh Gott! Das solltest du einmal sehen! Na, ich hab' einmal einen Mann gesehen, vielleicht so alt wie du« (ihm schien ich alt) »ah, und er hatte auch einen Bart – na, und sobald wir aus dem Fluss heraus waren und der Wein aus seinem Kopf – meine Güte ...! Wie der schrie und was der angab! Ich hielt ihn schön zum Narren, sag' ich dir! Und dann die Kleinen da auch: Oh die Kleinen gar! Ich sag' dir, die halt ich in Ordnung! Wenn wir Kleine führen, da krieg' ich auch ein Stückchen Tau und dann peitsch' ich sie.« Und so fuhr er fort, bis es mir endlich klar wurde, dass er mit den Zwanzig-Pfündern jene unglücklichen Verbrecher meinte, die nach Nordamerika als Sklaven verschickt wurden oder die noch unglücklicheren Unschuldigen, die geraubt oder entführt wurden um privater Interessen oder Rachsucht willen.

Da waren wir eben auf der Höhe angelangt und sahen auf Ferry nieder. Der Firth of Forth verengt sich (wie ja allgemein bekannt ist) eben an dieser Stelle zur Breite eines gewöhnlichen Flusses, wodurch eine bequeme Fähre gegen Norden führt und der obere Teil als ein landumschlossener Hafen für alle möglichen Schiffe abgetrennt wird. Genau in der Mitte der Enge liegt eine kleine Insel mit irgendeiner Ruine, und am Südufer hat man eine Brücke zur Verbindung mit Ferry gebaut. Am Ende der Brücke auf der anderen Seite der Straße sah ich das Gebäude, das man »Hawes Gasthaus« nannte, an ein hübsches Gärtchen gelehnt mit einigen Holunderbäumen und Hagedorn-Gebüschen im Hintergrund.

Die Stadt Queensferry liegt weiter westlich und die Umgebung des Gasthauses sah um jene Tageszeit hübsch einsam aus, denn das Boot war eben mit Passagieren nordwärts gefahren. Nur ein Kahn lag an der Brücke, auf dessen Bänken einige Matrosen schliefen. Dies war, wie mir Ransome sagte, das Boot des Segelschiffes, das auf den Kapitän wartete. Und etwa eine halbe Meile weit draußen, ganz allein und verankert, zeigte er mir die »Covenant« selbst. An Bord herrschte Bewegung wie vor der Abfahrt; Segelstangen schwebten hoch in der Luft, um dann befestigt zu werden, und als der Wind aus dieser Richtung kam, konnte ich das Singen der Matrosen hören, wie sie an den Seilen zogen. Nach alldem, was ich unterwegs gehört hatte, sah ich dieses Schiff nur voll tiefer Abscheu an und bedauerte im Grunde meines Herzens all die armen Seelen, die verdammt waren darauf zu segeln.

Auf der Höhe angelangt, schöpften wir alle drei frisch Atem und ich schritt quer über die Straße auf meinen Onkel zu und sagte ihm: »Herr, ich halte es für richtig, gleich zu sagen, dass mich nichts dazu bringen könnte, an Bord dieser ›Covenant‹ zu gehen.«

Er schien aus einem Traum zu erwachen. »Eh!« sagte er, »was gibt's?«

Ich sagte es ihm noch einmal.

»Gut, gut,« sagte er, »wir werden es dir zu lieb so machen, glaub' ich. Aber wozu stehen wir hier? Es ist verflucht kalt und wenn ich mich nicht täusche, machen sie sich auf der ›Covenant‹ zur Abfahrt bereit.«

## Was sich in Queensferry ereignete

Sobald wir ins Gasthaus gekommen waren, führte uns Ransome eine Treppe hinauf in ein Zimmer, in dem ein Bett stand und das mit einem großen Kohlenfeuer wie ein Backofen geheizt war. Ein großer, dunkler, nüchtern aussehender Mann saß am Tisch dicht neben dem Kamin und schrieb. Trotz der Hitze im Zimmer trug er einen dicken Seemannsrock bis zum Hals hinauf zugeknöpft und eine hohe Pelzmütze, die er bis über die Ohren gezogen hatte; und doch habe ich noch nie einen Menschen gesehen, nicht einmal einen Richter im Gerichtssaal, der kühler oder bedächtiger oder beherrschter ausgesehen hätte als dieser Schiffskapitän.

Er sprang sofort auf und auf uns zukommend, reichte er Ebenezer seine große Hand hin. »Ich bin stolz, Sie begrüßen zu können, Mr. Balfour,« sagte er mit einer tiefen, wohlklingenden Stimme, »und froh, dass Ihr noch zu rechter Zeit eingetroffen seid. Der Wind ist günstig und wir warten die Flut ab; heute Nacht noch werden wir die alten Kohleneimer auf der Isle of Man brennen sehen.«

»Kapitän Hoseason,« antwortete mein Onkel, »Ihr haltet Euer Zimmer schön warm.«

»Es ist eine alte Gewohnheit von mir, Mr. Balfour«, sagte der Schiffer. »Mir ist im allgemeinen von Natur aus kalt. Ich habe kaltes Blut, Herr. Weder Pelz noch Flanell – ja Herr, nicht einmal heißer Rum können, was man meine Temperatur nennt, erhöhen. Es ist dasselbe, Herr, mit den meisten Leuten, die im tropischen Meer, wie man sagt, auf dem Roste gebraten wurden.«

»Nun gut, Kapitän,« erwiderte mein Onkel, »wir müssen uns alle drein finden, so zu sein, wie wir geschaffen wurden.«

Aber der Zufall wollte es, dass diese Eigenheit des Kapitäns von großem Einfluss auf mein Unglück war. Denn obwohl ich mir vorgenommen hatte, meinen Onkel nicht aus dem Auge zu lassen, war ich doch einesteils so ungeduldig, das Meer aus der Nähe zu sehen und anderseits so bedrückt von der Enge und Hitze des Raumes, dass ich, als er mir sagte, doch hinunterzulaufen und mich ein Weilchen allein zu unterhalten, dumm genug war, nach seinen Worten zu handeln.

Fort ging ich also und ließ die beiden Männer bei einer Flasche Wein und einer großen Menge von Papieren aller Art. Ich überquerte die Straße vor dem Gasthaus und ging zum Ufer hinunter. So wie der Wind eben blies, schlugen nur Wellchen, nicht viel größer als ich sie auf einem See gesehen hatte, gegen das Ufer. Aber die Kräuter waren mir neu und der Geruch des Seewassers war trotz der großen Entfernung vom offenen Meer salzig und anregend. Auf der »Covenant« begannen sie die Segel aufzuziehen, die in Bündeln an den Stangen hingen; ich hatte bei all den Eindrücken das Gefühl einer weiten Reise und fremder Länder.

Ich sah auch nach den Matrosen im Boot – große braune Kerle waren es, einige im Hemd, andere in Blusen, andere wieder mit farbigen Tüchern um den Hals, einer hatte ein Paar Pistolen in der Tasche stecken, zwei oder drei hatten derbe Knüppel bei sich und alle hatten sie lange Messer. Ich verbrachte einige Zeit mit einem von ihnen, der weniger schrecklich aussah als seine Genossen und fragte ihn um die Abfahrt des Schiffes. Er sagte, sie wollten, sobald Ebbe eintrete, in See stechen und sprach seine Freude darüber aus, einen Hafen zu verlassen, wo es keine Wirtshäuser und keine Musikanten gäbe; aber all dies begleitete er mit so entsetzlichen Flüchen, dass ich mich beeilte, von ihm fortzukommen.

So verfiel ich wieder auf Ransome, der mir noch der Beste von dieser Bande zu sein schien und der bald aus dem Gasthaus auf mich zugelaufen kam und um ein Glas Punsch rief. Ich sagte ihm, dass ich ihm nichts dergleichen geben werde, denn weder er noch ich seien in einem Alter, in dem man sich so etwas erlauben dürfe. »Aber ein Glas Bier kannst du haben, und zwar gerne«, sagte ich. Er brummte und murmelte etwas über mich, beschimpfte mich auch, aber er war trotz alledem froh, dass er das Bier bekam; und bald saßen wir im ersten Zimmer des Gasthauses an einem Tisch nieder und aßen und tranken beide mit gutem Appetit.

Da fiel es mir ein, dass der Wirt aus derselben Gegend war wie ich, und dass es vielleicht gut wäre, ihn zum Freund zu gewinnen. Ich bot ihm einen Trunk an, wie das in jenen Tagen üblich war, aber er war ein viel zu großer Herr, um bei so armseligen Gästen zu sitzen wie Ransome und mir; er wollte eben das Zimmer verlassen, als ich ihn zurückrief, um ihn zu fragen, ob er Mr. Rankeillor kenne.

»Oh ja,« sagte er, »und ein gar anständiger Mensch ist er. Und richtig,« sagte er, »wart' Ihr das, der eben mit Ebenezer hereingekommen ist?« Und als ich ja sagte: »Ihr seid doch nicht etwa ein Freund von ihm?« fragte er, womit er nach Art der Schotten meinte, dass ich doch wohl kein Verwandter von ihm sei.

Ich sagte ihm nein.

»Ich dachte es mir«, sagte er, »und doch seht Ihr ein wenig Mr. Alexander ähnlich.«

Ich sagte, es scheine, Mr. Ebenezer sei nicht gut angesehen in der Gegend.

»Kein Zweifel,« sagte der Wirt, »er ist ein böser, alter Mann und manch einer sähe ihn gern am Strick baumeln. Jennet Clouston und noch viele andere, die er von Haus und Hof verjagt hat. Und dabei war er einmal ein feiner, junger Kerl. Aber das war, noch ehe das Gerücht über Mr. Alexander aufkam, das war sein Tod sozusagen.«

»Und was war das für ein Gerücht«, fragte ich.

»Na, nur dass er ihn umgebracht hat«, sagte der Wirt. »Habt Ihr nie etwas davon gehört?«

»Und weshalb sollte er ihn umgebracht haben?« sagte ich.

»Weshalb? Ja, eben nur, um den Grundbesitz zu bekommen«, sagte er.

»Den Grundbesitz?« sagte ich, »Shaws?«

»Keinen anderen, soviel ich weiß«, sagte er.

»Ja, Mann!« sagte ich, »Ist dem so? War mein – war Alexander der ältere Sohn?«

»'türlich war er das«, sagte der Wirt. »Weshalb denn sollte er ihn umgebracht haben?«

Und dann ging er fort, was er eigentlich von Anfang an hatte tun wollen.

Ich hatte es natürlich schon längst vermutet. Aber vermuten und wissen ist doch etwas ganz anderes, und ich saß da wie betäubt von meinem Glück und konnte es kaum fassen, dass derselbe arme Bursche, der noch vor kaum zwei Tagen verstaubt in den Wäldern von Ettrick herumgestapft war, jetzt einer der Reichen dieser Welt sein sollte und ein Haus und weites Land besäße und – verstünde er nur zu reiten – morgen sein Pferd besteigen könnte. All diese angenehmen Gedanken und noch tausend andere gingen mir im Kopf herum, wie ich da saß und vor mich hinstarrend zum Fenster des Gasthauses hinaussah, ohne zu bemerken, was dort vorging. Ich erinnere mich nur, dass ich plötzlich Kapitän Hoseason erblickte, der unten an der Brücke bei seinen Matrosen stand und mit einer gewissen Autorität zu ihnen sprach. Gleich darauf kam er zurück und schritt auf das Haus zu, ohne jede Spur jener Unbeholfenheit, die sonst Seeleuten eigen ist; er hatte eine große, schöne Gestalt, einen festen, männlichen Schritt und immer noch jenen Ausdruck von Ernst und Nüchternheit im Gesicht, den ich schon früher an ihm bemerkt hatte. Ich zweifelte, ob Ransomes Geschichten über ihn wahr sein könnten; sie passten so gar nicht zu seiner Erscheinung. Tatsächlich aber war er weder so gut, als er mir erschien, noch ganz so schlecht wie Ransome ihn machte; denn eigentlich war er zwei Menschen zugleich; den besseren ließ er zurück, sobald er sein Schiff betrat.

Einen Augenblick später hörte ich meinen Onkel, der mich rief und traf die beiden zusammen auf der Straße. Es war der Kapitän, der mich anredete, und zwar in einem ernsten

Ton, als wäre ich seinesgleichen (was für einen jungen Burschen immer sehr schmeichelhaft ist).

»Mein Herr,« sagte er, »eben erzählt mir Mr. Balfour eine Menge schöner Sachen von Euch; und mir selbst gefällt Euer Aussehen gar wohl. Es tut mir leid, dass ich nicht länger hierbleibe, wir hätten einander besser kennenlernen können; aber wir wollen die Zeit nützen, so gut es geht. Ihr sollt für eine halbe Stunde an Bord meines Schiffes kommen, bis es Ebbe wird und wir wollen miteinander eine Flasche trinken.«

Nun brannte ich zwar vor Neugierde, ein Schiff von innen zu sehen, mehr als ich es mit Worten zu sagen vermag, aber anderseits wollte ich mich nicht in Gefahr begeben; so sagte ich ihm, dass mein Onkel und ich eine Verabredung mit einem Anwalt hätten.

»Ja, ja,« sagte er, »er hat mir davon erzählt. Aber seht Ihr, wenn Ihr mitkommt, kann Euch das Boot am Stadtende der Brücke absetzen, das ist kaum ein Steinwurf weit von Rankeillors Haus.« Dann beugte er sich plötzlich zu mir nieder und flüsterte mir ins Ohr: »Hütet Euch vor dem alten Fuchs, er hat nichts Gutes im Sinn. Kommt an Bord mit mir, dass ich Euch ein Wort im Vertrauen sagen kann.« Und dann nahm er mich unterm Arm und auf sein Boot zugehend, setzte er laut hinzu: »Also kommt, was soll ich Euch von den Karolinen mitbringen? Jeder Freund von Mr. Balfour kann über mich verfügen. Eine Rolle Tabak? Einen Federschmuck von einem Indianer? Das Fell eines wilden Tieres? Eine Steinpfeife? Eine Spottdrossel, die wie eine Katze miaut? Den Kardinalsvogel, der rot wie Blut ist? – Trefft Eure Wahl und nennt mir Euer Begehren.«

Bei diesen Worten waren wir beim Boot angekommen und er half mir hinein. Ich zögerte keinen Augenblick; ich glaubte (ich armer Narr) einen guten Freund und Helfer gefunden zu haben und freute mich, das Schiff sehen zu können. Sobald wir alle auf unseren Plätzen saßen, wurde das Schiff abgestoßen und fuhr auf dem Wasser dahin! Und vor lauter Freude und Überraschung über diese neue Bewegung, und dass das Boot so tief im Wasser fuhr, und dass das Ufer so anders aussah, und dass das Segelschiff immer größer wurde, je näher wir kamen – verstand ich kaum, was der Kapitän zu mir sprach und musste ihm nur aufs Geratewohl geantwortet haben.

Sobald wir an der Seite des Schiffes angekommen waren – ich saß dort und bestaunte die Höhe des Schiffes, das wilde Hämmern der Wogen gegen dessen Wände und das lustige Schreien der Matrosen bei ihrer Arbeit – erklärte Hoseason mir, wir beiden müssten die ersten an Bord sein und befahl, dass ein Tau vom Hauptmast herabgelassen werde. Damit wurde ich in die Höhe gezogen und auf Deck gebracht, wo der Kapitän schon bereit stand und auf mich wartete. Er schob seinen Arm gleich wieder unter den meinen. So stand ich eine Weile da, ein wenig schwindlig von all der Unsicherheit rings um mich, vielleicht auch ein wenig ängstlich, aber doch hoch erfreut über all die neuen Eindrücke und den Anblick so vieler fremder Dinge. Der Kapitän zeigte mir die merkwürdigsten Gegenstände, nannte mir ihre Namen und erklärte mir ihre Verwendung.

»Aber wo ist denn mein Onkel?« sagte ich plötzlich.

»Ja,« sagte Hoseason auf einmal spöttisch, »das ist es eben.«

Ich fühlte, dass ich verloren war. Mit aller Kraft riss ich mich los von ihm und lief ans Bollwerk. Da gab's keinen Zweifel mehr; das Boot steuerte auf die Stadt los. Mein Onkel saß am Steuer. Ich stieß einen durchdringenden Schrei aus – »Hilfe, Hilfe, Mörder!« – dass es von allen Seiten widerhallte; mein Onkel drehte sich um und zeigte mir ein Gesicht voll Grausamkeit und Entsetzen.

Das war das letzte, was ich sah. Schon hatten mich starke Hände ergriffen und vom Rand des Schiffes zurückgerissen; jetzt schien mich ein Blitzschlag zu treffen – ich sah Funken sprühen und fiel bewusstlos nieder.

## Ich gehe zur See auf dem Segler »Covenant of Dysart«

Als ich wieder zu mir kam, lag ich, an Händen und Füßen gebunden, von großen Schmerzen geplagt im Dunkeln, umgeben von unbekannten, ohrenbetäubenden Geräuschen. An meine Ohren tönte das Brüllen der Wogen wie das Wasser eines ungeheuren Mühldammes; das Aufschlagen schwerer Stangen, das Donnergepolter der Segel und die gellenden Rufe der Matrosen. Bald hob sich die ganze Welt in wirbelnde Höhe, bald stürzte sie wieder in schwindelnde Tiefen hinab. Ich war so krank und elend und verwirrt, dass ich lange Zeit brauchte – mich, immer wieder von neuen Schmerzen betäubt, in Gedanken abquälend – bis es mir klar wurde, dass ich wohl gefesselt irgendwo im Bauch dieses unglückseligen Schiffes liegen müsse und dass der Wind inzwischen zu einem Sturm angewachsen sein mochte. Mit der klaren Erkenntnis meiner Lage überfiel mich zugleich die Nacht der Verzweiflung; das Entsetzen tiefster Reue über meine eigene Dummheit plagte mich und leidenschaftliche Wut über meinen Onkel beraubte mich noch einmal meiner Sinne.

Als ich wieder zum Leben erwachte, betäubte und schüttelte mich dasselbe Gebrüll, dasselbe wilde, verwirrende Schaukeln. Jetzt kam noch zu all den anderen Schmerzen und Plagen die Seekrankheit dazu. Ich litt in jener Zeit meiner abenteuerlichen Jugend viel Not und Elend; aber nichts war so niederdrückend für Körper und Geist, von keinem einzigen Hoffnungsstrahl erhellt, wie diese ersten Stunden an Bord des Segelschiffes.

Ich hörte einen Schuss krachen und vermutete, dass der Sturm unser Schiff gefährdete und wir Signale um Hilfe abfeuerten. Mir war der Gedanke einer Befreiung, und wäre es auch durch den Tod in den Fluten, willkommen. Aber es war nichts dergleichen, sondern, wie ich nachher erfuhr, nur eine Gewohnheit des Kapitäns, die ich hier festlegen will, um zu zeigen, dass auch dem schlechtesten Mann ein Zug von Güte eigen sein kann. Wir fuhren damals, scheint es, in einer Entfernung von nur wenigen Meilen an Dysart vorbei, dem Ort, an dem das Schiff gebaut worden war und wo die alte Mrs. Hoseason, die Mutter des Kapitäns, wohnte; ob nun äußerer oder innerer Gründe wegen, die »Covenant« durfte hier tagsüber niemals vorbeifahren, ohne einen Schuss abzufeuern und die Flagge zu hissen.

Ich hatte jedes Zeitmaß verloren. Tag und Nacht waren einerlei in diesem übelriechenden Loch, in dem ich lag, und das Elend meiner Lage zog die Stunden unleidlich in die Länge. Wie lange ich daher dort gelegen sein mag, in der Erwartung, das Schiff an einem Felsen zersplittern zu hören oder zu spüren, wie es kopfüber in die Tiefe sänke – das vermag ich nicht zu sagen. Schlaf umfing mich endlich und raubte mir das Bewusstsein meiner Schmerzen und Sorgen.

Ich erwachte vom Licht einer Handlaterne, das mir voll ins Gesicht fiel. Ein kleiner Mann um die dreißig, mit grünlichen Augen und wirrem, blonden Haar stand vor mir und sah mich an.

»Nun,« sagte er, »wie geht's?«

Ich antwortete mit einem Seufzer. Dann befühlte mein Besucher mir Puls und Schläfen und machte sich daran, meine Kopfwunde zu waschen und zu verbinden.

»Ja,« sagte er, »ein schwerer Schlag. Auf, Bursche, nur Mut. Die Welt läuft weiter! Der Anfang war schlecht, aber es wird schon besser werden. Hast du etwas zu essen bekommen?«

Ich sagte, dass ich nichts anschauen könnte und daraufhin gab er mir aus einem Zinnkrüglein etwas Branntwein zu trinken und verließ mich wieder.

Als er mich zum zweiten Mal besuchen kam, lag ich zwischen Schlafen und Wachen, mit im Finstern weitgeöffneten Augen, zwar nicht mehr krank, aber von schrecklichen Schwindelanfällen geplagt, die beinahe noch schlimmer waren. Außerdem schmerzten mich alle Glieder und die Stricke, mit denen ich gebunden war, brannten mich wie Feuer. Der Geruch des Loches, in dem ich lag, schien ein Teil meiner selbst geworden zu sein und ich hatte, seit der langen Pause seines letzten Besuches Qualen der Angst ausgestanden. Bald waren es die närrischen Schiffsratten, die mir manchmal buchstäblich übers Gesicht liefen, bald waren es die verschiedensten Einbildungen, die das Bett des Fieberkranken zu belagern pflegen.

Das Schimmern der Laterne schien, als sich eine Falltür öffnete, wie Himmelslicht herein; und obwohl es mir nur die dunklen Wände des Schiffes zeigte, das mein Gefängnis war, hätte ich vor Freude laut aufschreien mögen. Der Mann mit den grünlichen Augen stieg als erster die Leiter herunter und ich bemerkte, dass er einigermaßen unsicher ging. Der Kapitän folgte ihm. Keiner sprach ein Wort; aber der erste machte sich daran, mich zu untersuchen und meine Wunde zu verbinden wie zuvor, während mir Hoseason mit einem seltsam finsteren Blick ins Gesicht schaute.

»Nun, Herr, da seht selbst,« sagte der erste, »hohes Fieber, keinen Appetit, kein Licht, kein Essen, da seht selbst, was das heißt.«

»Ich bin kein Zauberer, Mr. Riach,« sagte der Kapitän.

»Mit Verlaub, Herr,« sagte Riach, »Ihr habt einen guten Kopf auf Euren Schultern sitzen und eine gute schottische Zunge zum Fragen; aber ich will Euch keinen Grund zu einer Entschuldigung lassen: ich will, dass dieser Bursche aus diesem Loch herausgenommen wird und ins Vorderdeck kommt.«

»Was Ihr wollt, Herr, geht niemanden etwas an als Euch selbst,« antwortete der Kapitän, »aber ich kann Euch sagen, was geschehen wird: hier liegt er und hier wird er bleiben.«

»Wenn ich auch zugeben mag, dass Ihr entsprechend bezahlt worden seid,« sagte der andere, »so muss ich doch untertänigst bitten, sagen zu dürfen, dass dies bei mir nicht der Fall ist. Bezahlt werde ich, und nicht allzu reichlich, als zweiter Steuermann dieser alten Kiste und ihr wisst es ja selbst am besten, ob ich mein Möglichstes tue, es zu verdienen. Aber für etwas anderes bin ich nicht bezahlt worden.«

»Wenn Ihr Eure Hand besser vom Zinnkrüglein zurückhalten könntet, Mr. Riach, hätte ich nichts an Euch auszusetzen,« antwortete der Schiffsherr, »und Ihr tätet besser daran Euren Atem zu sparen, um aufs Essen zu blasen, statt mir Rätsel aufzugeben. Man wird uns auf Deck brauchen!«

fügte er in schärferem Ton hinzu und setzte einen Fuß auf die Leiter.

Aber Mr. Riach hielt ihn am Ärmel fest.

»Angenommen, man hat Euch für einen Mord bezahlt«, fing er an.

Hoseason drehte sich blitzschnell um. »Was soll das heißen?« schrie er. »Was ist das für eine Sprache?!«

»Es ist, scheint's, die Sprache, die Ihr versteht,« sagte Mr. Riach und sah ihm ruhig ins Gesicht.

»Mr. Riach, ich habe mit Euch bereits drei Fahrten gemacht«, antwortete der Kapitän. »Ihr hättet mich in all der Zeit kennenlernen können; ich bin ein steifer und ein harter Mensch; aber was Ihr jetzt da gesagt habt – pfui, pfui! – Das kommt aus einem bösen Herzen und von einem schlechten Gewissen. Wenn Ihr sagen wollt, dass der Bursche sterben wird...«

»Natürlich wird er das«, sagte Mr. Riach.

»Gut, Herr, das genügt doch, nicht?« sagte Mr. Hoseason. »Schafft ihn, wohin Ihr wollt!«

Daraufhin stieg der Kapitän die Leiter hinauf und ich, der ich während dieses ganzen, seltsamen Gespräches still gelegen hatte, sah, wie Mr. Riach ihm nachblickte und sich tief bis auf den Boden verneigte, sichtlich, um ihn zu verspotten. Zwei Dinge konnte ich, trotz meiner elenden Verfassung, leicht erkennen: dass der Matrose einen leichten Stich hatte, wie der Kapitän ja auch andeutete, und dass er (betrunken oder nüchtern) sich mir als wertvoller Freund erwies.

Fünf Minuten später waren die Stricke, mit denen ich gebunden war, durchschnitten, ein Mann hob mich auf seinen Rücken und trug mich hinauf ins Vorderdeck, wo ich auf eine Pritsche gelegt wurde, über die einige Segeltücher gebreitet waren. Das erste, was ich dort tat, war, das Bewusstsein verlieren.

Wahrhaftig, es war ein gesegneter Augenblick, als ich, die Augen aufschlagend, helles Tageslicht sah und mich wieder in Gesellschaft von Menschen befand. Der Raum war hübsch groß, rings mit Liegestellen versehen, auf denen die Leute, die Wache hatten, rauchend saßen oder andere schlafend lagen. Das Wetter war schön und der Wind günstig, so dass die Luke offen stand und nicht nur das schöne Tageslicht einließ, sondern es fiel auch von Zeit zu Zeit, je nach dem Rollen des Schiffes, ein staubiger Sonnenstrahl herein, der mich blendete und entzückte. Auch hatte ich mich kaum gerührt, so brachte mir auch schon einer der Männer irgendeinen Heiltrank, den mir Mr. Riach bereitet hatte und hieß mich still liegen, dann würde ich bald wieder wohlauf sein. Es wäre kein Knochen verletzt, erklärte er mir. »Ein Schlag auf den Kopf, weiter nichts, mein Junge. Ich war's ja selbst, der ihn dir gab«, sagte er.

Hier lag ich nun viele Tage in strenger Gefangenschaft und erlangte nicht nur meine Gesundheit wieder, sondern lernte auch meine Genossen kennen. Es war wohl eine wilde Schar, wie es Matrosen meist sind; Menschen, allen sanfteren Lebensbedingungen entrissen, dazu verdammt, miteinander von den wilden Wogen herumgeworfen zu werden, unter der Herrschaft nicht minder grausamer Gebieter. Es waren einige unter ihnen, die mit Piraten gesegelt waren und Dinge gesehen hatten, die zu erzählen allein schon eine Schande wäre. Einige wieder waren Leute, die von des Königs Schiffen desertiert waren und mit einer Schlinge um den Hals herumliefen, woraus sie kein Geheimnis machten; und alle standen sie untereinander – auch mit ihrem besten Freund – auf dem Fuße, wie man zu sagen pflegt: »ein Wort – ein Schlag!« Und doch, schon wenige Tage nachdem ich mit ihnen eingeschlossen war, fing ich an, mich meines ersten Urteils über sie zu schämen, als ich mich an der Brücke von Ferry von ihnen zurückgezogen hatte, wie von unreinen Tieren. Es gibt keine Menschenrasse, die ganz und gar schlecht wäre, sondern jede hat ihre eigenen Fehler und ihre eigenen Tugenden; und diese meine Schiffsgenossen waren keine Ausnahme von der Regel. Wild waren sie zweifellos und schlecht auch, glaube ich, und doch besaßen sie manche Tugenden. Sie waren freundlich, wenn es ihnen einfiel, schlicht, sogar über die Schlichtheit eines Bauernjungen wie ich einer war hinaus und hatten einen Schimmer von Ehrgefühl.

Da war ein Mann, ungefähr um die vierzig, der oft stundenlang an meinem Lager saß und mir von seiner Frau und seinem Kind erzählte. Er war Fischer gewesen und hatte sein Boot verloren und so war er zu den Tiefseereisen getrieben worden. Das ist jetzt Jahre her und doch habe ich ihn nicht vergessen können. Seine Frau (die »im Vergleich zu ihm jung sei«, wie er mir oft erzählte) wartete umsonst auf die Rückkehr ihres Mannes; niemals wieder würde er ihr in der Früh das Feuer anzünden oder das Kind hüten, wenn sie krank wäre. Tatsächlich, viele von diesen armen Teufeln (wie sich bald zeigen sollte) waren auf ihrer letzten Fahrt; die tiefen Gewässer und menschenfressenden Fische nahmen sie auf. Und es ist ein undankbares Geschäft, Toten Übles nachzusagen.

Unter anderen guten Dingen, die sie taten, gaben sie mir auch mein Geld zurück, das unter sie verteilt worden war. Und obwohl es beinahe um ein Drittel weniger geworden war, war ich doch sehr froh, das zu bekommen und erhoffte mir viel Gutes davon für die Zukunft in fremden Landen. Das Schiff sollte nach den Karolinen fahren und ihr müsst nicht glauben, dass ich dorthin nur wie ins Exil gehen sollte. Der Handel wurde schon damals stark unterdrückt; seither und seit dem Aufruhr in den Kolonien und der Neubildung der Vereinigten Staaten ging es damit natürlich völlig zu Ende; aber in jenen Tagen meiner Jugend wurden Weiße immer noch als Sklaven in die verschiedenen Pflanzungen verkauft, und das war das Schicksal, zu dem mich mein böser Onkel verdammt hatte.

Der Schiffsjunge Ransome (von dem ich zum ersten Mal von diesen Abscheulichkeiten gehört hatte) kam von Zeit zu Zeit aus der Offizierskajüte herüber, wo er schlief und bediente, manches Mal mit einem wunden Glied, das er in stillen Schmerzen pflegte, manches Mal schimpfend und rasend gegen Mr. Shuans Grausamkeiten. Mir blutete dabei das Herz; aber die Männer hatten großen Respekt vor dem ersten Steuermann, der, wie sie sagten, der einzige Seekundige von der ganzen Bande wäre und gar kein so übler

Mensch, wenn er nüchtern war. Ich entdeckte wirklich zwei merkwürdige Eigenheiten an unseren beiden Steuermännern, nämlich: Mr. Riach war brummig und unfreundlich und barsch, wenn er nüchtern war, und Mr. Shuan hätte keiner Fliege was zuleide tun können, außer wenn er betrunken war. Ich fragte, wie dies beim Kapitän sei, aber man sagte mir, diesem Mann aus Eisen könne kein Trinken was anhaben.

Ich bemühte mich, so gut ich konnte, in der kurzen Zeit, die ich hatte, etwas wie einen Mann oder besser gesagt, wie einen Knaben aus diesem armen Geschöpf Ransome zu machen. Aber sein Verstand war kaum menschlich zu nennen. Er erinnerte sich an nichts vor der Zeit, da er zur See gegangen war, außer, dass sein Vater Uhren gemacht hatte und einen Star in seinem Wohnzimmer hatte, der ein Lied pfeifen konnte. Alles andere war in diesen Jahren des Elends und der Grausamkeiten verwischt worden. Er hatte eine merkwürdige Vorstellung vom Festlande, die er sich aus Matrosengeschichten zusammengeklaubt hatte: dass es ein Ort sei, wo man die Burschen in eine Art Sklaverei steckte, »in die Lehre geben« nannte man es, und wo die Lehrlinge immerfort geprügelt und in stinkende Gefängnisse gesperrt werden. In der Stadt, glaubte er, sei jeder zweite ein Verbrecher und jedes dritte Haus ein geheimer Ort, an dem Matrosen betäubt und ermordet werden. Natürlich konnte ich ihm erzählen, wie freundlich ich selbst auf diesem Festland, vor dem er solche Angst hatte, behandelt worden war; wie gut genährt und wie sorgsam erzogen, sowohl von meinen Eltern als auch von Freunden; und war er kurz vorher geschlagen oder verwundet worden, so weinte er wohl bitterlich und schwur, davonzulaufen; aber hatte er seine gewöhnlichen, verrückten Launen, oder gar ein Glas Branntwein bekommen, dann lachte er mich aus.

Es war Mr. Riach (Gott verzeih' es ihm), der dem Knaben zu trinken gab, und sicherlich war es gut gemeint gewesen; aber abgesehen davon, dass dies seiner Gesundheit schadete, war es auch ein gar jammervoller Anblick, wie dieses unglückliche, freudlose Geschöpf da herumtaumelte und tanzte und redete, ohne zu wissen, was. Einige lachten, aber nicht alle, und andere wieder wurden finster und böse (sie erinnerten sich vielleicht ihrer eigenen Kindheit oder ihrer eigenen Kinder) und hießen ihn aufhören mit diesem Unsinn und überlegen, was er tue. Was mich anbelangt, so schämte ich mich ihn anzusehen und jetzt noch erscheint mir das arme Kind oft in meinen Träumen.

Die »Covenant« hatte all die Zeit über, müsst ihr wissen, widrigen Wind und wurde von den Wogen hin und her geworfen, so dass die Luke beinahe immer geschlossen bleiben musste und das Vorderdeck nur von einer hin und her schwingenden Laterne schwach erleuchtet war. Alle Hände hatten fortwährend vollauf zu tun; die Segel mussten jede Stunde gehisst und wieder heruntergelassen werden; die ununterbrochene Anspannung drückte auf die Nerven der Leute; den ganzen Tag über, vom Aufstehen bis zum Niederlegen, brummten und stritten sie miteinander; und da ich meinen Fuß niemals auf Deck setzen durfte, kann man sich leicht vorstellen, wie überdrüssig ich meines Lebens wurde und wie sehr ich mich nach Veränderung sehnte.

Und eine Veränderung sollte mir auch werden, wie ihr gleich hören sollt. Aber zuerst muss ich von einer Unterhaltung erzählen, die ich mit Mr. Riach hatte, und die mir wieder ein wenig Mut gab, meine Leiden zu ertragen.

Als er wieder einmal eine genügende Menge getrunken hatte, um in einer günstigen Verfassung zu sein (denn er sah mich tatsächlich nie an, wenn er nüchtern war), bat ich ihn um Verschwiegenheit und erzählte ihm meine ganze Geschichte.

Er erklärte, es hörte sich wie ein Märchen an; er wollte sein Möglichstes tun, mir zu helfen; ich solle mir Papier, Feder und Tinte verschaffen und eine Zeile an Mr. Campbell und eine zweite an Mr. Rankeillor schreiben und wenn ich die Wahrheit spräche, so könnte er mich (mit ihrer Hilfe) höchstwahrscheinlich durchbringen und mir zu meinem Recht verhelfen.

»Und in der Zwischenzeit,« sagte er, »bleib guten Mutes. Du bist nicht der einzige, das sag' ich dir. Mehr als einer pflanzt drüben Tabak an, der zu Hause vor seiner eigenen Tür sein Pferd besteigen sollte. Viele, sehr viele! Das Leben ist vielfältig, bestenfalls! Schau' mich an, ich bin der Sohn eines Gutsherrn und mehr als ein halber Doktor und hier bin ich – Hoseasons Schiffsknecht.«

Ich hielt es für höflich, ihn nach seiner Geschichte zu fragen.

Er pfiff laut ein Liedchen.

»Hab' keine«, sagte er. »Ich war gerne lustig, das ist alles!« Und er wankte aus dem Vorderdeck hinaus.

## Die Offizierskajüte

Eines Abends gegen neun Uhr kam ein Mann von Mr. Riachs Nachtwache (er selbst war auf Deck) herunter, um sich seine Jacke zu holen. Da ging augenblicklich ein Flüstern durch den Raum, dass Shuan ihm nun endlich den Rest gegeben hätte. Es war nicht notwendig, einen Namen zu nennen, wir wussten alle, wen er meinte. Aber wir hatten kaum Zeit, uns über den Gedanken ganz klar zu werden, noch viel weniger darüber zu sprechen, als die Luke wieder aufgerissen wurde und Kapitän Hoseason die Leiter herunterkam. Er blickte suchend beim schwankenden Licht der Laternen rings umher auf alle Pritschen, dann ging er geradewegs auf mich zu und redete mich zu meiner größten Verwunderung freundlich an.

»Auf, Bursche,« sagte er, »wir brauchen dich, du sollst in der Offizierskajüte bedienen. Du wirft mit Ransome das Lager tauschen. Lauf, schnell, achtern mit dir!«

Während er noch sprach, erschienen zwei Matrosen in der Öffnung, die Ransome auf den Armen trugen. Da das Schiff in diesem Augenblick stark schaukelte, fiel das Licht der schwankenden Laterne hell auf das Gesicht des Jungen. Er war weiß wie Wachs, und es lag ein Ausdruck gleich einem entsetzlichen Lächeln darauf. Mir stockte das Blut in den Adern und ich hielt den Atem an, als hätte ich einen Schlag bekommen.

»Lauf, schnell achter, lauf! achtern mit dir!« rief Hoseason.

Daraufhin streifte ich an den Matrosen und dem Knaben vorbei (keiner sprach oder rührte sich) und lief die Leiter hinauf auf Deck.

Das Schiff schaukelte stark und schwindelerregend auf dem Kamm einer langen, anschwellenden Woge. Es neigte sich nach der Steuerbordseite und ich konnte links, unter dem gebauschten Ende des Focksegels die untergehende Sonne noch ziemlich hell scheinen sehen. Dies zu einer so vorgerückten Stunde setzte mich zwar in Erstaunen, aber ich besaß zu wenig Kenntnisse, um daraus den richtigen Schluss zu ziehen – dass wir nördlich um Schottland herumsegelten und uns jetzt zwischen Orkney und den Shetland-Inseln auf hoher See befanden und die gefährlichen Strömungen des Pentland Firth glücklich vermieden hatten. Ich für mein Teil, der so lange im Finstern gelegen hatte und nichts von widrigen Winden wusste, glaubte, dass wir bereits den halben Weg oder noch mehr über den Atlantischen Ozean hinter uns hätten. Und wirklich (ich wunderte mich zwar ein wenig über die späte Stunde des Sonnenunterganges) gab ich nicht sehr Acht darauf und beeilte mich, übers Deck zu kommen, lief durchs Wasser und hielt mich an den Tauen fest; dass ich nicht über Bord fiel, verdanke ich nur der gütigen Hilfe einer Hand auf Deck, die mir allezeit gnädig gewesen ist.

Die Offizierskajüte, in die ich sollte, und wo ich jetzt schlafen und bedienen musste, stand etwa sechs Fuß über dem Deck und war, im Vergleich zur Größe des Schiffes, ziemlich geräumig. Ein festgemachter Tisch und eine Bank waren darinnen und zwei Bettstellen, eine für den Kapitän und die andere abwechselnd für die beiden Steuermänner. Alles von oben bis unten war mit verschließbaren Schränken versehen, um die Habe der Offiziere und die Schiffsvorräte einsperren zu können; unterhalb war noch ein zweiter Vorratsraum, in dem man durch eine Hühnersteige von der Mitte des Decks aus gelangen konnte. Tatsächlich waren an diesem Ort die meisten und besten Ess- und Trinkvorräte und alles Pulver verstaut; alle Schießwaffen, mit Ausnahme der beiden schweren Messinggeschütze, waren in einem Gestell an der hintersten Wand der Kajüte verwahrt, die meisten Degen wurden an einem anderen Ort aufbewahrt.

Das Tageslicht fiel durch ein kleines Fenster mit Läden an beiden Seiten und durch ein Dachfenster ein. Nach Einbruch der Dunkelheit brannte ständig eine Lampe. Sie brannte auch jetzt, als ich eintrat, nicht sehr hell, aber es genügte, um Mr. Shuan am Tisch sitzen zu sehen, die Branntweinflasche und einen kleinen Zinnkrug vor sich. Er war ein großer, kräftig gebauter Mann, mit tiefschwarzem Haar; er starrte wie ein Blödsinniger vor sich auf den Tisch.

Er achtete nicht auf mein Kommen, auch rührte er sich nicht, als der Kapitän, der mir gefolgt war, eintrat; dieser lehnte sich an das neben mir befindliche Lager und blickte finster auf den Steuermann. Ich hatte große Angst vor Hoseason und hatte meine guten Gründe dafür; aber etwas sagte mir, dass ich mich gerade jetzt nicht zu fürchten brauche. So flüsterte ich ihm ins Ohr: »Wie geht's ihm?« Er schüttelte den Kopf wie einer, der nichts weiß und nicht nachdenken will und sein Gesicht war sehr ernst.

Bald darauf kam Mr. Riach herein. Er warf dem Kapitän einen Blick zu, der deutlicher als Worte es auszudrücken vermochten, besagte, dass der Knabe tot sei. So standen wir alle drei ohne ein Wort zu sprechen und starrten auf Mr. Shuan nieder und Mr. Shuan seinerseits saß, ohne ein Wort zu sagen, und starrte auf den Tisch.

Plötzlich streckte er die Hand aus, um nach der Flasche zu greifen; da schritt Mr. Riach auf ihn zu, nahm sie ihm weg – mehr durch Überrumpelung als durch Gewalt – stieß einen derben Fluch aus und rief: »Von dieser Art Arbeit ist nun schon genug geleistet worden und der Himmel wird zur Strafe noch Unheil senden über das Schiff.« Mit diesen Worten schleuderte er die Flasche durch die offenstehende Tür ins Meer.

In einem Augenblick war Mr. Shuan auf den Beinen, er sah noch immer wie geblendet drein, aber sein Blick bedeutete Mord, ja, und er hätte es getan, zum zweiten Mal in dieser Nacht, wäre nicht der Kapitän dazwischengetreten.

»Setzen!« brüllte der Kapitän. »Du Saufbold, du Schwein! Weißt du, was du getan hast? Du hast den Buben erschlagen!«

Mr. Shuan schien zu verstehen, denn er setzte sich wieder nieder und legte seine Hand an den Kopf.

»Ja,« sagte er, »er hat mir einen schmutzigen Krug gebracht.«

Bei diesen Worten sahen wir einander alle drei, der Kapitän, ich und Mr. Riach eine Sekunde lang voll Entsetzen an, dann schritt Hoseason auf seinen ersten Steuermann zu, fasste ihn an der Schulter, führte ihn zu seiner Pritsche und hieß ihn, sich niederlegen und schlafen, in einem Ton, wie man mit einem Kind zu sprechen pflegt. Der Mörder weinte ein wenig, zog aber seine Seemannsstiefel aus und gehorchte.

»Ah!« rief Mr. Riach mit einer schrecklichen Stimme, »Ihr hättet Euch schon vor langem ins Mittel legen, sollen. Jetzt ist's zu spät.«

»Mr. Riach,« sagte der Kapitän, »was heute nachts geschehen ist, darf in Dysart niemals bekannt werden. Der Knabe ging über Bord, so soll es heißen, und ich gäbe gerne fünf Pfund aus meiner eigenen Tasche, wenn es wahr wäre!« Er wendete sich zum Tisch: »Wozu habt Ihr die gute Flasche hinausgeworfen?« fügte er hinzu. »Das hat keinen Sinn gehabt, mein Herr. Hier David, bring mir eine andere«, und er warf mir einen Schlüssel hin. »Ihr werdet selbst ein Glas nötig haben, Herr!« fügte er zu Riach gewendet hinzu. »Es war hässlich mitanzusehen.«

So setzten sie sich beide nieder und stießen mit den Gläsern an, während der Mörder, der bisher wimmernd auf seinem Lager gelegen hatte, sich, auf den Ellbogen gestützt, ein wenig erhob und mich und die beiden anstarrte.

Dies war die erste Nacht meiner neuen Beschäftigung und im Laufe des nächsten Tages lernte ich auch das übrige ganz gut kennen. Ich musste bei den Mahlzeiten bedienen, die der Kapitän zu regelmäßigen Stunden zusammen mit dem jeweils diensthabenden Steuermann einnahm. Den ganzen Tag über lief ich mit einem Schluck Schnaps von einem zum anderen und nachts schlief ich auf einer Bank, über die ein altes Segel geworfen wurde, im hintersten Winkel der Kajüte. Es war ein hartes, kaltes Lager, auch konnte ich nie ohne Unterbrechung schlafen. Denn irgendjemand kam immer herein vom Deck, um einen »Schluck« zu machen, und wenn die Wache gewechselt wurde, setzten sich die beiden oder oft alle drei hin, um zusammen ein Gläschen zu leeren. Wie sie dabei gesund bleiben konnten oder wie ich es konnte, verstehe ich bis heute nicht.

Anderseits war es ein leichter Dienst. Es musste kein Tischtuch aufgebreitet werden, die Mahlzeiten bestanden entweder aus Haferbrei oder eingesalzenem Pökelfleisch, nur zweimal wöchentlich gab es Pudding. Und obwohl ich nicht allzu behände war (auch nicht allzu fest auf meinen Seemannsfüßen stand) und oft hinfiel mit allem, was ich ihnen brachte, zeigten sowohl Mr. Riach als auch der Kapitän merkwürdig viel Geduld mit mir. Ich konnte es mir nicht anders erklären, als dass sie ihr Gewissen beruhigen wollten und wohl niemals so gut gegen mich gewesen wären, wären sie nicht vorher viel schlechter gegen Ransome gewesen.

Was Mr. Shuan anbelangte, so hatte sicherlich der Trunk oder sein Verbrechen oder beides zusammen seinen Geist umnachtet. Ich kann nicht sagen, dass ich ihn jemals bei klarem Verstand gesehen hätte. Er gewöhnte sich niemals an meine Anwesenheit, stierte mich immerfort an (manchmal, schien es mir sogar, voll Schreck) und fuhr mehr als einmal vor meiner Hand zurück, wenn ich ihn bediente. Ich war von Anfang an ziemlich überzeugt davon, dass er keine klare Vorstellung davon hatte, was er getan und am zweiten Tag meines neuen Dienstes wurde meine Annahme bestätigt. Wir waren allein und er hatte mich schon geraume Weile angestarrt, als er plötzlich aufsprang, blass wie der Tod, und zu meinem größten Entsetzen ganz nahe an mich herankam. Aber ich hatte keinen Grund mich zu fürchten.

»Du warst früher nicht hier«, fragte er.

»Nein, Herr«, sagte ich.

»Es war ein anderer Bub da?« fragte er wieder. Und als ich ihm geantwortet hatte, »Ah!« sagte er, »Das hab' ich mir gedacht!« und er ging wieder und setzte sich, ohne noch ein Wort zu sagen hin, nur um Branntwein rief er.

Alles zusammen war es keine allzu schwere Zeit, solange es dauerte, was (wie Ihr gleich hören sollt) nicht lange war. Ich bekam so gut zu essen, wie nur einer von ihnen, und hätte ich nur gewollt, so wäre ich von morgens bis abends betrunken gewesen, wie Mr. Shuan. Auch Gesellschaft hatte ich, und zwar gute Gesellschaft. Mr. Riach, der das Gymnasium besucht hatte, sprach mit mir, wie zu einem Freund – wenn er nicht brummig war – erzählte mir viele merkwürdige Dinge und auch manche belehrende. Sogar der Kapitän, obwohl er mich meist hübsch in Entfernung hielt, zeigte sich hin und wieder ein bisschen weniger zugeknöpft und erzählte mir von fremden Ländern, die er gesehen hatte.

Der Schatten des armen Ransome lastete schwer auf allen vieren von uns und auf mir und Mr. Shuan besonders drückend. Auch hatte ich noch einen besonderen Kummer. Hier war ich nun und musste schmutzige Arbeit leisten für drei Männer, die ich verachtete, und von denen einer wenigstens an den Galgen gehörte; dies war die Gegenwart. Was die Zukunft anbelangte, konnte ich mich nur an der Seite von Negersklaven, in den Tabaksplantagen arbeiten sehen. Mr. Riach ließ mich nie wieder, vielleicht aus Vorsicht, ein Wort von meiner Geschichte erwähnen. Der Kapitän, dem ich mich zu nähern versuchte, stieß mich wie einen Hund zurück und wollte kein Wort hören. So sank mein Mut mit jedem Tag, bis ich sogar froh war, meine Arbeit verrichten zu können, nur um nicht nachdenken zu müssen.

## Der Mann mit dem goldenen Gürtel

Mehr als eine Woche verging und das Missgeschick, das die »Covenant« auf ihrer Fahrt bisher verfolgt hatte, wurde noch ärger. Einige Tage ging es ein Stückchen vorwärts, an anderen wurden wir tatsächlich zurückgetrieben. Schließlich wurden wir so weit südlich verschlagen, dass wir den ganzen neunten Tag in Sicht von Kap Wrath hin und her geworfen wurden. Darauf folgte eine Beratung der Offiziere und irgendwelche Entscheidungen, die ich nicht genau verstand, da ich nur die Ergebnisse sah, dass wir einen widrigen Wind zu einem günstigen machten und südwärts steuerten.

Am zehnten Nachmittag fiel ein dicker, feuchter, weißer Nebel, dass man von einem Ende des Schiffes nicht bis zum anderen sehen konnte. Den ganzen Nachmittag sah ich, so oft ich über das Deck ging, Männer und Offiziere über das Bollwerk gelehnt, angestrengt horchen – »auf Brecher«, hieß es; und obwohl ich nicht einmal das Wort verstand, fühlte ich Gefahr in der Luft liegen und war aufgeregt.

Gegen zehn Uhr nachts, ich bediente eben Mr. Riach und den Kapitän beim Nachtmahl, stieß das Schiff mit großem Krach gegen irgendetwas und wir hörten Stimmen rufen. Meine zwei Herren sprangen auf ihre Beine.

»Aufgefahren!« sagte Mr. Riach.

»Nein, Herr,« sagte der Kapitän, »wir haben nur ein Boot in den Grund gebohrt.«

Und sie eilten hinaus.

Der Kapitän hatte Recht. Wir waren im Nebel an ein Boot angefahren, hatten es zertrümmert und es war sofort mit der ganzen Mannschaft gesunken, bis auf einen einzigen Mann. Dieser Mann war (wie ich nachträglich hörte) als Passagier am Steuer gesessen, während die übrigen auf ihren Bänken ruderten. Im Augenblick des Zusammenstoßes wurde das Steuer in die Luft geworfen und der Mann, da er die Hände frei hatte, war in die Höhe gesprungen und hatte am Bugspriet des Schiffes festen Halt gefasst. Dies zeigte, dass er viel Glück hatte, große Geschicklichkeit besaß und über ungewöhnliche Kraft verfügte, sich so aus einer so grässlichen Lage retten zu können. Doch als der Kapitän ihn in die Offizierskajüte hereinführte und ich sein Antlitz zum ersten Mal erblickte, sah er so kühl aus wie ich.

Er war etwas klein von Gestalt, aber gut gebaut und so flink wie eine Ziege. Sein Gesicht trug einen guten, offenen Ausdruck, war aber sehr sonnenverbrannt, blatternarbig und voll Sommersprossen. Seine Augen waren ungewöhnlich hell und tanzten eigenartig wie in einem Wahn, was beängstigend und einnehmend zugleich war. Und als er seinen großen Mantel abnahm, legte er ein paar schöne, silberbeschlagene Pistolen auf den Tisch und ich sah, dass er ein großes Schwert im Gürtel trug. Er hatte ein vornehmes Benehmen und dankte dem Kapitän in höflichen Worten. Alles zusammen hatte ich den Eindruck, dass ich diesen Mann lieber zum Freund als zum Feind hätte.

Auch der Kapitän stellte seine Beobachtungen an, aber ihn interessierten die Kleider mehr als der Mann. Und wirklich sah er, sobald er den Mantel abgelegt hatte, nur allzu prächtig aus für die Kajüte eines Handelsschiffes: Er trug einen Federhut, eine rote Weste, Hosen aus schwarzem Samt und einen blauen Rock mit Silberknöpfen und schönen Silberborten; kostbare Kleider, nur einigermaßen mitgenommen durch den Nebel und dadurch, dass er anscheinend in ihnen geschlafen hatte.

»Es tut mir leid, Herr, wegen des Bootes«, sagte der Kapitän.

»Es sind ein paar wackere Leute untergegangen«, sagte der Fremde, »und ich wollte lieber die auf festem Land wiedersehen als zwanzig Boote.«

»Freunde von Euch?« sagte Hoseason.

»In Eurem Land gibt es solche Freunde nicht«, lautete die Antwort. »Sie wären für mich gestorben wie Hunde.«

»Gut, Herr,« sagte der Kapitän, ihn immer noch beobachtend, »es gibt mehr Menschen auf der Welt als Boote, sie zu fassen.«

»Das ist wahr«, rief der andere, »und Ihr scheint ein Mann von durchdringendem Verstand zu sein.«

»Ich war in Frankreich, Herr«, sagte der Kapitän und es war klar, dass er mit diesen Worten mehr sagen wollte, als es den Anschein hatte.

»So, Herr,« sagte der andere, »was das anbelangt, das tat gar mancher.«

»Sicherlich, Herr,« sagte der Kapitän, »und schöne Gewänder.«

»Oho!« sagte der Fremde, »bläst der Wind von da?« Und er legte schnell die Hand an seine Pistolen.

»Seid nicht voreilig«, sagte der Kapitän. »Stellt kein Unheil an, so lange Ihr nicht dazu gezwungen seid. Ihr tragt einen französischen Soldatenrock um Eure Schultern und eine schottische Zunge im Kopf, soviel ist sicher. Aber das ist in diesen Tagen bei manchem ehrlichen Kerl so und ich muss sagen, es sind die schlechtesten nicht.«

»So?« sagte der Herr im feinen Mantel, »Gehört Ihr der anständigen Partei an?« (was heißen sollte, ob er ein Jakobite wäre, denn bei dergleichen Spaltungen nimmt jede Partei den Namen der Anständigkeit für sich in Anspruch). »Ja, Herr,« antwortete der Kapitän, »ich bin ein waschechter, blauer Protestant und danke Gott dafür.« (Es war das erste Wort über Religion, das ich je von ihm gehört habe, aber ich erfuhr nachträglich, dass er an Land ein fleißiger Kirchenbesucher wäre.) »Trotz alledem«, sagte er, »tut es mir leid, wenn ich einen anderen mit dem Rücken gegen die Wand stehen sehe.«

»So, tut Euch das leid?« fragte der Jakobite. »Nun Herr, um ganz aufrichtig mit Euch zu sein, ich bin einer jener ehrenwerten Herren, die in den Jahren fünfundvierzig und sechsundvierzig ins Elend geraten sind, und (um noch aufrichtiger mit Euch zu sein) wenn ich irgendeinem der rotröckigen Edelleute in die Hände gefallen wäre, wäre es mir wahrscheinlich schlecht ergangen. Jetzt, Herr, wollte ich nach Frankreich und ein französisches Schiff kreuzte hier herum, um mich aufzunehmen. Im Nebel ist es wohl an uns vorbeigefahren – wie ich von Herzen wünschte, Ihr hättet es getan! Das Beste, was ich Euch sagen kann, ist folgendes: Wenn Ihr mich dort ans Ufer setzen könnt', wohin ich gehen wollte, dann habe ich das Nötige bei mir, um Euch für Eure Mühe reichlich zu entschädigen.«

»Nach Frankreich?« sagte der Kapitän, »nein, Herr, das kann ich nicht tun. Aber dorthin, woher Ihr gekommen seid – darüber lässt sich reden.« Dann erblickte er mich unglückseligerweise in der Ecke und schickte mich stracks in die Küche, um für den Herrn ein Nachtmahl zu bringen. Ich verlor keine Zeit, kann ich Euch versichern, und als ich in die Kajüte zurückkam, sah ich, dass der Herr sich einen Geldgürtel vom Leib geschnallt hatte und ein oder zwei Guineen auf den Tisch streute. Der Kapitän blickte erst auf die

Guineen, dann nach dem Gürtel, dann in das Gesicht des Herrn und er schien mir sehr aufgeregt.

»Hälfte davon«, rief er, »und ich bin Euer.«

Der andere strich das Geld ein und nahm den Gürtel wieder um. »Ich habe Euch gesagt, Herr,« sagte er, »dass kein Deut davon mir gehört. Es gehört meinem Hauptmann« – er lüftete bei diesen Worten seinen Hut. »Und wenn ich auch ein dummer Bote wäre, wollte ich nicht ein paar davon gerne hergeben, um den Rest sicher abliefern zu können, so müsste ich doch wahrhaftig ein feiger Hund sein, wollte ich mein eigenes Gerippe gar zu teuer verkaufen. Dreißig Guineen auf der Seeseite oder sechzig wenn Ihr mich am Loch Linnhe absetzen wollt. Schlagt ein oder tut was Ihr wollt.«

»Gut,« sagte Hoseason, »und wenn ich Euch den Soldaten ausliefere?«

»Das hieße wie ein Dummkopf handeln«, sagte der andere. »Mein Hauptmann, Herr, lasst Euch das sagen, hat sich sein Glück, wie jeder ehrliche Mann in Schottland, verwirkt. Seine Besitzungen sind in den Händen des Mannes, den man König Georg nennt. Es ist Sache seiner Beamten, die Steuern einzutreiben oder zu versuchen, sie einzutreiben. Aber zu Schottlands Ehre sei es gesagt, die armen Pächter gedenken ihres Herrn, der in der Verbannung weilt. Und dieses Geld hier ist ein Teil jener Steuern, die König Georg sucht. Nun, Herr, Ihr scheint mir ein Mann zu sein, der die Dinge richtig begreift. Bringt Ihr dieses Geld in den Besitz der Regierung, wie viel davon wird auf Euch kommen?«

»Wenig genug, sicherlich!« sagte Hoseason und dann fügte er trocken hinzu: »Wenn Sie etwas davon erführen; aber ich glaube, wollt ich es nur versuchen, so könnte ich meine Zunge schon im Zaum halten.«

»Ja, aber ich werde Euch dabei überlisten!« rief der Herr. »Wollt Ihr mich betrügen, so zahl' ich's Euch heim. Wenn Hand an mich gelegt wird, dann sollen Sie erfahren, wessen Geld es ist.«

»Gut,« antwortete der Kapitän, »was geschehen muss, geschehe! Sechzig Guineen und alles ist in Ordnung. Hier ist meine Hand drauf!«

»Und hier ist meine!« sagte der andere. Daraufhin ging der Kapitän hinaus (ziemlich schnell wie es mir schien) und ließ mich mit dem Fremden allein in der Kajüte.

In jener Zeit kamen viele verbannte Edelleute unter Lebensgefahr zurück, um entweder ihre Angehörigen wiederzusehen oder um ein wenig Geld zu holen. Und was jene Gutsherren der Highlands anbelangte, so sprach man ganz allgemein davon, was für Entbehrungen ihre Pächter sich auferlegten, um ihnen Geld zu schicken, wie sich ihre Clan-Männer den Soldaten widersetzten, um ihnen dieses Geld zukommen zu lassen und durch die Reihen unserer Marine Spießruten liefen, um es hinüberzuschaffen. All dies hatte ich natürlich erzählen hören und jetzt sah ich mit eigenen Augen einen Mann, dessen Leben aus all diesen Gründen verwirkt war und noch mehr; denn er war nicht nur ein Rebelle und ein Steuerschmuggler, sondern er war auch in den Dienst König Ludwigs von Frankreich getreten. Und als wäre dies alles noch nicht genug, trug er noch einen Gürtel voll Geld um die Mitte. Welcher Ansicht ich auch immer war, so konnte ich einen solchen Mann nicht anders als mit dem lebhaftesten Interesse ansehen.

»Ihr seid also ein Jakobite?« sagte ich, als ich das Essen vor ihn hinstellte.

»Ja«, sagte er und fing zu essen an. »Und du, nach deinem langen Gesicht zu urteilen, bist wohl ein Whig?«

»So dazwischen und daneben«, sagte ich, um ihn nicht zu ärgern, denn ich war in Wirklichkeit ein so guter Whig, wie Mr. Campbell nur einen aus mir hatte machen können.

»Und das ist gar nichts«, sagte er. »Aber Mr. Dazwischen-und-Daneben,« fügte er hinzu, »diese Flasche da ist leer; und wenn ich schon sechzig Guineen bezahlen muss, so darf man doch zumindest nicht mit einem Schluck Schnaps an mir sparen.«

»Ich gehe den Schlüssel holen«, sagte ich und stieg hinaus auf Deck.

Der Nebel war so dick wie nur je, aber die Wellen gingen nicht hoch. Sie hatten das Schiff verankert, da sie nicht genau wussten, wo sie waren und der Wind (das wenige, was noch davon übriggeblieben) ihrem Kurs nicht dienlich war. Der Kapitän und die beiden Offiziere waren im Mitteldeck und steckten die Köpfe zusammen. Es fuhr mir plötzlich durch den Sinn, ich weiß selbst nicht weshalb, dass sie nichts Gutes vorhätten und das erste Wort, das ich hörte, als ich mich leise näherschlich, bestärkte mich in meiner Annahme nur allzu sehr.

Mr. Riach rief, als ob ihm plötzlich der Gedanke gekommen wäre, aus: »Könnten wir ihn nicht aus der Kajüte herauslocken?«

»Er ist doch ganz gut, wo er ist,« antwortete Hoseason, »er hat dort zu wenig Platz, um sein Schwert zu gebrauchen.«

»Ja, das ist wahr,« sagte Riach, »aber man kommt ihm schwer nahe.«

»Ach, was!« sagte Hoseason, »wir können ihn in ein Gespräch ziehen und, jeder von einer Seite, an beiden Armen festhalten; oder, wenn das nicht geht, von beiden Türen gleichzeitig hereinstürzen und ihn unter die Hände kriegen, ehe er Zeit hat zu ziehen.«

Als ich dies hörte, erfasste mich Angst und Zorn zugleich ob dieser verräterischen, blutgierigen Männer, mit denen ich segeln musste. Mein erster Gedanke war davonzulaufen, mein zweiter war kühner.

»Kapitän,« sagte ich, »der Herr wünscht einen Schluck Schnaps und die Flasche ist leer. Wollt Ihr mir, bitte den Schlüssel geben?«

Sie fuhren alle auf und drehten sich nach mir um.

»Ah, da haben wir eine Möglichkeit, die Schießwaffen zu bekommen!« rief Riach aus, und zu mir: »Höre, David,« sagte er, »weißt du, wo die Pistolen sind?«

»Ja, ja,« warf Hoseason ein, »David weiß es, David ist ein braver Bursche. Siehst du, David, mein Junge, dieser wilde Highlander da ist eine Gefahr für unser Schiff und außerdem, da er ein entschiedener Feind König Georgs ist, mag ihm Gott beistehen!«

Ich war niemals zuvor so »bedavided« worden, seitdem ich an Bord kam. Aber ich sagte »Ja«, als ob alles selbstverständlich wäre.

»Die Schwierigkeit ist,« sagte der Kapitän zusammenfassend, »dass alle unsere Schießwaffen, große und kleine, in der Kajüte sind, gerade vor seiner Nase; und ebenso das Pulver. Wenn nun ich oder einer von den Offizieren hinginge, um sie zu holen, fiele ihm das sicherlich auf. Aber ein Bursche wie du, David, könnte leicht ein Pulverhorn und eine Pistole oder zwei erwischen, ohne bemerkt zu werden. Und wenn du das schlau machen könntest, so will ich es dir gedenken, wenn es einst gut sein wird für dich, Freunde zu haben, und zwar, wenn wir nach den Karolinen kommen.«

Mr. Riach flüsterte ihm etwas zu.

»Ja, gut, Herr«, sagte der Kapitän und dann zu mir gewendet: »Und siehst du, David, jener Mann hat einen Gürtel voll Geld und ich gebe dir mein Wort, dass du hineingreifen wirst dürfen.«

Ich sagte ihm, dass ich tun werde, was er verlangte, obwohl ich tatsächlich nach Luft schnappen musste. Daraufhin gab er mir den Schlüssel vom Schnapskasten und ich ging langsam zurück in die Kajüte. Was sollte ich tun? Sie waren Hunde und Diebe, sie hatten mich vom Land weggeschleppt, sie hatten den armen Ransome umgebracht; und nun sollte ich das Licht halten für einen neuerlichen Mord? Anderseits aber stand die Todesangst ganz deutlich vor mir, denn was vermochten ein Bub und ein Mann, und wären sie tapfer wie Löwen, gegen eine ganze Schiffsmannschaft?

Ich erwog noch immer hin und her und konnte zu keiner Klarheit kommen, als ich in die Kajüte trat und den Jakobiten sah, der unter der Lampe sein Nachtmahl aß. Und da hatte ich auf einmal einen Entschluss gefasst. Ich habe kein Verdienst an der Sache, denn es war nicht meine freie Wahl, sondern wie unter einem Zwang schritt ich geradewegs auf den Tisch zu und legte meine Hand auf seine Schulter.

»Wollt Ihr umgebracht werden?« sagte ich.

Er sprang auf die Füße und sah mich fragend an, so deutlich, als hätte er gesprochen.

»Oh,« rief ich, »alle hier sind Mörder, das ganze Schiff ist voll. Sie haben schon einen Buben ermordet, jetzt kommt Ihr dran.«

»Ja, ja,« sagte er, »aber Sie haben mich noch nicht.« Dann sah er mich eigentümlich an. »Willst du zu mir halten?«

»Das will ich«, sagte ich. »Ich bin kein Dieb, auch kein Mörder bis jetzt. Ich will zu Euch halten.«

»Gut, also,« sagte er, »wie heißt du?«

»David Balfour«, sagte ich und dann überlegend, dass ein Mann in so feinen Kleidern gerne feine Leute um sich hätte, fügte ich zum ersten Mal in meinem Leben hinzu, »of Shaws«.

Es fiel ihm gar nicht ein, meine Worte anzuzweifeln, denn ein Highlander ist gewohnt, große Edelleute in großer Armut zu sehen, aber da er seinen Grundbesitz hatte, stachelten meine Worte seine geradezu kindische Eitelkeit auf.

»Mein Name ist Stewart«, sagte er sich aufrichtend. »Alan Breck nennt man mich. Der Name eines Königs ist gerade gut genug für mich, obwohl ich ihn schlicht trage und nicht den Gutsnamen irgendeines Misthaufens hinten anzuhängen habe.«

Und nachdem er mir diesen Verweis erteilt hatte, als wäre es eine Sache von höchster Wichtigkeit, wandte er sich der Untersuchung unserer Verteidigungsmöglichkeiten zu.

Die Offizierskajüte war sehr fest gebaut, um dem Ansturm der Wellen standzuhalten. Von den fünf Öffnungen, die sie hatte, waren nur das Dachfenster und die beiden Türen groß genug, um einem Mann Einlass zu gewähren. Die Türen konnten außerdem fest verschlossen werden, sie waren aus starkem Eichenholz, liefen in Schienen und waren mit Eisenhaken versehen, um sie nach Bedarf entweder geöffnet oder geschlossen halten zu können. Die eine, die bereits geschlossen war, versicherte ich in dieser Art, aber als ich daranging, die andere zuzuschieben, hielt mich Alan zurück.

»David,« sagte er, »ich kann mir nämlich den Namen deines Grundbesitzes nicht merken und ich bin daher so frei, dich David zu nennen – wenn diese Tür offen ist, ist dies der beste Platz zu meiner Verteidigung.«

»Es wäre doch besser, sie wäre zu«, sagte ich.

»Nicht so, David«, sagte er. »Ich habe nur ein Gesicht, siehst du. Aber sobald die Tür offen ist und ich mein Gesicht ihr zugewendet habe, wird der größte Teil meiner Feinde mir gegenüber stehen und dort eben finde ich sie am liebsten.«

Dann reichte er mir einen Degen vom Gestell herüber (es waren außer den Schießwaffen einige dort), er wählte ihn sorgfältig aus, schüttelte den Kopf und sagte, er habe in seinem ganzen Leben noch keine so erbärmlichen Waffen gesehen. Dann setzte er mich mit einer Pulverbüchse, einem Kugelsäckchen und allen Pistolen an den Tisch nieder und hieß mich, sie laden.

»Und das ist auch eine bessere Beschäftigung, will ich dir sagen, für einen Herrn von edler Geburt,« sagte er »als Teller abwaschen und Schnapsgläser reichen, noch dazu für ein paar schmutzige Matrosen.«

Daraufhin stellte er sich in die Mitte, das Gesicht der Tür zugewandt und zog sein großes Schwert, um zu probieren wie viel Raum er hätte es zu schwingen.

»Ich darf mich nicht von der Stelle rühren«, sagte er kopfschüttelnd, »und das ist schade. Und jetzt fahr' du nur fort mit dem Laden der Pistolen und gib auf mich Acht.«

Ich sagte ihm, dass ich gut aufpassen wollte. Es schnürte mir die Brust zusammen, meine Kehle war ausgetrocknet, es wurde mir finster vor den Augen; der Gedanke an die Menge derer, die da gleich zu uns hereinstürzen würden, machte mein Herz beben und die Wellen, die ich rings um das Schiff waschen hörte und die, wie ich glaubte, noch vor Morgen meinen toten Körper empfangen würden, rauschten seltsam durch meine Gedanken.

»Erstens,« sagte er, »wie viele sind gegen uns?«

Ich zählte sie auf und meine Gedanken waren so zerfahren, dass ich zweimal zählen musste. »Fünfzehn«, sagte ich. Alan pfiff. »Gut,« sagte er, »daran lässt sich nichts ändern. Und jetzt folge mir. Es ist meine Sache, die Tür zu halten, wo ich den Hauptkampf erwarte. Da misch' dich nicht ein. Und merke dir, nach dieser Seite hin feuerst du nicht, außer wenn sie mich niedermachen. Ich habe lieber zehn Feinde vor mir, als hinter mir einen Freund wie dich, der Pistolen abfeuert.«

Ich sagte ihm, dass ich wirklich kein großer Schütze wäre.

»Und das ist sehr tapfer gesprochen«, rief er voll Bewunderung meiner Aufrichtigkeit. »Gar manch ein Herrchen hätte nicht gewagt, es einzugestehen.«

»Aber außerdem Herr«, sagte ich, »ist noch die Tür hinter Euch da, die sie vielleicht einbrechen könnten.«

»Ja,« sagte er, »und das ist ein Teil deiner Arbeit. Sobald die Pistolen geladen sind, musst du augenblicklich in dieses Bett hinaufklettern, von wo aus du's nah zum Fenster hast, und wenn sie Hand an die Tür legen, musst du schießen. Aber das ist noch nicht alles. Wir wollen ein Stückchen von einem Soldaten aus dir machen, David. Was hast du noch zu bewachen?«

»Das Dachfenster«, sagte ich. »Aber wirklich, Mr. Stewart, da müsste ich ja auf zwei Seiten Augen haben, wenn ich auf beides aufpassen sollte. Denn, wenn ich mit dem Gesicht dem einen zugewendet bin, stehe ich mit dem Rücken zum andern.«

»Ja, das ist ganz richtig,« sagte Alan, »aber hast du denn keine Ohren im Kopf?«

»Richtig«, rief ich aus. »Ich müsste ja das Glas krachen hören.«

»Du hast einige Rudimente von Verstand«, sagte Alan spöttisch.

## Die Belagerung der Offizierskajüte

Aber jetzt war die Zeit unseres Waffenstillstandes zu Ende. Die Männer auf Deck hatten so lange auf mein Kommen gewartet, bis sie ungeduldig geworden waren und kaum hatte Alan ausgesprochen, steckte der Kapitän auch schon den Kopf zur offenen Tür herein.

»Halt«, schrie Alan und hielt ihm die Spitze des Schwertes entgegen.

Der Kapitän stand still ohne zu zucken und ohne auch nur einen Schritt zurückzuweichen.

»Ein nacktes Schwert,« sagte er, »das ist eine seltsame Erwiderung meiner Gastfreundschaft.«

»Seht mich an!« rief Alan. »Ich stamme von Königen ab. Ich trage eines Königs Namen. Mein Zeichen ist die Eiche. Seht Ihr mein Schwert? Es schlug schon manchen Whigs das Haupt von den Schultern, mehr als Ihr Zehen habt an Euren Füßen. Ruft das Gesindel hinter Euch zusammen, Herr, und greift mich an! Je eher der Kampf beginnt umso eher werdet Ihr dieses Eisen in Eurem Körper spüren.«

Der Kapitän sagte nichts zu Alan, aber er sah zu mir herüber und mit einem hässlichen Blick sagte er: »David, das will ich mir merken.« Und der schnarrende Ton seiner Stimme ging mir durch Mark und Bein.

Im nächsten Augenblick war er fort.

»Und jetzt«, sagte Alan, »mag deine Hand deinen Kopf schützen, denn jetzt kommt der Angriff.«

Alan zog für den Fall, dass sie unter seinem Schwert durchschlüpfen sollten, einen Dolch, den er in der linken Hand hielt. Ich für mein Teil kletterte mit einem Arm voll Pistolen und so etwas wie einem schweren Herzen in das obere Bett hinauf, wo ich Wache halten sollte. Ich konnte nur einen kleinen Teil des Decks überblicken, aber für unsere Zwecke genügte es. Die See war ruhig und der Wind beständig, so dass er die Segel still hielt. Es herrschte vollkommene Ruhe auf dem Schiff und ich konnte daher deutlich ein Stimmengeflüster vernehmen. Einen Augenblick später hörte ich das Klirren von Eisen und ich erriet, dass sie die Säbel herausschafften und einen davon fallen gelassen hatten; dann war alles wieder still.

Ich weiß nicht, ob man es Angst nennt. Aber mein Herz schlug wie das eines Vogels, schnell und schwach; es wurde mir dunkel vor den Augen, und ich versuchte immer wieder, es wegzuwischen, und es kam immer wieder. Ich hatte gar keine Hoffnung, nur dumpfe Verzweiflung empfand ich und eine Art Wut gegen alle Welt, so dass es mich danach verlangte, mein Leben so teuer wie nur irgend möglich zu verkaufen. Ich versuchte auch zu beten, erinnere ich mich. Aber in der Hast der Gedanken – wie einer mitten im Laufen – konnte ich die Worte nicht finden.

Dann geschah alles ganz plötzlich; Fußgetrampel und Brüllen, dann ein Schrei von Alan und der Klang von Schlägen, und jemand der aufschrie wie im Schmerz. Ich sah über meine Schulter zurück und erblickte Mr. Shuan in der Türöffnung, der mit Alan focht.

»Der hat den Buben erschlagen«, rief ich.

»Pass auf dein Fenster auf«, sagte Alan und mich diesem wieder zuwendend, sah ich eben noch, wie Alan dem Steuermann das Schwert in den Leib rannte.

Es war keineswegs zu früh, dass ich mich meiner Aufgabe wieder zuwendete. Denn kaum war mein Kopf wieder am Fenster, als fünf Männer vorbeiliefen, die eine Reserve-Segelstange als Brechramme herbeitrugen, um die Tür einzudrücken. Ich hatte noch nie in meinem Leben eine Pistole abgeschossen und nicht häufig ein Gewehr und am allerwenigsten gegen einen Menschen. Aber jetzt oder niemals! Und eben als sie die Stange hoben, rief ich: »Nehmt das!« und schoss in ihre Mitte.

Ich musste wohl einen von ihnen getroffen haben, denn er schrie auf, wich einen Schritt zurück und die übrigen blieben wie betroffen stehen. Ehe sie Zeit hatten, sich zu erholen, schoss ich eine zweite Kugel über ihre Köpfe hin. Und beim dritten Schuss (der ebenso weit fehl ging wie der zweite) warf die ganze Gesellschaft die Stange weg und rannte davon.

Dann blickte ich wieder in die Kajüte zurück. Das ganze Zimmer war voll Rauch von meiner Schießerei, und in meinen Ohren dröhnte noch das Krachen der Schüsse. Aber da stand Alan so wie zuvor, nur war sein Schwert jetzt bis zum Heft voll Blut und er selbst so geschwellt von Triumph, so herrlich in seiner ganzen Haltung, dass er unbesiegbar zu sein schien. Gerade vor ihm auf dem Boden lag Mr. Shuan auf Händen und Knien, Blut rann aus seinem Mund und er sank mit schrecklich bleichem Antlitz immer tiefer und tiefer. Eben als ich hinsah, erfassten ihn einige von den hinter ihm Stehenden an den Füßen und zogen ihn buchstäblich aus der Kajüte.

»Da habt Ihr einen Eurer Whigs«, rief Alan und dann zu mir gewendet, fragte er, ob ich viele getroffen hätte.

Ich sagte ihm, dass ich einen gestreift habe und glaube, es wäre der Kapitän gewesen.

»Und ich habe zwei erledigt«, sagte er. »Nein, es ist noch nicht genug Blut geflossen; sie werden wieder zurückkommen. Auf deinen Posten, David! Das war nur ein Schluck vor der Mahlzeit.«

Ich setzte mich wieder in Positur, lud die drei Pistolen, die ich abgefeuert hatte und hielt mit Augen und Ohren Wache.

Unsere Feinde berieten auf Deck, nicht weit von uns entfernt, und zwar so laut, dass ich hin und wieder ein oder zwei Worte verstehen konnte trotz des Lärmes der anschlagenden Wogen.

»Shuan hat's verhunzt«, hörte ich einen sagen.

Und ein anderer antwortete ihm mit einem: »Pst, Mensch! Er hat dafür bezahlt!«

Danach sanken die Stimmen wieder zu demselben Flüsterton herab wie zuvor. Nur sprach jetzt meist nur eine Person, als lege man einen Plan zurecht, und bald dieser, bald jener antwortete nur kurz, als nähmen sie Befehle entgegen. Dann hörte ich sie wieder herankommen und sagte es Alan.

»Das ist es, worum wir beten müssen«, sagte er. »Solange wir ihnen nicht einen ordentlichen Abscheu vor uns einjagen können und endgültig mit ihnen fertig werden, wäre nicht viel Schlaf zu holen für keinen von uns beiden. Aber dies Mal, pass auf, wird's ernst.«

Ich war jetzt mit meinen Pistolen fertig und konnte nichts anderes machen als horchen und warten. So lange der Kampf gedauert hatte, blieb mir keine Zeit nachzudenken, ob ich Angst hätte; aber jetzt, da wieder alles still war, kreisten meine Gedanken immer wieder um diese Frage. Die Vorstellung eines scharfen Schwertes und des kalten Stahls verfolgten mich. Und jetzt, als ich leise ihre heranschleichenden Schritte hörte, das Reiben eines Gewandes längs der Mauer der Kajüte und wusste, sie nähmen jetzt im Finstern ihre Plätze ein – da hätte ich am liebsten laut aufgeschrien.

All dies geschah auf Alans Seite, und ich fing an zu glauben, dass mein Anteil am Kampf zu Ende sei, als ich jemand leise auf dem Dach über mir herankommen hörte.

Dann ertönte von der Schiffsseite her ein einziger Pfiff. Das war das Signal. Einige von ihnen stürzten, Säbel in der Hand, in einem Haufen auf die Tür los und im selben Augenblick flog das Glas des Dachfensters in tausend Scherben, ein Mann sprang herein und landete vor mir auf dem Boden. Ehe er wieder auf die Beine kam, hatte ich ihm eine Pistole an den Rücken gesetzt und hätte ihn gleich auch erschießen können. Nur bei der Berührung, und weil er so lebendig war, verließ mich meine Kraft und ich wäre ebenso wenig imstande gewesen, den Hahn loszudrücken, als ich fähig gewesen wäre, zu fliehen.

Der Mann hatte beim Springen seinen Säbel fallen lassen und als er die Pistole im Rücken fühlte, schnellte er herum, stieß einen Fluch aus und packte mich. Daraufhin kehrte entweder mein Mut wieder oder meine Angst wurde so groß

– was auf dasselbe herauskommt – dass ich einen Schrei ausstieß und ihm eine Kugel mitten durch den Leib jagte. Er gab einen entsetzlichen, abscheulichen Laut von sich und fiel zu Boden. Im selben Augenblick schlug mir der Fuß eines zweiten Kerls, dessen Beine durch das Dachfenster baumelten, auf den Kopf. Da ergriff ich eine andere Pistole und schoss dem Mann in die Schenkel, so dass er hereinrutschte und wie ein Bündel auf den Körper seines Kameraden niederfiel. Da war keine Rede von Verfehlen ebenso wenig wie Zeit zum Zielen. Ich setzte die Mündung genau an und feuerte ab.

Ich wäre lange dort stehengeblieben und hätte die beiden angestarrt, aber da hörte ich Alan rufen wie um Hilfe und das gab mir meine Besinnung wieder.

Er hatte bis dahin die Tür gehalten; aber einer der Matrosen war, während Alan mit anderen beschäftigt gewesen war, durchgerutscht und hatte ihn um die Mitte gefasst.

Alan stieß mit der linken Hand den Dolch gegen ihn, aber der Kerl hing fest wie ein Blutegel. Ein anderer war eingedrungen und hatte bereits seinen Säbel erhoben. Sie drängten sich in der Türöffnung. Ich hielt uns für verloren, nahm aber meinen Säbel auf und fiel ihnen in die Flanke.

Aber es blieb mir keine Zeit, um zu helfen. Der Ringende fiel endlich doch, Alan sprang zurück, um Abstand zu nehmen, und stürzte sich dann, wie ein Stier brüllend, auf die anderen. Sie wichen vor ihm zurück wie Wasser, drehten sich und liefen und fielen einer gegen den anderen in ihrer Hast. Das Schwert in seiner Hand blitzte wie Quecksilber in dem Durcheinander unserer fliehenden Feinde und auf jedes Aufblitzen folgte der Schrei eines verwundeten Mannes. Ich glaubte noch immer, dass wir verloren wären, als horch! Da waren sie alle fort und Alan trieb sie über das Deck, wie ein Schäferhund Schafe jagt.

Doch kaum war er fort, war er auch schon wieder zurück – denn er war ebenso vorsichtig wie mutig – die Matrosen liefen noch immer weiter und schrien, als ob er hinter ihnen drein wäre. Und wir hörten, wie sie einer über den anderen ins Vorderdeck stürzten und das Gitter oben zuschlugen.

Die Kajüte glich einer Fleischbank. Drei lagen drinnen tot, ein vierter im Todeskampf auf der Schwelle. Und da standen Alan und ich siegreich und unverletzt.

Er kam mit offenen Armen auf mich zu. »Komm an meine Brust!« rief er und umarmte und küsste mich fest auf beide Wangen. »David,« sagte er, »ich liebe dich wie einen Bruder. Und sag', mein Junge,« rief er in einer Art Verzückung, »bin ich nicht ein guter Kämpfer?«

Darauf wendete er sich den vier Feinden zu, durchbohrte jeden einzelnen von ihnen mit dem Schwert und warf sie, einen nach dem anderen, vor die Tür. Während er dies tat, summte und sang und pfiff er immerfort leise vor sich hin, wie einer, der sich eine Melodie ins Gedächtnis zurückrufen will. Nur dass er damit beschäftigt war, eine Melodie zu schaffen. Die ganze Zeit über lag ein Glanz auf seinem Antlitz, und seine Augen leuchteten, wie die eines fünfjährigen Kindes beim Anblick eines neuen Spielzeuges. Dann setzte er sich plötzlich, das Schwert in der Hand, auf den Tisch, die Melodie, an der er die ganze Zeit im Geiste gearbeitet hatte, wurde nun deutlicher und immer deutlicher erkennbar und plötzlich erklang aus seinem Mund mit mächtiger Stimme ein gälisches Lied.

Ich verstand kein Wort von dieser Sprache. Aber infolge der langen Wartezeit, der Anspannung aller unserer Kräfte während des Kampfes und mehr noch, infolge des Grauens, das ich empfand, ob meines eigenen Anteils daran, war ich, kaum dass die Sache vorbei war, froh, zu einem Sitz taumeln zu können. Ich fühlte meine Brust so beengt, dass ich kaum atmen konnte. Der Gedanke an jene beiden Männer, die ich erschossen hatte, lag wie ein Alpdruck auf mir; und ganz plötzlich, ehe ich erraten konnte, was geschehen sollte, fing ich an zu weinen und zu schluchzen wie ein kleines Kind.

Alan klopfte mir auf die Schulter und sagte, ich wäre ein tapferer Bursche und brauche nichts als ein wenig Schlaf.

»Ich übernehme die erste Wache,« sagte er. »Du hast gut an mir gehandelt, David, von Anfang bis zu Ende, und ich möchte dich nicht verlieren, nicht um ganz Appin – nein, nicht um Breadalbane willen.«

Dann machte er mir auf dem Fußboden ein Bett zurecht und übernahm die erste Nachtwache – die Pistole in der Hand und das Schwert auf den Knien – drei Stunden nach des Kapitäns Uhr an der Wand. Dann weckte er mich und ich kam für drei Stunden an die Reihe. Doch noch ehe die um waren, war es bereits heller Tag geworden. Es war ein sehr stiller Morgen mit glatter, leise rollender See, die das Schiff schaukelte und das Blut auf dem Boden der Kajüte hin und her rinnen ließ; ein schwerer Regen trommelte auf das Dach. Während meiner ganzen Wache rührte sich nichts, und dem Schlagen des Steuerruders nach wusste ich, dass sie nicht einmal einen am Steuer hatten. Tatsächlich waren (wie ich nachher erfuhr) so viele von ihnen verwundet oder tot und die übrigen bei so übler Laune, dass Mr. Riach und der Kapitän einander abwechseln mussten, wie Alan und ich, sonst wäre das Schiff ans Ufer angefahren, ohne dass es jemand bemerkt hätte. Es war ein Glück, dass es in der Nacht so still geworden war, denn der Wind hatte sich gelegt, sobald der Regen eingesetzt hatte. Aber auch so mussten wir – wie ich aus der großen Menge klagender Möwen, die schreiend und fischend das Schiff umflogen, schloss – recht nahe der Küste einer der Hebriden-Inseln getrieben worden sein. Und als ich schließlich zur Kajütentür hinaus sah, erblickte ich rechts die großen Steinhügel von Skye und ein wenig weiter hinten die merkwürdige Insel Rum.

## Der Kapitän gibt nach

Wir setzten uns, Alan und ich, gegen sechs Uhr zum Frühstück. Der Boden war mit Glasscherben und ekelhaften Blutlachen bedeckt, was mir allen Hunger raubte. In jeder anderen Beziehung jedoch befanden wir uns nicht nur in einer angenehmen, sondern sogar heiteren Lage. Da wir die Offiziere aus ihrer eigenen Kajüte verjagt hatten, waren wir im Besitz alles Getränkes an Bord – sowohl Wein als auch Schnaps – und aller Leckerbissen wie beispielsweise Pökelfleisch und feine Zwieback-Sorten. Dies allein genügte, um uns in gute Laune zu versetzen. Aber das Lustigste daran war, dass die beiden durstigsten Männer, die je aus Schottland kamen (da Mr. Shuan nun tot war) jetzt im Vorderdeck des Schiffes abgeschnitten und zu dem verhasstesten Getränk – nämlich kaltem Wasser – verdammt waren.

»Und verlass dich darauf,« sagte Alan, »wir werden gar bald von ihnen hören. Man kann einen Menschen vom Kampf fern halten, aber niemals von seiner Flasche.«

Wir leisteten einander gute Gesellschaft. Alan äußerte sich wirklich sehr herzlich. Auch nahm er ein Messer vom Tisch und schnitt mir einen der Silberknöpfe seines Rockes ab.

»Ich habe sie«, sagte er, »von meinem Vater Duncan Stewart und gebe dir jetzt einen als Talisman für deine Arbeit von heute Nacht. Und wo immer du gehst und diesen Knopf vorweist, werden die Freunde Alan Brecks sich um dich scharen.«

Dies sagte er als wäre er Karl der Große und befehle über Armeen. Und wirklich, so sehr ich auch seinen Mut bewunderte, war ich doch stets in Gefahr, über seine Eitelkeit zu lächeln. In Gefahr, sage ich. Denn bei dem Gedanken, welch ein Streit daraus hätte entstehen können, wenn ich meine Haltung nicht bewahrt hätte, müsste ich mich wahrhaftig heute noch fürchten.

Sobald wir unsere Mahlzeit beendet hatten, kramte er so lange im Kasten des Kapitäns, bis er eine Kleiderbürste gefunden hatte. Und dann, nachdem er seinen Rock ausgezogen hatte, fing er an, seinen Anzug genau zu untersuchen und alle Flecken auszubürsten, mit so großer Sorgfalt und Mühe, wie ich sie bisher nur bei Frauen gesehen hatte. Freilich hatte er keinen anderen Rock und außerdem gehörte dieser (wie er sagte) einem König und es gebühre ihm daher königlich gehalten zu werden.

Darum, und als ich sah, wie sorgfältig er die Fäden auszupfte an der Stelle, wo der Knopf angenäht gewesen war, maß ich dieser Gabe höheren Wert zu.

Er war noch immer beschäftigt, als Mr. Riach uns vom Deck aus anrief und um eine Unterredung bat. Ich kletterte durch das Dachfenster, setzte mich an den Rand desselben und rief mit kühner Stirne, die Pistole in der Hand – obwohl innerlich sehr ängstlich wegen der Glasscherben – zurück und hieß ihn sprechen. Er kam bis an die Ecke der Kajüte und stellte sich auf ein aufgerolltes Tau, so dass sein Kinn in gleicher Höhe war wie das Dach. Einen Augenblick sahen wir einander schweigend an. Mr. Riach war, da er wohl während des Kampfes nicht sehr weit vorne gewesen sein dürfte, mit einem unbedeutenden Hieb auf der Wange davongekommen. Aber er sah sehr mutlos und müde aus, da er die ganze Nacht auf den Beinen gewesen war, teils Wache haltend, teils die Verwundeten pflegend.

»Das ist eine üble Geschichte«, sagte er schließlich kopfschüttelnd.

»Es war nicht unsere Wahl«, sagte ich.

»Der Kapitän«, sagte er, »möchte gern mit deinem Freund sprechen. Sie könnten durchs Fenster miteinander reden.«

»Wir wissen ja nicht, ob er nicht neuerlich auf Verrat sinnt«, rief ich.

»Nein, David, sicherlich nicht,« antwortete Mr. Riach, »und wenn er auch wollte, ich sage dir die Wahrheit, wir könnten die Leute nicht dazu bewegen, mitzutun.«

»Ist das wahr?« sagte ich.

»Ich werde dir noch mehr verraten,« sagte er, »nicht nur die Mannschaft, auch ich will nicht. Ich bin fertig!« Er lächelte mir zu. »Nein,« fuhr er fort, »was wir wollen ist, ihn los werden.«

Daraufhin beriet ich mit Alan; die Unterredung wurde gewährt und man gab sich gegenseitig das Wort. Aber damit war Mr. Riachs Mission noch nicht erledigt. Er fing nun an, mich mit großer Eindringlichkeit um einen Schluck Schnaps zu bitten und erinnerte mich an alle früheren Wohltaten seinerseits, so dass ich ihm zuletzt ein Zinnkrüglein mit etwa einer Viertel Pinte Branntwein ausfolgte.

Er trank einen Teil davon und trug den Rest mit sich fort, um ihn (vermutlich) mit seinem Vorgesetzten zu teilen.

Ein Weilchen später kam der Kapitän (so wie wir es vereinbart hatten) an eines der Fenster und stand dort im Regen, einen Arm in der Schlinge, ernst und blass; er sah so alt aus, dass es mir im Herzen leid tat, ihn angeschossen zu haben.

Alan hielt ihm sofort die Pistole vors Gesicht.

»Tut das Ding weg!« sagte der Kapitän; »habe ich Euch nicht mein Wort gegeben oder sucht Ihr, mich zu beleidigen?«

»Kapitän,« sagte Alan, »ich fürchte, Euer Wort ist leicht gebrochen. Gestern abends habt Ihr gefeilscht und gehandelt wie ein Marktweib und dann mir Euer Wort gegeben und Eure Hand zur Bekräftigung gereicht. Und Ihr wisst selbst genau, was das Ende war. Verflucht mitsamt Eurem Wort!« sagte er.

»Gut, gut, Herr,« sagte der Kapitän, »fluchen wird Euch wenig nützen.« (Und wirklich, das war ein Fehler, von dem der Kapitän ganz frei war.) »Aber wir haben über wichtigere Dinge zu sprechen«, fuhr er bitter fort. »Ihr habt meine Mannschaft übel zugerichtet. Ich habe nicht genug Hände übrig, um das Schiff zu bedienen. Und meinem ersten Steuermann, den ich schwer entbehren kann, habt Ihr Euer Schwert in den Leib gerannt; er starb, ohne noch ein Wort zu sprechen. Es bleibt mir nichts übrig, Herr, als in den Hafen von Glasgow zurückzukehren, um neue Leute aufzunehmen. Und dort (mit Verlaub) werdet auch Ihr Leute finden, die besser mit Euch zu reden verstehen dürften.«

»Ja,« sagte Alan, »und wahrlich, ich habe selbst mit ihnen zu sprechen! Ich habe eine nette Geschichte für sie, außer wenn dort niemand englisch versteht. Fünfzehn Matrosen auf der einen Seite, und ein Mann und ein halbwüchsiger Junge auf der anderen! Oh, Mensch, es ist ja erbärmlich!«

Hoseason wurde ganz rot.

»Nein,« fuhr Alan fort, »das geht also nicht. Ihr müsst mich schon ans Ufer setzen, wie wir es abgemacht hatten.«

»Ja,« sagte Hoseason, »aber mein erster Steuermann ist tot – Ihr wisst selbst, wie es geschah. Keiner von uns anderen kennt die Küste hier, Herr, und sie ist von den Schiffern sehr gefürchtet.«

»Ich lasse Euch die Wahl,« sagte Alan, »setzt mich ans Festland in Appin oder Ardpour oder in Morven oder Arisaig oder in Morar oder kurz wo immer Ihr wollt im Umkreis von dreißig Meilen von meinem Heimatland, außer in einem Land der Campbells. Das ist eine große Zielscheibe. Verfehlt Ihr die, müsstet Ihr als Seemann ebenso unfähig sein wie Ihr Euch als Kämpfer erwiesen habt. Seht, meine armen Landsleute müssen in ihren kleinen Fischerbooten von einer Insel zur andern bei jedem Wetter, ja, und sogar auch in der Nacht, was das anbelangt.«

»Ein Boot ist kein Schiff, Herr,« sagte der Kapitän, »das hat keinen Tiefgang.«

»Gut denn, nach Glasgow also, wenn's Euch dahin gelüstet!« sagte Alan. »Wir werden zumindest das Lachen auf unserer Seite haben.«

»Mir ist nicht zum Lachen zumute«, sagte der Kapitän. »Aber das alles kostet Geld, Herr.«

»Gut, Herr,« sagte Alan, »ich bin kein Wetterhahn. Dreißig Guineen, wenn Ihr mich an der Küste absetzt und sechzig, wenn Ihr mich nach Linnhe Loch bringt.«

»Aber seht doch, Herr, wir liegen nur wenige Stunden weit von Ardnamurchan«, sagte Hoseason. »Gebt mir sechzig und ich setze Euch dort ab.«

»Und ich kann dann meine Holzschuhe nehmen und vor den Rotrücken Spießrutenlaufen, Euch zulieb?« rief Alan. »Nein, Herr, wenn Ihr sechzig Guineen haben wollt, verdient sie Euch und setzt mich in meinem Land ab.«

»Das hieße das Schiff aufs Spiel setzen, Herr,« sagte der Kapitän, »und Euer Leben zugleich.«

»Nehmt's oder lasst es bleiben«, sagte Alan.

»Versteht Ihr überhaupt zu steuern?« fragte der Kapitän stirnrunzelnd.

»Nicht gut,« sagte Alan, »ich verstehe mich besser aufs Kämpfen (wie Ihr ja selbst gesehen habt). Aber ich bin oft genug an dieser Küste abgeholt und abgesetzt worden, um einiges über ihre Lage zu wissen.« Der Kapitän schüttelte noch immer stirnrunzelnd den Kopf.

»Hätte ich auf dieser unglückseligen Fahrt«, sagte er, »weniger Geld verloren, so wollt ich Euch lieber am Strick baumeln sehen, Herr, ehe ich mein Schiff aufs Spiel setzte. Aber mag es nach Eurem Wunsch geschehen! Sobald ich Seitenwind bekomme (und es kommt einer oder ich müsste mich sehr täuschen) will ich ihn fassen. Aber da ist noch eine Sache. Wir könnten mit einem königlichen Schiff zusammentreffen und sie könnten zu uns an Bord kommen, Herr, ohne mein Verschulden. Sie kreuzen dicht an dieser Küste (Ihr wisst selbst, weshalb). Nun, Herr, für diesen Fall könntet Ihr das Geld zurücklassen.

»Kapitän,« sagte Alan, »wenn Ihr eine Wimpel seht, so ist es Eure Sache, davonzulaufen. Und jetzt, da ich höre, dass ihr im Vorderdeck mit dem Branntwein knapp seid, biete ich Euch einen Tausch an: Eine Flasche Branntwein gegen zwei Eimer Wasser.«

Dies war die letzte Klausel des Vertrages und wurde von beiden Seiten ordentlich eingehalten. So konnten Alan und ich endlich die Kajüte auswaschen und die Erinnerung an jene, die wir erschlagen hatten, loswerden, während der Kapitän und Mr. Riach wieder in ihrer Art glücklich sein konnten und das hieß so viel wie: trinken.

## Ich höre zum ersten Mal vom »Rotfuchs«

Ehe wir mit dem Säubern der Kajüte fertig waren, erhob sich von Nordosten her eine leichte Brise. Sie verjagte den Regen und die Sonne kam heraus.

Die erste Hälfte des Tages, ehe die Flut kam, war sehr angenehm. Wir segelten im hellen Sonnenschein und sahen von allen Seiten viele bergige Inseln. Wir saßen in der Kajüte, Alan und ich, hatten beide Türen weit offen (da der Wind nur im Hinterteil des Schiffes zu spüren war) und rauchten ein oder zwei Pfeifen von des Kapitäns feinstem Tabak. Damals erzählten wir einander gegenseitig unsere Lebensgeschichte, was für mich umso wichtiger war, als ich einiges über die wilden Highlands erfuhr, an deren Küste ich nun so bald landen sollte. In jenen Tagen – so kurz nach dem großen Aufstand – war es notwendig, dass ein Mann Bescheid wusste, wenn er über die »Heide« ging.

Ich war es, der anfing. Ich erzählte ihm mein ganzes Missgeschick und er hörte mir mit großer Teilnahme zu. Nur als ich meines guten Freundes, Mr. Campbells, unseres Geistlichen erwähnte, wurde Alan ganz wild und rief, dass er alle hasse, die diesen Namen trügen.

»Warum,« rief ich, »er ist ein Mann, dessen Hand zu drücken Ihr stolz sein könntet.«

»Ich wüsste nichts, was ich einem Campbell wünschen würde,« sagte er, »außer eine Kugel in den Leib. Ich möchte alle, die diesen Namen tragen, wie Birkhühner jagen. Läge ich im Sterben, so würde ich noch auf den Knien zum Fenster kriechen, gälte es einen von ihnen zu erschießen.«

»Ja, Alan,« rief ich, »was habt Ihr denn gegen die Campbells?«

»Du weißt sehr gut,« sagte er, »dass ich ein Appin Stewart bin, und die Campbells haben die Leute meines Namens lange gejagt und geplündert und uns Land abgenommen, aber immer nur durch Verrat, nie durch das Schwert«, schrie er laut und schlug mit der Faust auf den Tisch. Aber ich maß dem wenig Bedeutung zu, denn ich wusste, dass gewöhnlich diejenigen, die unterlegen waren, solche Dinge zu sagen pflegten. »Sie haben noch mehr getan,« fuhr er fort, »und alles zum gleichen Zweck; haben ihr Wort gebrochen, sich falscher Papiere bedient, Hausierer-Tricks übelster Art, und stets den Anschein gewahrt, als wäre alles gesetzlich, um einen nur noch wütender zu machen.«

»Ihr, der Ihr so freigebig seid mit Euren Knöpfen, Alan,« sagte ich, »ich kann mir schwerlich vorstellen, dass Ihr ein guter Geschäftsmann seid.«

»Ah,« sagte er und lächelte gleich wieder, »meine Freigiebigkeit stammt von demselben Mann, von dem die Knöpfe stammen: und das ist mein Vater, Duncan Stewart, Gott hab' ihn selig! Er war der beste Mann aus seiner ganzen Familie und der beste Kämpfer der Highlands, David, und das heißt so viel, wie der ganzen Welt. Ich muss es wissen, denn er war es, der mich unterrichtete. Er war bei der schwarzen Garde, als sie zum ersten Mal gemustert wurde. Nun, und als der König einmal sehen wollte, wie Krieger der Highlands das Schwert zu führen verstünden, da wurden er und drei andere ausgewählt und in die Stadt London geschickt, um dem König das Beste dieser Art zu zeigen. So brachte man sie an den Ort und sie zeigten zwei Stunden lang ohne Unterbrechung alle ihre Fechtkünste vor König Georg und Königin Karoline und vielen anderen, deren Namen ich vergessen habe. Und als sie fertig waren, redete sie der König freundlich an und gab jedem Mann drei Guineen in die Hand. Als sie nun aus dem Palast gingen, mussten sie an einer Portierloge vorbei. Da fiel es meinem Vater ein, da er vielleicht der erste Edelmann der Highlands sei, der diese Türschwelle überschreite, dass es gut wäre, diesem armen Türsteher einen richtigen Begriff ihres Standes zu geben. So legte er des Königs drei Guineen-Stücke in die Hand des Mannes, als wäre dies so seine Gewohnheit. Die drei, die nach ihm kamen, taten das Gleiche und so standen sie auf der Straße, nicht um einen Pfennig reicher trotz aller Mühe. Der eine sagte, dieser wäre der erste gewesen, der des Königs Türsteher entlohnt hätte, der andere wieder, es wäre jener gewesen. Aber die Wahrheit ist, dass es Duncan Stewart war, was ich jederzeit mit dem Schwert oder der Pistole zu beweisen bereit bin. Und das war mein Vater, Friede seiner Asche!«

»Ich glaube, er war nicht der Mann, Euch Reichtümer zu hinterlassen«, sagte ich.

»Das ist wahr«, sagte Alan. »Er hinterließ mir meine Hosen um meine Blößen damit zu bedecken, aber wenig mehr. Und so geschah es, dass ich mich anwerben ließ – ein schwarzer Fleck auf meiner Ehre – und, fiele ich in die Hände der Rotröcke, noch heute eine üble Geschichte für mich.«

»Wie,« rief ich, »Ihr wart in der englischen Armee?«

»Jawohl«, sagte Alan. »Aber ich ging noch rechtzeitig auf die andere Seite über – und das tröstet mich einigermaßen.«

Ich konnte seine Ansicht nicht teilen, denn ich hielt das Desertieren aus dem Heer für ein unverzeihliches, entehrendes Verbrechen. Aber ich war klug genug, so jung ich auch war, das, was ich mir dachte, nicht laut zu sagen. »Du meine Güte,« sagte ich, »darauf steht die Todesstrafe.«

»Ja,« sagte er, »bekämen sie mich zu fassen – es gäbe eine kurze Beichte und einen langen Strick für Alan! Aber ich trage den Befehl des Königs von Frankreich in meiner Tasche und das wäre doch ein gewisser Schutz.«

»Das bezweifle ich sehr«, sagte ich.

»Ich zweifle selbst daran«, sagte Alan trocken.

»Ja, um Himmelswillen, Mensch,« rief ich, »ein verurteilter Rebell, ein Deserteur und einer der Leute des französischen Königs wie Ihr – was führt Euch in dieses Land zurück? Das heißt das Schicksal herausfordern!«

»Pah!« sagte Alan, »ich war seit sechsundvierzig jedes Jahr wieder da!«

»Und was führt Euch her?« rief ich.

»Ja, siehst du, ich sehne mich nach meinen Freunden und nach meiner Heimat«, sagte er. »Frankreich ist sicherlich ein vortreffliches Land, aber ich sehne mich nach der Heide und dem Wild. Und dann hab' ich auch eine kleine Aufgabe hier. Ich sammle ein paar Burschen für den Dienst des Königs von Frankreich, Rekruten, weißt du, und das bedeutet ein wenig Geld. Aber die Hauptsache ist die Angelegenheit meines Hauptmannes Ardshiel!«

»Ich habe geglaubt, Euer Hauptmann hieße Appin«, sagte ich.

»Ja, aber Ardshiel ist das Oberhaupt des Clans«, was mich nicht sehr aufklärte. »Siehst du, David, er, der all sein Leben lang ein so großer Mann gewesen ist, vom Blut der Könige stammt und ihren Namen trägt, ist nun gezwungen, in einer französischen Stadt wie ein armer, bürgerlicher Mensch zu leben. Er, der über vierhundert Schwerter verfügte – ich sah ihn mit diesen meinen Augen Butter auf dem Marktplatz kaufen und sie in einem Kohlblatt heimtragen. Dies ist für uns, die wir seines Blutes und seines Clans sind, nicht nur ein Schmerz, sondern auch eine Schande. Da sind auch die Kinder, die Hoffnung Appins, die in jenem Land unterrichtet werden müssen, in der Wissenschaft und in der Kunst, ein Schwert zu führen. Nun müssen die Pächter Appins dem König Georg Abgaben zahlen. Aber sie sind standhaft und ihrem Hauptmann treu. Und mit Liebe und unter geringem Druck, vielleicht auch hin und wieder unter einer kleinen Drohung kratzen die armen Leute noch eine zweite Abgabe für Ardshiel zusammen. Nun siehst du, David, ich bin die Hand, die das befördert.« Und er schlug auf seinen Gürtel, den er um die Mitte trug, so dass die Goldstücke klirrten.

»Sie zahlen beides?« rief ich.

»Ja, David, beides«, sagte er.

»Wie? Zwei Renten?« wiederholte ich.

»Ja, David«, sagte er. »Diesem Kapitän da hab' ich die Geschichte anders erzählt, aber dies ist die Wahrheit. Und es ist wunderbar, wie wenig es des Druckes bedarf. Aber das ist die Sache eines Verwandten und Freundes meines Vaters, James of the Glens, James Stewart, das ist Ardshiels Halbbruder. Er ist es, der das Geld einsammelt und verwaltet.«

Dies war das erste Mal, dass ich James Stewarts Namen nennen hörte, der nachher, da er gehängt wurde, so berühmt geworden ist. Aber im Augenblick gab ich nicht sehr Acht, denn ich war ganz erfüllt von dem Edelmut jener armen Highland-Bewohner.

»Das nenne ich großmütig«, rief ich. »Ich bin ein Whig oder nicht viel mehr, aber das nenne ich großmütig.«

»Ja,« sagte er, »du bist ein Whig, aber du bist ein Edelmann und das macht es aus. Wärst du aber einer von dieser verfluchten Rasse der Campbells, würdest du mit den Zähnen knirschen, hörtest du davon sprechen. Wärst du der Rotfuchs...« Bei diesen Worten biss er die Zähne zusammen und schwieg. Ich habe manch grimmiges Gesicht gesehen, aber niemals eines wie Alans, als er den Rotfuchs erwähnte.

»Und wer ist dieser Rotfuchs?« fragte ich erschrocken, aber doch neugierig.

»Wer er ist?« rief Alan. »Das will ich dir sagen! Als die Clan-Männer bei Culloden geschlagen worden waren und mit ihnen zugleich auch die gute Sache fiel und die Pferde bis über die Fesseln im besten Blut des Nordens wateten, da musste Ardshiel über die Berge fliehen wie ein gehetztes Wild – er und die Herrin und die Kinder. Es war eine harte Arbeit für uns, ehe wir sie eingeschifft hatten. Und als er noch in der Heide lag, da griffen die englischen Schurken, die seines Lebens nicht habhaft werden konnten, seine Rechte an. Sie beraubten ihn seiner Macht, sie beraubten ihn seines Landes, sie nahmen seinen Clansmännern die Waffen ab – die seit dreizehn Jahrhunderten Waffen getragen hatten – ja, sie rissen ihnen die Kleider von den Schultern, so dass es jetzt eine Sünde geworden ist, einen karierten Plaid zu haben und jeder eingesperrt werden kann, der einen schottischen Rock um die Lenden trägt. Eines konnten sie nicht töten: das war die Liebe, die der Clansmann seinem Hauptmann bewahrt hat. Diese Goldstücke sind der Beweis dafür. Da kommt plötzlich ein Mann daher, ein Campbell, der rothaarige Colin of Glenure ...«

»Ist das der, den Ihr den Rotfuchs nennt?« sagte ich.

»Ja, das ist der Mann! Er kommt daher, verschafft sich Papiere von König Georg, dass er sogenannter Bevollmächtigter des Königs über die Länder Appins sei. Zuerst tut er schön und macht sich schnell vertraut mit Sheamus – das ist James of the Glens, der Vertrauensmann meines Hauptmannes. Aber nach und nach kam ihm das, was ich dir eben erzählte, zu Ohren, wie die armen Leute, Bauern und Pächter und Landarbeiter von Appin, tatsächlich ihre Plaids auswinden, um eine zweite Abgabe aufzutreiben und diese über See schickten für Ardshiel und seine armen Kinder. Wie hast du das genannt, als ich dir davon erzählte?«

»Ich habe es großmütig genannt, Alan«, sagte ich.

»Du, der du nicht viel mehr als ein gewöhnlicher Whig bist!« rief Alan. »Aber als Colin Roy davon erfuhr, da stieg ihm das schwarze Blut der Campbells zu Kopf. Er knirschte mit den Zähnen bei seiner Flasche Wein. Wie! Ein Stewart sollte ein Stück Brot bekommen und er wäre nicht imstande dies zu verhindern? Ah! Rotfuchs, bekomm ich dich einmal vor meine Flinte, dann mag dir Gott gnädig sein!« (Alan hielt inne, um seinen Zorn hinunter zu schlucken.) »Also, David, was tut er? Er erklärt, dass er alle Bauernhöfe verpachte und denkt in seiner schwarzen Seele: ich werde bald andere Pächter finden, die diese Stewarts und MacColls und MacRobs (alles Namen meines Clans, David) überbieten und dann, denkt er, kann Ardshiel seinen Hut an einer Straßenecke Frankreichs aufhalten.«

»Nun,« sagte ich, »was geschah?«

Alan legte seine Pfeife, die er schon längst hatte ausgehen lassen nieder und stützte beide Hände auf das Knie.

»Ja,« sagte er, »das errätst du nie! Denn diese selben Stewarts und MacColls und MacRobs (die bereits zwei Abgaben zahlten, eine dem König Georg gezwungenermaßen und eine Ardshiel aus eigener Herzensgüte) boten ihm einen besseren Preis als irgendein Campbell im ganzen großen Schottland. Und er schickte weit herum und ließ sie suchen – bis nach Clyde und Edinburgh – suchte und flehte und bat er, dass sie doch kämen, wo immer ein Stewart war, der ausgehungert werden sollte oder ein rothaariger Hund von einem Campbell, dem er einen Gefallen erweisen könnte!«

»Ja, Alan,« sagte ich, »das ist eine seltsame und schöne Geschichte. Und obgleich ein Whig, so bin ich doch froh, dass der Mann geschlagen wurde.«

»Der geschlagen?« wiederholte Alan. »Du kennst die Campbells schlecht und am wenigsten den Rotfuchs. Der geschlagen? Nein, und wird es auch niemals sein, ehe sein Blut nicht den Boden tränkt. Aber sollte der Tag kommen, David, da ich Zeit und Muße finde, ein wenig Jagd zu machen, da wächst in ganz Schottland nicht Heidekraut genug, ihn vor meiner Rache zu verbergen!«

»Alan, Mensch,« rief ich, »Ihr handelt weder sehr klug noch sehr christlich daran, so viele Worte des Zornes auszustoßen. Die werden dem Mann, den Ihr den Fuchs nennt, wenig schaden und Euch wenig nützen. Erzählt mir Eure Geschichte klar und einfach. Was tat er dann?«

»Richtig bemerkt, David,« sagte Alan. »Wahrlich und fürwahr, sie werden ihm nicht schaden, leider! Und außer was das Christentum anbelangt (worüber ich ganz anderer Meinung bin, sonst wäre ich kein Christ) bin ich ganz deiner Ansicht.«

»Meinung hin, Meinung her«, sagte ich, »es ist doch eine allbekannte Tatsache, dass das Christentum die Rache verbietet.«

»Ja,« sagte er, »man merkt, dass dich ein Campbell lehrte! Das wäre eine bequeme Welt für sie und ihresgleichen, wenn es nichts dergleichen gäbe, wie einen Burschen und eine Büchse hinter einem Heidestrauch! Aber das gehört nicht hierher. Er tat also folgendes:«

»Ja,« sagte ich, »erzähle!«

»Gut, David,« sagte er, »da er also die ehrlichen Bauern durch anständige Mittel nicht loswerden konnte, schwur er, sie durch unanständige los zu werden. Ardshiel musste ausgehungert werden; das war das Ziel, das er anstrebte. Und da die, die ihn in der Verbannung ernährten, nicht ausgekauft werden konnten – durch Recht oder Unrecht – wollte er sie vertreiben. So ließ er sich Rechtsgelehrte und Urkunden und Rotröcke kommen, dass er den Rücken gedeckt hätte. Und all die braven Leute dieses Landes mussten ihre Bündel schnüren und wandern – jeder Sohn vom Haus seines Vaters und von dem Ort, da er aufgewachsen war und seine Kindheit verbracht hatte. Und wer waren die, die nachkommen sollten? Barfüßige Bettler! König Georg kann sich seine Abgaben suchen, kann auch ohne sie auskommen; muss sich die Butter dünner streichen: Was schert sich Rotfuchs darum? Wenn er nur Ardshiel wehe tun kann, ist er zufrieden! Wenn er das Essen von meines Hauptmanns Tisch stehlen kann und das bisschen Spielzeug aus dessen Kinder Hände – wird er singend heimkehren!«

»Lasst mich ein Wort nur sagen«, erwiderte ich. »Ihr mögt sicher sein, wenn sie weniger Abgaben nehmen, hat die Regierung ihre Hände mit im Spiel. Es ist nicht die Schuld dieses Campbells, es ist sein Befehl. Und würdet Ihr den Collin morgen totschlagen, was könnte Euch das nützen? Ein anderer Bevollmächtigter träte in seine Fußstapfen, so schnell ihn nur ein Ross herbeitragen könnte.«

»Du bist ein braver Bursche im Kampf,« sagte Alan, »aber Mensch, du hast das Blut eines Whigs!«

Er sprach ziemlich freundlich, aber es lag so viel Ärger in seiner Verachtung, dass ich es für klug erachtete, die Unterhaltung zu wechseln. Ich sprach meine Verwunderung darüber aus, wie ein Mann in seiner Lage, ohne angehalten zu werden, durchkommen konnte, da doch die ganzen Highlands von Truppen besetzt sei und bewacht werde wie eine belagerte Stadt.

»Es ist leichter, als du glaubst«, sagte Alan. Ein kahler Hügel (siehst du) ist wie eine einzige Straße: steht an einer Stelle eine Schildwache, so gehst du über eine andere. Und dann ist die Heide eine große Hilfe. Und überall findet man eines Freundes Haus oder Stall oder Heuschober. Und außerdem, wenn die Leute von einem Land reden, das ganz mit Truppen besetzt ist, so ist das bestenfalls nur eine Redensart. Ein Soldat bedeckt nicht mehr Boden als seine Schuhsohlen. Ich habe in einem Bach gefischt, auf dessen gegenüberliegendem Ufer eine Schildwache stand, und eine schöne Forelle gefangen; und ich bin in einem Heidebusch gesessen, sechs Fuß weit von einem anderen Posten, und hab' ein wirklich hübsches Liedchen, das er pfiff, von ihm gelernt. So ging es«, sagte er und pfiff die Melodie.

»Und dann außerdem«, fuhr er fort, »ist es jetzt nicht mehr so schlimm, wie es um sechsundvierzig war. Die Highlands haben sich, wie sie es nennen, beruhigt. Kein Wunder, wenn sie kein Gewehr dort duldeten von Cantyre bis Kap Wrath, außer was vorsichtige Leute in ihrem Stroh versteckt haben! Aber was ich gern wissen möchte, David, ist: wie lange noch? Nicht sehr lange, sollte man meinen, mit Leuten wie Ardshiel im Exil und solchen wie Rotfuchs daheim beim

Wein, der die Armen bedrückt. Aber es ist eine kitzlige Sache zu entscheiden, was Leute sich gefallen lassen und was nicht. Oder wie könnte Rot-Collin auf seinem Pferd mein weites, armes Land durchstreifen, ohne dass ein junger Bursche ihm eine Kugel in den Leib jagte?«

Und darüber fiel Alan in Gedanken und saß eine lange Zeit traurig und schweigend da.

Ich will hinzufügen, was ich über meinen Freund noch zu sagen habe: Er verstand sich auf jede Art von Musik, insbesondere auf das Geigenspielen; er war ein ausgezeichneter Dichter in seiner Sprache; hatte die verschiedensten Bücher gelesen, sowohl französische als auch englische; schoss mit tödlicher Sicherheit; war ein guter Angler und ein vorzüglicher Fechter, sowohl mit dem Schwert als auch mit seiner eigenen, besonderen Waffe. Was seine Fehler anbelangte, so standen sie auf seinem Gesicht geschrieben und ich kannte sie bereits alle. Aber den schlimmsten, seinen kindischen Hang, sich beleidigt zu fühlen und Streit zu suchen – den ließ er mir gegenüber beiseite, mit Rücksicht auf den Kampf in der Kajüte. Aber ob es darum geschah, weil ich mich selbst gut bewährt hatte oder darum, weil ich Zeuge gewesen war seiner eigenen, weit größeren Tapferkeit – das ist mehr als ich sagen kann. Denn obwohl er viel Schätzung für anderer Leute Tapferkeit besaß, bewunderte er diese doch am meisten an Alan Breck.

## Der Untergang des Schiffes

Es war schon spät nachts und so finster, wie es um diese Jahreszeit überhaupt sein konnte (und das heißt, es war immer noch recht hell), als Hoseason seinen Kopf zum Kajütenfenster hereinsteckte.

»Da,« rief er, »kommt heraus und seht zu, ob Ihr steuern könnt.«

»Ist das wieder ein neuer Trick«, fragte Alan.

»Schau ich nach Tricks aus?« rief der Kapitän. »Ich habe andere Sachen im Kopf – das Schiff ist in Gefahr!«

Es war uns beiden klar seinem beunruhigten Gesichtsausdruck und insbesondere dem scharfen Ton nach, in dem er vom Schiff sprach, dass es ihm todernst zumute war. Und so gingen Alan und ich ohne große Angst vor neuem Verrat aufs Deck.

Der Himmel war klar. Es blies scharf und war bitter kalt. Helles Tageslicht lag noch über dem Meer und der Mond, der beinahe voll war, schien hell.

Die Nacht war nicht so übel und ich wunderte mich, was den Kapitän so sehr bedrückte, als das Schiff plötzlich von einer großen Woge hoch emporgehoben wurde und er, den Arm ausstreckend, uns zurief, dorthin zu sehen. Drüben auf der Leeseite erhob sich etwas wie ein Springbrunnen aus der mondbeschienenen See und unmittelbar darauf hörten wir ein tiefes Dröhnen.

»Wie nennt Ihr das?« fragte der Kapitän düster.

»Die See bricht sich an einem Riff«, sagte Alan. »Und jetzt wisst Ihr wo die Untiefe ist, was wollt Ihr noch?«

»Ja,« sagte Hoseason, »wenn es die Einzige wäre.«

Und wirklich, während er noch sprach, erhob sich weiter südlich ein zweiter Springbrunnen.

»Da,« sagte Hoseason, »da seht selbst. Wenn man diese Riffe kennen würde, oder wenn ich eine Karte hätte, oder wenn Shuan verschont geblieben wäre – nicht sechzig Guineen, nein, auch nicht sechshundert hätten mich dazu gebracht, mein Schiff in einem solchen Steinfeld aufs Spiel zu setzen! Und Ihr, Herr, der uns steuern sollte, wisst Ihr gar nichts zu sagen?«

»Ich denke nach,« sagte Alan, »das werden die sogenannten Torran-Felsen sein.«

»Sind es viele?« sagte der Kapitän.

»Wahrhaftig, Herr, ich bin kein Steuermann,« sagte Alan, »aber es kommt mir so vor, als ob sie auf einer Strecke von zehn Meilen verteilt wären.«

Mr. Riach und der Kapitän sahen einander an.

»Es wird doch wohl einen Weg zwischen durch geben?« sagte der Kapitän.

»Sicherlich,« sagte Alan, »aber wo? Es kommt mir wieder so vor, als wäre er näher dem Land.«

»So«, sagte Hoseason. »Dann müssen wir den Kurs ändern, Mr. Riach; wir müssen so nahe an das Ufer von Mull herankommen, als es nur geht, Herr; übrigens wird uns dann das Land den Wind abhalten und wir haben dieses Steinfeld auf der Seeseite. Nun, jetzt sind wir einmal drinnen, da können wir auch ebenso gut anfahren.«

Damit gab er dem Steuermann einen Befehl und schickte Riach an den Vormars des Schiffes. Es waren nur fünf Mann auf Deck, die Offiziere mit inbegriffen. Das waren alle, die zur Arbeit tauglich waren (oder zumindest sowohl tauglich als auch willig) und zwei von ihnen waren verwundet. Das heißt also, es fiel Mr. Riach zu, hinauf zu steigen und er saß dort und schaute aus und verständigte das Deck von allem, was er sah.

»Südlich ist die See ganz voll von den Riffen,« rief er und dann nach einer Weile, »landwärts scheint sie klarer zu sein.«

»Gut, Herr,« sagte Hoseason zu Alan, »wir wollen Euren Weg versuchen. Aber ich glaube, ich könnte mich ebenso gut einem blinden Geiger anvertrauen. Betet zu Gott, dass Ihr Recht habt.«

»Bete zu Gott darum!« sagte Alan zu mir. »Wo habe ich es nur gehört? Gut also, es geschehe, was geschehen muss.«

Als wir der Landbiegung näherkamen, waren die Riffe hier und dort mitten auf unseren Weg gesät und Mr. Riach schrie gar manches Mal zu uns herunter, dass wir den Kurs änderten. Und manches Mal wahrhaftig nicht zu früh. Eines der Riffe war so dicht an der Windseite des Schiffes, dass, als eine Woge sich dagegen brach, die Gischt über das Deck spritzte und uns wie ein Regen durchnässte.

Die Helligkeit der Nacht zeigte uns diese Gefahren so deutlich wie das Tageslicht, was vielleicht nur umso beunruhigender war. Sie zeigte mir auch das Gesicht des Kapitäns, der neben dem Steuermann stand – bald auf diesem, bald auf dem anderen Fuß – sich manchmal in die Hände blies, immer horchend und spähend und so kühl wie Stahl. Weder er noch Mr. Riach hatten sich beim Kampf sehr bewährt, aber ich sah, dass sie in ihrem Beruf tapfer waren und bewunderte sie umso mehr, da ich Alan sehr blass fand.

»Ach ja, David,« sagte er, »dies ist nicht die Todesart, die ich mir wünschte.«

»Wie, Alan,« rief ich, »du fürchtest dich doch nicht?«

»Nein,« sagte er, seine Lippen befeuchtend, »aber du wirst selbst zugeben, es ist ein kaltes Ende.«

Endlich kündete uns Mr. Riach von oben an, dass er klares Wasser vor sich sehe.

»Ihr habt Recht gehabt«, sagt« Hoseason zu Alan. »Ihr habt das Schiff gerettet, Herr. Dessen will ich Euch gedenken, wenn es zwischen uns zur Abrechnung kommt.« Und ich glaube, dass er das, was er sagte, auch wirklich meinte und getan hätte, einen so hohen Platz hatte die »Covenant« in seinem Herzen.

Aber das ist nur eine Sache von Vermutungen, da die Dinge anders kamen als er es voraussah.

»Haltet sie einen Punkt weiter weg«, schrie Mr. Riach auf. »Riff windwärts!«

Und im selben Augenblick erfasste die Flut das Schiff und warf den Wind aus seinen Segeln. Das Schiff wurde vom Wind wie ein Kreisel herumgewirbelt und schlug im nächsten Augenblick mit solchem Krach gegen das Riff, dass es uns alle flach aufs Deck hinwarf und Mr. Riach beinahe von seinem Platz im Mast geschleudert hätte.

Ich war sofort wieder auf den Beinen. Das Riff, gegen das wir geschleudert worden waren, war ganz nahe der südwestlichen Küste von Mull bei einer kleinen Insel, Earraid genannt, die tief und schwarz auf der Backbordseite lag.

Manchmal brach sich die Flut über uns, manches Mal schleifte sie das arme Schiff nur an einem Riff, so dass wir hören konnten, wie es in allen Fugen krachte. Der schreckliche Lärm des Segels und das Heulen des Windes, das Schäumen des Gischtes im Mondlicht und das Bewusstsein der Gefahr raubten mir, glaube ich, zum Teil den Verstand, denn ich begriff die Dinge um mich nicht mehr.

Plötzlich sah ich Mr. Riach und die Matrosen um das Boot bemüht und lief in derselben Geistesabwesenheit hinüber, um ihnen zu helfen. Sobald ich mit Hand anlegte, wurde mein Kopf wieder klar. Es war keine leichte Aufgabe, denn das Boot lag mitten im Schiff und war ganz zugeräumt, und das Brechen der großen Wogen zwang uns fortwährend loszulassen und uns fest zu halten. Aber wir arbeiteten alle wie Pferde, solange wir konnten.

Inzwischen kamen diejenigen der Verwundeten, die sich noch rühren konnten, aus der vorderen Luke heraus gekrochen und fingen an mitzuhelfen, während die übrigen, die hilflos auf ihren Pritschen lagen, mich mit ihrem Geschrei und Gebettel, sie zu retten, ganz betäubten.

Der Kapitän tat nicht mit. Es schien, als wäre er verrückt geworden. Er stand und hielt sich am Wandtau fest, sprach zu sich selbst und stöhnte laut auf, so oft das Schiff gegen einen Felsen schlug. Sein Schiff war ihm Weib und Kind zugleich. Er hatte Tag für Tag zugesehen, wie der arme Ransome misshandelt wurde, aber als es um das Schiff ging, da schien es, als leide er mit ihm.

Von all der Zeit, die wir an Bord arbeiteten, ist mir nur eines in Erinnerung geblieben: Dass ich Alan, der ans Ufer hinübersah, fragte, was das für ein Land sei, und er mir antwortete, für ihn wäre es das schlimmste von allen, denn es wäre ein Land der Campbells.

Wir hatten einen der Verwundeten aufgestellt, Wache zu halten über die See und uns Warnungen zuzurufen. Nun waren wir mit dem Boot so weit, dass es ins Wasser gelassen werden konnte, als dieser Mann gellend aufschrie: »Festhalten, um Gottes Willen!« Wir erkannten an seiner Stimme, dass es etwas Außergewöhnliches sein musste, und tatsächlich kam eine so ungeheure Welle, dass das Schiff gerade in die Höhe gehoben und flach auf die Seite gelegt wurde. Ob der Ruf zu spät gekommen oder mein Griff zu schwach gewesen war – das weiß ich nicht. Aber bei der plötzlichen Neigung des Schiffes wurde ich glatt über das Bollwerk ins Meer geworfen.

Ich kam unter Wasser und verschluckte etliches davon, dann kam ich wieder hinauf und sah ein Stückchen Mond, und wieder ging es hinunter. Man sagt, ein Mann sinke bestimmt beim dritten Mal. Dann bin ich wohl anders als andere Menschen geschaffen, denn ich will nicht niederschreiben, wie oft ich hinunterkam und wie oft ich wieder heraufgekommen bin. Die ganze Zeit wurde ich herumgewirbelt und hin- und her geschlagen und gestoßen und dann wieder ganz verschlungen – die ganze Sache wirkte so verwirrend auf meinen Verstand, dass ich weder Angst hatte noch Schmerz empfand.

Endlich fühlte ich, dass ich eine Sparre zu fassen bekommen hatte, was mir ein wenig Erleichterung verschaffte. Und dann plötzlich befand ich mich in ruhigem Wasser und fing langsam an zu mir zu kommen.

Es war die Reserve-Segelstange, die ich erreicht hatte, und ich war verblüfft, zu sehen, wie weit ich vom Schiff abgekommen war. Ich schrie trotzdem, aber es war klar, dass ich bereits außer Hörweite war. Das Schiff hielt noch immer zusammen, aber ob sie das Boot schon ins Wasser gelassen hatten oder nicht, das konnte ich, der ich zu weit weg und zu tief im Wasser war, nicht mehr sehen.

Ich lag jetzt ganz still und fing allmählich an zu begreifen, dass man im Wasser ebenso gut erfrieren wie ertrinken kann. Die Ufer von Earraid waren ganz nahe. Ich konnte im Mondschein die Flecken des Heidelands und das Schimmern des Glimmers an den Felsen sehen.

»Es wäre doch merkwürdig,« dachte ich mir, »wenn ich nicht so weit kommen könnte!«

Ich konnte nicht schwimmen, da das Wasser der Essen in unserer Gegend nur seicht ist. Aber wenn ich mich mit beiden Armen auf die Stange legte und mit beiden Füßen los stieß, konnte ich bald merken, dass ich vorwärts kam. Es war eine schwere Arbeit und es ging mörderisch langsam, aber nach ungefähr einer Stunde Stoßens und Spritzens war ich zwischen den Klippen einer sandigen Bucht, die von niedrigen Hügeln umgeben war, gut hineingekommen.

Das Meer war hier ganz ruhig, es war kein Laut einer Brandung zu vernehmen. Der Mond schien hell und ich dachte in meinem Herzen, dass ich noch niemals einen so verlassenen und öden Ort gesehen hätte. Aber es war trockenes Land; und als es endlich seicht wurde, so dass ich meine Stange loslassen und zu Fuß ans Ufer waten konnte, da war ich von Müdigkeit und Dankbarkeit erfüllt. Welches Gefühl überwog, weiß ich nicht, nur eines weiß ich: dass ich so müde war wie nie zuvor und Gott so dankbar, wie gewiss schon oft in meinem Leben, aber niemals mit mehr Grund, als in jener Nacht.

## Die Insel

Mit dem Augenblick, da ich meinen Fuß ans Land setzte, beginnt der unglücklichste Teil meiner Abenteuer. Es war halb ein Uhr nachts, und obwohl der Wind nachgelassen hatte, war es doch eine sehr kalte Nacht. Ich wagte nicht, mich niederzusetzen (aus Angst zu erfrieren), sondern zog meine Schuhe aus und ging barfuß auf dem Land auf und ab, schlug mir auf die Brust und war unsäglich müde. Es war kein Laut zu hören, weder von Menschen noch von Tieren. Es krähte kein Hahn, obwohl es ungefähr die Stunde ihres ersten Schreies sein musste. Nur die Wellen brachen sich draußen am weiten Meer, und riefen mir meine und meines Freundes Gefahren wieder in Erinnerung. In so früher Morgenstunde an einem so verlassenen und einsamen Ort allein am Meer entlang zu gehen, erfüllte mich mit Furcht und Grauen.

Sobald es anfing zu tagen, zog ich meine Schuhe an und erklomm einen Hügel – wohl die anstrengendste Kletterei, die ich je unternommen hatte. Als ich die Spitze erreichte, dämmerte es bereits. Von unserem Schiff war keine Spur zu sehen, es musste vom Riff weggeschwemmt worden sein und war wohl untergegangen. Auch das Boot konnte ich nirgends finden. Auf dem Ozean war kein einziges Segel zu erblicken und auf dem Land, soviel ich davon sehen konnte, weder Haus noch Mensch.

Grauen erfasste mich bei dem Gedanken, was aus meinen Schiffsgenossen geworden sein mochte, und bei dem Anblick dieser Leere. Im Übrigen hatte ich auch ohnedies mit meinen durchnässten Kleidern, meiner Müdigkeit und dem Hunger, der mich nun zu quälen anfing, Sorgen genug. So machte ich mich auf und ging die Südküste in östlicher Richtung entlang, in der Hoffnung, ein Haus zu finden, in dem ich mich wärmen könnte und vielleicht Nachrichten erhielte über die, die ich verloren hatte. Und schlimmstenfalls, überlegte ich, würde die Sonne bald aufgehen und meine Kleider trocknen.

Eine kleine Bucht oder ein Meereseinschnitt, der ziemlich tief ins Festland hineinführte, versperrte mir bald den Weg. Da ich keine Möglichkeit hatte, hinüber zu kommen, musste ich meine Richtung ändern und die Bucht umgehen. Zuerst verengte sie sich, wie ich es erwartet hatte, aber dann fing sie zu meiner Verwunderung an, sich wieder zu erweitern. Ich kratzte mir den Kopf, hatte aber noch keineswegs eine richtige Vorstellung von der Sache. Erst als ich auf eine kleine Anhöhe gekommen war, wurde es mir plötzlich klar, dass ich auf einer kleinen, kahlen Insel gestrandet, und von allen Seiten vom Meer eingeschlossen war.

Statt dass die Sonne aufging und mich erwärmte, fiel ein dichter Nebel und es fing an zu regnen: meine Lage war trostlos.

Ich stand zitternd im Regen und überlegte, was ich tun solle; es fiel mir ein, dass man die Bucht vielleicht durchwaten könne. So ging ich bis zur schmalsten Stelle zurück und watete ins Wasser. Aber nicht drei Ellen weit vom Ufer fiel ich Hals über Kopf hinein und wenn die Welt jemals wieder etwas von mir zu sehen bekam, verdanke ich es eher Gottes Gnade als meiner eigenen Klugheit. Ich war durch dieses Missgeschick zwar nicht nässer geworden, denn das war schwer möglich, aber ich fror noch mehr und war umso unglücklicher, da ich wieder um eine Hoffnung ärmer war.

Jetzt fiel mir plötzlich die Segelstange ein. Was mich durch das schäumende Meer getragen hatte, würde mir doch sicherlich genügen, heil über diese kleine, stille Bucht zu gelangen. Unerschrocken machte ich mich also auf, um, quer über die Höhe der Insel schreitend, die Stange zu holen und wieder zurück zu tragen. Es war in jeder Beziehung ein ermüdender Marsch und hätte mich nicht die Hoffnung aufrecht gehalten, ich hätte mich hingeworfen und alles aufgegeben. Ob nun die salzige Meeresluft oder das Fieber, das in mir steckte, die Ursache war, jedenfalls wurde ich von einem so schrecklichen Durst geplagt, dass ich während des Gehens stehen bleiben und das sumpfige Wasser vom Boden trinken musste.

Endlich kam ich, mehr tot als lebendig, zur Bucht zurück. Auf den ersten Blick schien es mir, dass die Stange ein wenig weiter draußen war, als wo ich sie gelassen hatte. Ich ging also zum dritten Mal ins Meer. Der Sand war glatt und fest und fiel allmählich ab, so dass ich so weit hinauswaten konnte, bis mir das Wasser beinahe bis an den Hals reichte und mir die kleinen Wellen ins Gesicht spritzten. Aber bei dieser Tiefe angelangt, fing ich zu rutschen an und wagte nicht, weiter hinein zu gehen. Was die Stange anbelangt, sah ich sie etwa zwanzig Fuß vor mir, friedlich schaukeln.

Bis zu dieser letzten Enttäuschung hatte ich mich ganz tapfer gehalten. Aber jetzt, als ich ans Ufer zurückkam, warf ich mich auf den Sand nieder und weinte bitterlich.

Die Zeit, die ich auf der Insel zubrachte, ist mir noch heute in so entsetzlicher Erinnerung geblieben, dass ich trachten will, schnell darüber hinweg zu kommen. In allen Büchern, die ich gelesen habe, hatten Leute, die verschlagen worden waren, stets entweder die Taschen voll Werkzeug, oder es wurde eigens eine Kiste voll Sachen mit ihnen ans Land geschwemmt. Mein Fall war ein ganz anderer. Ich hatte nichts in meinen Taschen, außer Geld und Alans Silberknopf, und – als einem auf dem Land aufgewachsenen Burschen – fehlte es mir an Kenntnissen ebenso sehr wie an Mitteln.

Ich wusste nur, dass man Muscheltiere essen könne und fand auch zwischen den Felsen der Insel eine Menge Tellermuscheln, die ich anfangs kaum von ihren Plätzen schlagen konnte, da ich nicht wusste, dass man dazu sehr flink sein müsse. Außerdem waren da noch viele kleinere Muscheln, die wir Herzmuscheln nennen, ich glaube Uferschnecken ist der richtige Name. Diese beiden erkor ich mir als Nahrungsmittel und verzehrte sie roh und kalt, wie ich sie fand. Ich war so hungrig, dass sie mir anfangs köstlich schmeckten.

Vielleicht war es nicht die richtige Jahreszeit, oder vielleicht war das Meerwasser um meine Insel schuld daran, aber kaum hatte ich meine erste Mahlzeit eingenommen, als ich von Schwindel und Krämpfen befallen wurde, heftig erbrechen musste und lange Zeit wie tot dalag. Ein zweiter Versuch mit derselben Nahrung (denn ich hatte keine andere) gelang besser und belebte meine Kräfte wieder ein wenig. Aber solange ich auf der Insel war, wusste ich nie, was ich nach einer Mahlzeit zu erwarten hätte. Manches Mal ging alles gut und manches Mal wurde ich elendiglich krank. Auch lernte ich niemals unterscheiden, welche Tiere es waren, die mich krank machten.

Den ganzen Tag regnete es in Strömen. Die ganze Insel war wie ein Brei. Es war kein trockener Fleck zu finden. Und als ich mich abends zwischen zwei Steinen hinlegte, die eine Art Dach bildeten, steckten meine Füße in einem Sumpf.

Am nächsten Tag durchkreuzte ich die Insel nach allen Seiten. Es war überall dasselbe und an keiner Stelle besser, als an irgendeiner anderen. Die Insel war öde und felsig, nichts Lebendes darauf zu finden außer Vögel, die zu töten ich keine Möglichkeit hatte, und eine beträchtliche Anzahl Möwen, welche die weiter draußen liegenden Felsen umkreisten. Die Bucht, durch welche die Insel vom Festlande der Grafschaft Ross, abgeschnitten war, erweiterte sich nach Norden zu einer Bucht, und diese wieder mündete in den Sund von Jona. Die Nachbarschaft eben dieses Ortes erwählte ich mir zur Heimstätte, obwohl ich in Tränen hätte ausbrechen müssen, wäre mir an solcher Stelle auch nur der Gedanke an das Wort Heim gekommen.

Ich hatte gute Gründe für meine Wahl. Auf dieser Seite der Insel stand eine Art kleiner Hütte, wie ein Schweinekober beiläufig, wo die Fischer zu schlafen pflegten, wenn sie ihr

Geschäft hierher führte. Aber das Moosdach war ganz eingebrochen, so dass mir die Hütte wenig nützte und geringeren Schutz bot als meine Felsen. Von größerer Bedeutung war hingegen, dass die Muscheltiere, von denen ich lebte, dort in großer Menge vorhanden waren. War die Flut vorüber, so konnte ich einen ganzen Haufen auf einmal sammeln und das war gewiss eine Annehmlichkeit. Aber ich hatte noch einen tieferen Grund. Ich hatte mich noch keineswegs an die grauenhafte Einsamkeit der Insel gewöhnt, sondern sah immer noch nach allen Seiten aus (wie einer, der verfolgt wird), zwischen Angst und Hoffen, ob ich nicht ein menschliches Wesen kommen sähe. Nun konnte ich vom Hügel aus, ein Stückchen oberhalb der Bucht, einen Ausblick auf die große, alte Kirche und die Dächer der Wohnhäuser in Jona gewinnen. Und auf der anderen Seite sah ich aus den tiefer liegenden Orten von Ross morgens und abends den Rauch aufsteigen, wie aus einer Heimstätte im Innern der Erde.

Ich pflegte diesem Rauch nachzublicken, wenn ich nass und erfroren war und die Einsamkeit mir den Kopf verdrehte, und ich sah in Gedanken ein lustiges Herdfeuer flackern und Menschen daran sitzen, bis mir das Herz vor Sehnsucht brannte. Ebenso ging es mir mit den Dächern von Jona.

Immerhin hielt dieser Anblick menschlicher Behausungen, obwohl er meine Qualen noch erhöhte, die Hoffnung in mir wach und half mir meine rohen Muscheln zu essen (die mir bald zum Ekel wurden) und rettete mich vor dem Gefühl des Grauens, das ich empfand, wenn ich mich inmitten toter Felsen allein fühlte, mit den Vögeln, dem Regen und dem kalten Meer.

Ich sage, dies hielt die Hoffnung in mir wach, und wirklich schien es mir unmöglich, dass ich an den Ufern meines Heimatlandes und im Anblick eines Kirchturmes und des Rauches menschlicher Wohnungen dem Tode preisgegeben sein sollte. Aber der zweite Tag verging, und obwohl ich, solange es hell war, weite Umschau hielt über den Sund nach Booten oder nach Leuten, die auf Ross vorübergingen, kam mir keine Hilfe nahe. Es regnete noch immer. Ich kroch hinein um zu schlafen, so nass wie nur je und mit einem grausam schmerzenden Hals, aber doch ein klein wenig getröstet, weil ich meinen Nachbarn, den Leuten von Jona, Gute Nacht wünschen konnte.

Es war mitten im Sommer, aber es regnete mehr als vierundzwanzig Stunden ununterbrochen. Erst am Nachmittag des dritten Tages klärte es sich auf. Dies war der Tag der Ereignisse. In der Früh sah ich ein Rotwild mit schönem Geweih oben auf dem Hügel im Regen stehen, aber kaum sah es mich unter meinem Felsen herauskriechen, sprang es nach der anderen Seite davon. Ich vermutete, dass es die Enge durchschwommen hätte; aber was irgendein Wesen nach Earraid führen sollte, war mehr, als ich erraten konnte.

Ein Weilchen später, als ich meinen Tellermuscheln nachsprang, sah ich zu meinem Erstaunen ein Goldstück vor mir über den Felsen rollen und glitzernd ins Meer fallen. Als mir die Matrosen mein Geld zurückgegeben hatten, behielten sie nicht nur ungefähr ein Drittel der ganzen Summe, sondern auch die Lederbörse meines Vaters, so dass ich von jenem Tag an meine Goldstücke lose in der Tasche trug, die nur mit einem Knopf verschlossen war. Ich sah nun, dass ein Loch in der Tasche sein müsse und griff schnell mit der Hand hin. Aber das hieß die Stalltür versperren, nachdem der Hengst gestohlen war. Ich hatte in Queensferry das Ufer mit beinahe fünfzig Pfund verlassen; jetzt hatte ich nicht mehr als zwei Guinee-Stücke und einen Silberschilling.

Ich fand zwar kurz nachher noch einen dritten Guinee, der glitzernd am Boden lag und das machte zusammen ein Vermögen von drei Pfund und vier Schillingen englischer Währung für einen jungen Menschen, den rechtmäßigen Erben eines großen Grundbesitzes, der jetzt am äußersten Ende der wilden Highlands auf einer Insel verhungerte.

Dieser Stand meiner Angelegenheiten warf mich noch mehr nieder, und wirklich war die Lage, in der ich mich an diesem dritten Morgen befand, höchst jammervoll. Meine Kleider gingen in Fetzen, insbesondere waren meine Strümpfe ganz zerrissen, so dass meine Beine nackt waren. Meine Hände waren von der Nässe ganz aufgeweicht, mein Hals ganz wund, meine Kräfte hatten nachgelassen und mein Magen war so angewidert von der schrecklichen Nahrung, die ich einzunehmen verdammt war, dass mir der bloße Anblick schon Übelkeiten verursachte.

Und doch war das Schlimmste noch nicht gekommen.

Im Nordwesten von Earraid befindet sich ein ziemlich hoher Felsen, den ich (da er oben flach war und den Sund weit überragte) oft zu besuchen pflegte.

Nicht dass ich etwa, außer während des Schlafens, jemals an einem Platz blieb, denn mein Elend ließ mir keine Ruhe. Tatsächlich rieb ich mich mit diesem ewigen, zwecklosen Hin- und Hergehen im Regen vollkommen auf.

Sobald jedoch die Sonne hervorkam, legte ich mich oben auf dem Felsen flach auf den Boden, um mich trocknen zu lassen. Die Wohltat des Sonnenscheins ist etwas, das ich nicht beschreiben kann. Ich fing wieder an, die Möglichkeit einer Befreiung zu erhoffen, obwohl ich bereits daran verzweifelt hatte, und wieder spähte ich suchend über das Meer und nach Ross hinüber mit neu erwachtem Interesse. Südlich von meinem Felsen ragte ein Stück Land über und verdeckte meinem Blick den freien Ozean, so dass von dieser Seite her ein Boot ganz nahe kommen konnte, ohne dass ich es gesehen hätte.

Ganz plötzlich also schoss ein Boot mit braunem Segel um eben diese Ecke. Es waren zwei Fischer darin, sie steuerten auf Jona zu. Ich rief ihnen zu, dann fiel ich auf die Knie und streckte meine Hände flehend nach ihnen aus. Sie waren nahe genug, um mich zu hören – ich konnte sogar ihre Haarfarbe erkennen; es war offenkundig, dass auch sie mich gesehen hatten, denn sie riefen mir in gälischer Sprache etwas zu und lachten. Aber das Boot wendete nicht um und flog vor meinen Augen weiter auf Jona zu.

Ich hielt eine so große Schlechtigkeit für unmöglich und lief am Ufer entlang, von einem Felsen zum anderen, und rief ihnen flehend zu. Sogar nachdem sie schon außer Hörweite waren, rief und winkte ich immer noch, und als sie ganz verschwunden waren, da glaubte ich, das Herz wollte mir brechen. Während der ganzen Zeit meines Elends weinte ich nur zweimal: Einmal als ich die Segelstange nicht erreichen konnte, und das zweite Mal, als diese Fischer meinen Rufen kein Gehör schenkten. Aber dieses Mal weinte und brüllte ich wie ein ungezogenes Kind, wühlte den Boden mit meinen Fingernägeln auf und grub mein Gesicht in die Erde. Könnte der bloße Wunsch einen Menschen töten, so hätten diese beiden Fischer den kommenden Morgen nicht mehr gesehen, und ich wäre höchstwahrscheinlich auf meiner Insel gestorben.

Als meine Wut sich ein wenig gelegt hatte, musste ich wieder essen, aber ich tat es mit so groben Flüchen, wie ich es jetzt kaum für möglich halten würde. Es wäre sicherlich besser gewesen, ich hätte gefastet, denn meine Muscheln vergifteten mich wieder einmal. Ich litt alle Qualen, wie das ersten Mal. Mein Hals war so wund, ich konnte kaum schlucken. Ich hatte einen Schüttelfrost, dass meine Zähne klapperten, und es befiel mich jenes schreckliche Gefühl der Übelkeit, wofür weder die englische noch die schottische Sprache einen Namen hat. Ich glaubte sterben zu müssen und schloss Frieden mit Gott, vergab allen Menschen, sogar meinem Onkel und den beiden Fischern. Nachdem ich mich solcherart auf das Schlimmste vorbereitet hatte, wurde es wieder klar in meinem Kopf. Ich bemerkte, dass es in der Nacht nicht regnen würde, meine Kleider waren zum größten Teil getrocknet – wirklich, ich befand mich in weit besserer Verfassung als je zuvor, seitdem ich auf dieser Insel gelandet war, und so ging ich endlich mit einem Gefühl der Dankbarkeit schlafen.

Nächsten Tages, dem vierten dieser schrecklichen Lebensweise, fand ich meine körperlichen Kräfte sehr gemindert. Aber die Sonne schien, die Luft war sanft, auch vertrug ich meine Portion Muscheltiere gut und so fasste ich wieder Mut.

Kaum war ich wieder auf meinem Felsen angelangt (wohin ich immer gleich nach dem Essen ging), erblickte ich ein Boot, das den Sund herabkam, den Schnabel wie es schien, in meiner Richtung.

Sofort fing ich zu hoffen und zu fürchten an, denn ich dachte, jene Männer hätten sich ihre Grausamkeit überlegt und kämen vielleicht zurück, um mir zu helfen. Aber eine zweite Enttäuschung, wie die des gestrigen Tages, wäre mehr gewesen, als ich ertragen hätte können. Daher wendete ich dem Meer den Rücken zu und sah mich nicht eher wieder um, als bis ich einige hundert gezählt hatte. Das Boot steuerte immer noch der Insel zu. Das nächste Mal zählte ich so langsam ich nur konnte mit klopfendem Herzen bis tausend. Dann war es außer Frage: sie kamen geradewegs auf Earraid zu.

Ich konnte mich nicht länger zurückhalten, lief zum Meer hinunter und hinaus von einem Felsen zum andern, so weit ich nur konnte.

Während dieser ganzen Zeit kam das Boot immer näher, und jetzt konnte ich erkennen, dass es dasselbe Boot und dieselben Männer waren, wie gestern. Ich erkannte sie an ihrer Haarfarbe, der eine war hellgelb und der andere schwarz. Aber dieses Mal war ein dritter Mann mit ihnen, der vornehmer aussah.

Sobald sie nahe genug herangekommen waren, um sich leicht verständlich machen zu können, ließen sie das Segel herunter und lagen still. Trotz meinem Flehen kamen sie nicht näher, und was mich am meisten erschreckte war, dass der neue Mann vor Lachen quiekte, während er sprach und nach mir hinsah.

Dann stand er auf im Boot und redete mich in einer langen, umständlichen Rede an, sprach sehr schnell und winkte mit den Händen hin und her. Ich sagte ihm, dass ich nicht gälisch verstehe, worüber er sehr zornig wurde und ich zu argwöhnen begann, dass er der Meinung wäre, er spräche englisch. Ich horchte aufmerksam hin und fing einige Mal das Wort »jedes Mal« auf, aber alles Übrige war gälisch und hätte für mich ebenso gut griechisch oder hebräisch sein können.

»Jedes Mal?« sagte ich, um ihm zu zeigen, dass ich ein Wort aufgefangen hätte.

»Ja, ja – ja, ja,« sagte er, und dann sah er die anderen Männer an, als wollte er sagen, »ich habe euch ja gesagt, dass ich englisch spreche,« und fing von neuem an, so gälisch wie zuvor.

Dieses Mal hörte ich ein zweites Wort »Flut« heraus. Dann hatte ich einen Hoffnungsschimmer. Ich erinnerte mich, dass er immer mit der Hand nach Ross hin winkte.

»Wollt Ihr sagen, wenn die Flut vorüber ist …?« rief ich und konnte nicht zu Ende sprechen.

»Ja, ja,« sagte er, »Flut.«

Daraufhin wandte ich ihrem Boot (in dem mein Ratgeber wieder zu lachen anfing) den Rücken zu, sprang von einem Stein zum andern den Weg zurück, den ich gekommen war und rannte weiter quer über die Insel, wie nie zuvor. In ungefähr einer halben Stunde kam ich am Ufer der Bucht heraus und wahrhaftig, das Wasser war zu einem kleinen Tümpel zusammengeschrumpft, das mir kaum bis über die Knie reichte, als ich hineinsprang und mit einem Schrei landete ich drüben am Ufer der Hauptinsel.

Ein am Meer aufgewachsener Bursche wäre keinen Tag auf Earraid geblieben. Zweimal innerhalb vierundzwanzig Stunden kann man trockenen Fußes, oder zumindest watend, ans andere Ufer gelangen, und nur zur Zeit der Flut ist es eine Insel. Sogar ich, der in der Bucht Flut und Ebbe kommen und gehen sah, und auf die Zeit der Ebbe gewartet hatte, um die Muscheltiere leichter zu fangen, sogar ich – hätte ich mich hingesetzt und ruhig nachgedacht, anstatt gegen mein Schicksal zu wüten – wäre bald hinter das Geheimnis gekommen und hätte meine Freiheit wieder erlangt. Kein Wunder, dass mich die Fischer nicht verstanden hatten. Es ist vielmehr ein größeres Wunder, dass sie meine jammervolle Einbildung erraten und sich die Mühe genommen hatten, wieder zu kommen. Ich hatte auf dieser Insel beinahe hundert Stunden Hunger und Kälte gelitten. Und wären die Fischer nicht gewesen, ich hätte dort aus lauter Dummheit den Tod finden können. Aber auch so, wie es nun gekommen war, habe ich nicht nur durch vergangenes Leiden sondern auch durch meinen gegenwärtigen Zustand meine Dummheit hübsch teuer bezahlen müssen: meine Kleider waren wie die eines Bettlers, ich konnte kaum gehen und mein wunder Hals schmerzte mich sehr.

Ich habe schlechte und dumme Menschen gesehen, und ich glaube, dass sie beide am Ende bezahlen müssen. Aber die Dummen vor allen.

## Der Bursche mit dem Silberknopf: Auf der Insel Mull

Der Boden von Mull, den ich nun betreten hatte, war ebenso holperig und unwegsam wie der meiner Insel, die ich eben verlassen hatte, voll Sumpf und Gestrüpp und großen Steinen. Für jene, die das Land genau kannten, mag es dort vielleicht Wege gegeben haben, aber ich für mein Teil hatte keinen besseren Führer als meine eigene Nase, und keinen anderen Wegweiser als den Ben More.

Ich ging so gut ich konnte, auf den Rauch zu, den ich so oft von meiner Insel aus gesehen hatte und kam trotz aller Müdigkeit und Schwierigkeit des Weges gegen fünf oder sechs Uhr abends zu einem Haus am Grunde eines kleinen Tales. Es war niedrig und länglich, das Dach mit Moos bedeckt und die Mauern aus roh aufgeschichteten Steinen ohne Mörtel. Vor der Tür saß ein alter Herr in der Sonne und rauchte seine Pfeife.

So wenig Englisch er auch konnte, es genügte, um mir begreiflich zu machen, dass meine Schiffsgenossen heil ans Land gekommen wären und in diesem selben Haus einen Tag später mit ihm das Brot gebrochen hätten.

»War einer unter ihnen,« fragte ich, »der wie ein Herr gekleidet war?«

Er sagte, dass sie alle große, grobe Mäntel anhatten, aber der erste von ihnen, der eine, der allein gekommen war, trug allerdings Breeches und Strümpfe, während die anderen lange Matrosenhosen anhatten.

»Ah,« sagte ich, »und der hatte wahrscheinlich auch Federn auf dem Hut?«

Er sagte mir, nein, er wäre barhäuptig gewesen wie ich.

Zuerst dachte ich, Alan habe vielleicht seinen Hut verloren, aber dann kam mir der Regen in den Sinn, und ich hielt es für wahrscheinlicher, dass er ihn, wohl um ihn zu schonen, unter seinen großen Mantel genommen hätte.

Da musste ich lächeln, erstens weil mein Freund gerettet war und zweitens über seine Eitelkeit in Bezug auf Kleidung.

Dann schlug sich der alte Herr mit der Hand an die Stirn und rief, ich müsse wohl der Bursche mit dem Silberknopf sein.

»Ja, freilich,« sagte ich einigermaßen verwundert.

»Nun,« sagte der alte Herr, »dann habe ich eine Nachricht für euch: nämlich, dass Ihr eurem Freund in das Land Torosay folgen sollt.«

Dann erkundigte er sich, wie es mir ergangen sei, und ich erzählte ihm meine Geschichte. Ein Südländer hätte sicherlich gelacht. Aber dieser alte Herr (ich nenne ihn so wegen seines Benehmens, denn was seine Kleider anbelangte, so hingen sie ihm tatsächlich in Fetzen von den Schultern) hörte mich bis zum Schluss mit Ernst und Würde an. Als ich fertig war, nahm er mich an der Hand, führte mich in seine Hütte (es war nichts anderes) und stellte mich seiner Frau vor, als wäre sie die Königin und ich ein Herzog.

Die gute Frau setzte mir Haferbrot vor und kaltes Birkhuhn, klopfte mir freundlich auf die Schulter und lächelte mir immerfort zu, denn sie konnte kein Englisch. Und der alte Herr wollte nicht zurückstehen und braute mir einen starken Punsch. Ich konnte all die Zeit über, während des Essens und auch nachher, als ich den Punsch trank, kaum an mein Glück glauben. Und das Haus, obwohl es voll Rauch war von der Braunkohle und voll Löcher, wie ein Sieb, erschien mir wie ein Palast.

Der Punsch brachte mich stark in Schweiß und machte mich sehr schläfrig. Die guten Leute ließen mich niederlegen und es war beinahe Mittag, als ich mich am nächsten Tag wieder auf den Weg machte. Mein Hals war bereits viel besser, und ich war frischen Mutes ob der guten Nachrichten und meines Wohlbefindens. Der alte Herr wollte trotz allem Drängen kein Geld nehmen und schenkte mir noch eine Mütze, die ich – ich muss es gestehen – sobald ich nur außer Sehweite war, eifrigst in einem Bach wusch.

Ich sagte mir: »Wenn das die wilden Highlander sind, so könnte ich nur wünschen, dass meine Landsleute wilder wären.«

Ich begegnete vielen Leuten, die entweder in elenden, kleinen Feldern arbeiteten, von denen keine Katze hätte leben können oder kleine Kühe, ungefähr von der Größe eines Esels, hüteten. Sie schienen in großer Armut zu leben und die Straßen waren von Bettlern belagert. Nur wenige Leute verstanden Englisch und diese wenigen (außer wenn es Bettler waren) fand ich nicht allzu bereit, mir ihre Kenntnisse zur Verfügung zu stellen. Ich wusste, dass Torosay mein Ziel war und wiederholte ihnen diesen Namen und deutete fragend dazu. Aber anstatt zur Antwort wieder zu deuten, riefen sie mir einige Worte in gälischer Sprache zu, die mich verrückt machten. So war es kein Wunder, dass ich ebenso oft falsch ging wie richtig.

Endlich kam ich gegen acht oder neun Uhr abends, schon sehr müde, zu einem einsamen Haus, wo ich Einlass erbat und abgewiesen wurde, bis ich mich der Macht des Geldes in einem so armen Land entsann und eines meiner Guinee-Stücke zwischen Zeigefinger und Daumen in die Höhe hielt. Daraufhin fing der Herr des Hauses, der bisher kein Englisch zu verstehen vorgab, und mich durch Zeichen von der Tür gewiesen hatte – plötzlich an, sich ganz gut zu verständigen, willigte ein, mir für fünf Schillinge ein Nachtquartier zu geben und mich nächsten Morgen nach Torosay zu führen.

Ich schlief die Nacht nicht gut, denn ich fürchtete, ausgeraubt zu werden. Aber ich hätte mir die Sorge ersparen können, denn mein Wirt war kein Räuber, nur jämmerlich arm und ein großer Betrüger. Er war nicht allein in all seiner Armut. Denn des anderen Tages mussten wir fünf Meilen weit zu dem Haus eines – wie er sagte – reichen Mannes gehen, um eines meiner Guinee-Stücke zu wechseln. Das war vielleicht für Mull ein reicher Mann, im Süden wäre er kaum dafür angesehen worden. Denn es nahm seinen ganzen Besitz in Anspruch, das ganze Haus musste umgedreht werden, auch ein Nachbar musste noch beisteuern, ehe er zwanzig Schillinge in Silber zusammenkratzen konnte. Einen Schilling behielt er für sich, unter dem Vorwand, dass er nicht in der Lage wäre, eine so große Summe Geldes zu »versperren« und liegen zu lassen. Immerhin war er sehr höflich und manierlich, lud uns beide ein, mit seiner Familie zu speisen und braute in einem schönen China-Silberkessel einen Punsch, was meinen Schelm von einem Führer in so gute Laune versetzte, dass er sich weigerte aufzubrechen.

Ich wollte eben zornig werden, und wandte mich an den reichen Mann (Hector MacLean war sein Name) um Hilfe, der Zeuge unserer Abmachung und meiner Bezahlung der fünf Schillinge gewesen war, dass er mich unterstütze.

Aber MacLean hatte auch sein Teil gehabt am Punsch und beteuerte, dass keiner seinen Tisch verlassen dürfe, nachdem die Bowle gebraut war. Da war denn nichts zu machen, als sitzen bleiben und Jakobiten-Toaste und gälische Lieder anzuhören, bis alle benebelt waren und zu ihren Betten oder in die Scheune wankten, um auszuschlafen.

Am nächsten Tag, dem vierten meiner Reise, waren wir vor fünf Uhr auf. Aber dieser Lump, mein Führer, machte sich sofort über die Flasche her, und ich brauchte drei Stunden, ehe ich ihn aus dem Haus brachte und auch dann nur (wie Ihr gleich hören sollt) zu meiner noch größeren Enttäuschung.

Solange wir einen Heideabhang vor Mr. MacLeans Haus hinuntergingen, war alles ganz schön. Nur schaute mein Führer immerfort über seine Schultern zurück und grinste nur, wenn ich ihn nach der Ursache fragte. Kaum hatten wir jedoch einen Hügel hinter uns und konnten von den Fenstern des Hauses nicht mehr gesehen werden, da sagte er mir, Torosay liege geradeaus und zeigte mir einen Hügel, nach dem ich mich am besten orientieren könnte.

»Das ist mir ziemlich gleichgültig,« sagte ich, »da Ihr ja mit mir geht.«

Der unverschämte Lump antwortete mir in gälischer Sprache, dass er nicht englisch verstünde.

»Mein feiner Herr,« sagte ich, »ich weiß ganz genau, dass Eure englischen Kenntnisse kommen und schwinden. Sagt mir, was könnte sie wieder bringen? Wollt Ihr noch Geld?«

»Noch fünf Schillinge,« sagte er, »und ich führe Euch hin.«

Ich überlegte eine Weile und bot ihm dann zwei, was er bereitwillig annahm und darauf bestand, sie sofort in die Hand zu bekommen – »bringt Glück,« sagte er, aber ich glaube, es war eher zu meinem Unglück.

Die zwei Schillinge brachten ihn kaum ebenso viele Meilen weit, dann setzte er sich am Wegesrand nieder und zog seine Holzschuhe aus, wie einer, der Rast zu machen gedenkt.

Jetzt wurde ich wütend. »Ha,« rief ich, »Ihr versteht wohl kein Englisch mehr?«

Er sagte nur unverfroren: »Nein.«

Da kochte ich über und hob meine Hand, um nach ihm zu schlagen. Er zog ein Messer aus seinen Fetzen hervor, sprang zurück, kauerte sich nieder und fletschte die Zähne wie eine wilde Katze. Da vergaß ich alles außer meiner Wut. Ich stürzte auf ihn los, stieß mit der linken Hand sein Messer weg und schlug ihn mit der rechten in die Fratze. Ich war ein starker Bursche und in höchster Wut, und er war nur ein kleiner Mann. Er fiel schwer zu Boden. Zufällig flog ihm dabei das Messer aus der Hand. Ich hob dieses und seine Schuhe auf, wünschte ihm einen guten Morgen und setzte allein meinen Weg fort; ihn ließ ich barfüßig und entwaffnet zurück. Ich freute mich unterwegs, dass ich den Schurken auf so gute Art losgeworden war; dessen war ich nämlich aus verschiedenen Gründen sicher: Erstens wusste er, dass er kein Geld mehr haben konnte, außerdem waren die Holzschuhe in dieser Gegend wirklich nur wenige Pfennige wert, und endlich durfte er das Messer, das eigentlich ein Dolch war, dem Gesetz nach gar nicht tragen.

Nach ungefähr einer halben Stunde holte ich einen großen, zerlumpten Mann ein, der zwar ziemlich schnell ging, aber mit einem Stock vor sich her tastete. Er war ganz blind und erzählte mir, dass er ein Katechet sei, was mir Vertrauen einflößen sollte; aber sein Gesicht war mir zuwider. Er sah finster und gefährlich und unaufrichtig aus, und als wir eine Weile nebeneinander weitergegangen waren, sah ich den Stahlkolben einer Pistole vorne unter der Klappe seiner Manteltasche herausstehen. Ein solches Ding bei sich zu tragen, bedeutete eine Geldstrafe von fünfzehn Pfund Sterling bei einmaliger Übertretung und Deportation nach den Kolonien beim zweiten Mal«. Auch konnte ich nicht gut begreifen, wozu ein Religionslehrer bewaffnet umhergehen sollte, oder was ein blinder Mann mit einer Pistole anfangen könne.

Ich erzählte ihm von meinem Führer, denn ich war stolz auf meine Tat und meine Eitelkeit gewann dieses Mal die Oberhand über meine Klugheit. Bei Erwähnung der fünf Schillinge schrie er so laut auf, dass ich mich entschloss von den anderen zwei nichts mehr zu sagen und froh war, dass er nicht sehen könne, wie ich errötete.

»War es zuviel?« fragte ich zögernd.

»Zuviel?« rief er. »Nun ich will Euch für einen Schluck Branntwein nach Torosay führen und Euch noch das Vergnügen meiner Gesellschaft (der ich ein gebildeter Mann bin) mit in den Kauf geben.«

Ich sagte, ich könne nicht begreifen, wie ein blinder Mann ein Führer sein sollte. Aber da lachte er und sagte, sein Stock wäre Auges genug, er sähe wie ein Adler.

»Wenigstens auf der Insel Mull,« sagte er, »wo ich jeden Stein und Heidebusch auswendig kenne. Seht nur,« sagte er und schlug rechts und links mit dem Stock auf, wie um sich zurecht zu finden, »hier unten fließt ein Bach und an dessen Quelle steht ein kleiner Hügel, und oben ist ein großer Stein darauf gestülpt und knapp am Fuß des Hügels läuft der Weg nach Torosay vorbei, und dieser Weg hier ist glatt getreten, weil es ein Herdenweg ist, und er führt grasbewachsen durch die Heide.«

Ich musste zugeben, dass er mit allem Recht hatte und sprach meine Verwunderung darüber aus.

»Ach!« sagte er, »das ist nichts. Wollt Ihr mir glauben, dass ich – ehe die Vorschrift herauskam, und als man noch Waffen tragen durfte hier – schießen konnte? Ja, das könnt ich!« ruft er und dann seitwärts schielend: »Hättet Ihr so etwas wie eine Pistole bei Euch, ich würde Euch zeigen, wie ich es mache.«

Ich sagte ihm, dass ich nichts dergleichen bei mir trüge und gab ihm damit freieren Spielraum. Wenn er gewusst hätte, dass seine Pistole ganz deutlich aus seiner Tasche hervorschaute und die Sonne sich auf dem Stahlkolben spiegelte! Aber glücklicherweise wusste er nichts davon und glaubte, dass alles gut zugedeckt und verborgen läge.

Dann fing er an, mich schlau auszufragen, woher ich käme, ob ich reich wäre, ob ich ihm ein Fünf-Schilling-Stück wechseln könnte (das er in diesem Augenblick in seiner Tasche zu haben vorgab) und die ganze Zeit bemühte er sich, nahe an mich heran zu kommen und ich, ihm auszuweichen. Wir gingen jetzt auf einem Wiesenpfad, einer Art Herdenweg, der über die Hügel nach Torosay führte, und wir tanzten von einer Seite auf die andere, immerfort Platz tauschend. Ich hatte so offenkundig die Oberhand, dass ich ganz vergnügt wurde und wirklich Vergnügen daran fand, mit dem blinden Mann Blindekuh zu spielen. Aber der Katechet wurde immer zorniger und zorniger, begann schließlich in gälischer Sprache zu schimpfen und mit seinem Stock nach meinen Beinen zu schlagen.

Da sagte ich ihm, dass ich so gut wie er eine Pistole in der Tasche hätte, und wenn er sich nicht geradewegs südwärts über die Hügel davon mache, ich ihm eine Kugel durch den Kopf schießen werde.

Er wurde sofort sehr höflich und nachdem er vergebens eine Weile versucht hatte mich zu beruhigen, rief er mir noch einen gälischen Fluch nach und bog vom Weg ab.

Ich blickte ihm nach, wie er an Sumpf und Gestrüpp vorbeischritt, mit seinem Stock vor sich hertastend, bis er hinter einem Hügel meinen Augen entschwand. Dann machte ich mich wieder auf den Weg in der Richtung nach Torosay, froh wieder allein zu sein, anstatt die Reisegesellschaft dieses gebildeten Mannes zu genießen. Das war ein Unglückstag, und diese beiden, deren ich mich dieserart entledigt hatte, waren die zwei übelsten Menschen, denen ich in den Highlands begegnet war.

In Torosay, am Sund von Mull, mit dem Blick auf das Festland Morven, befand sich ein Wirtshaus mit einem Wirt, der anscheinend ein MacLean aus einer sehr hohen Familie war. Denn ein Wirtshaus zu besitzen gilt in den Highlands sogar für noch vornehmer als bei uns; vielleicht wegen der Gastfreundschaft, vielleicht auch, weil es ein mit Müßiggang und Trunksucht gepaartes Gewerbe ist. Der Wirt sprach gut Englisch und da er mich für etwas wie einen Gelehrten hielt, prüfte er mich erst im Französischen, worin er mich leicht schlug, dann Lateinisch, und ich weiß nicht, wer von uns beiden darin die größeren Kenntnisse besaß. Diese heitere Gegnerschaft brachte uns bald auf freundschaftlichen Fuß, und ich saß und trank Punsch mit ihm (oder genau gesagt, saß und sah ich ihm zu, wie er Punsch trank), bis er so benebelt war, dass er, an meine Schulter gelehnt, weinte.

Ich versuchte es, wie zufällig, mit Alans Knopf bei ihm, aber es war klar, dass er ihn niemals gesehen oder davon gehört hatte. Er trug sogar einen gewissen Groll gegen die Familie oder die Anhänger Ardshiels, und ehe er betrunken war, las er mir eine Schmähschrift vor, die er gegen ein Mitglied dieses Hauses abgefasst hatte, in sehr guten lateinischen Versen zwar, aber in sehr böser Absicht, was den Inhalt betraf.

Als ich ihm von meinem Katecheten erzählte, schüttelte er den Kopf und sagte mir, es wäre ein Glück für mich, dass ich ihn so gut losgeworden wäre. »Das ist ein sehr gefährlicher Mann«, sagte er. »Duncan MacKiegh heißt er. Er kann nach dem Gehör einige Ellen weit schießen und war schon oft wegen Straßenräuberei angeklagt, und einmal sogar wegen Mord.«

»Die Beste daran ist,« sagte ich, »dass er sich einen Katecheten nannte.«

»Warum auch nicht?« sagte er, »das ist er ja. MacKean of Duart machte ihn dazu, weil er blind war. Aber vielleicht war das schade,« sagte mein Wirt, »denn er ist immer unterwegs; er geht von einem Ort zum anderen, um das junge Volk in Religion zu unterrichten, und das ist zweifellos eine große Versuchung für einen armen Mann.«

Endlich, als mein Wirt nicht mehr trinken konnte, führte er mich zu meinem Bett, und ich legte mich sehr zufrieden nieder. Ich hatte den größten Teil dieser ausgebreiteten und an Windungen so reichen Insel Mull in vier Tagen durchwandert – von Earraid bis Torosay sind es fünfzig Meilen Luftlinie, und ich hatte zu Fuß beinahe hundert zurücklegen müssen – ohne große Ermüdung. Und ich war wirklich am Schluss dieser langen Wanderung körperlich und seelisch in weit besserer Verfassung als zu Beginn.

## Der Bursche mit dem Silberknopf: Quer durch Morven

Zwischen dem Festland von Torosay und Kinlochaline verkehrt regelmäßig eine Überfuhr. Das Land zu beiden Ufern des Sundes gehört dem mächtigen Clan der MacLeans, und die Leute, die mit mir zusammen in der Überfuhr saßen, waren beinahe alle Angehörige dieses Clans. Der Schiffsbesitzer wieder hieß Neil Roy MacRob; und da MacRob einer der Namen von Alans Clansmännern war, und Alan selbst mich an diese Überfuhr gewiesen hatte, war ich sehr begierig, allein mit Neil Roy zu sprechen.

In dem vollen Boot war dies natürlich unmöglich, und die Überfahrt ging nur langsam vonstatten. Es war kein Wind, und da das Boot elend ausgestattet war, konnten wir bloß an einer Seite mit zwei Rudern arbeiten und nur mit einem an der anderen. Die Männer aber halfen mit gutem Willen nach und die Passagiere lösten einander ab, um sie bei der Arbeit zu unterstützen. Die ganze Gesellschaft aber gab mit gälischen Schiffsliedern den Takt dazu. Dies alles als Ganzes genommen – die Lieder und die Seeluft, die gute Laune und freundliche Gesinnung aller Mitbeteiligten und das schöne

Wetter – konnte die Überfahrt ein hübsches Erlebnis genannt werden.

In Kinlochaline nahm ich Neil Roy am Ufer beiseite und sagte, ich wüsste, dass er einer von Appins Leuten wäre.

»Und was ist, wenn nicht?« sagte er.

»Ich suche jemanden«, sagte ich, »und da fiel mir ein, dass Ihr vielleicht Nachrichten von ihm habt. Alan Breck Stewart ist sein Name.« Und anstatt ihm den Knopf zu zeigen, wollte ich ihm dummerweise einen Schilling in die Hand drücken.

Daraufhin zog er sie zurück.

»Ihr beleidigt mich ernstlich,« sagte er, »und das ist nicht die Art, wie sich ein Gentleman gegen einen anderen benehmen sollte. Der Mann, nach dem Ihr mich fragt, ist in Frankreich, aber trüge ich ihn auch in meiner Tasche und wären Eure Säcke voll Schillinge, so wollt ich doch kein Haar an seinem Haupt krümmen.«

Ich sah ein, dass ich die Sache falsch angepackt hatte und ohne viel Zeit auf Entschuldigungen zu vergeuden, zeigte ich ihm den Knopf, der in meiner hohlen Hand lag.

»Nun also,« rief Neil, »ich dachte, Ihr hättet besser damit angefangen. Aber wenn Ihr der Bursche mit dem Silberknopf seid, so ist schon alles gut und ich habe Auftrag, Euch heil durchzubringen. Aber wenn Ihr mir erlauben wollt, aufrichtig zu sprechen,« sagte er, »es gibt einen Namen, den Ihr nie im Mund führen sollt, und das ist der Name Alan Brecks; und es gibt ein Ding, das Ihr nie tun sollt, und das ist, irgendeinem Gentleman in den Highlands Euer schmutziges Geld anzubieten.«

Es war nicht sehr einfach, eine Entschuldigung vorzubringen. Denn die Wahrheit konnte ich ihm wohl nicht sagen, dass ich nämlich niemals gedacht hätte (ehe er es mir sagte), dass er Anspruch erhebe, für einen Gentleman gehalten zu werden. Neil hatte seinerseits kein Verlangen, sich näher mit mir einzulassen. Er wollte seinen Auftrag erledigen und dann nichts weiter mit der Sache zu tun haben. So beeilte er sich, mir meine Route anzugeben. Und zwar sollte ich in einem Wirtshaus in Kinlochaline übernachten, am nächsten Tag über Morven bis Ardgour gehen und die Nacht im Haus eines John of Claymore verbringen, der von meinem Kommen bereits verständigt wäre; am dritten Tag sollte ich mich bei Corran und ein zweites Mal bei Balachulish übersetzen lassen und dann meinen Weg nach dem Haus James of the Glens in Aucharn in Duror von Appin erfragen. Es waren hübsch viele Überfahrten dabei, wie Ihr seht, da das Meer in dieser ganzen Gegend tief ins Gebirge einschneidet und sich eng um den Fuß des Gebirges schlängelt.

Neil gab mir noch einige andere Ratschläge; ich sollte mit niemand unterwegs reden, den Whigs und Campbells ausweichen, insbesondere aber den »roten Soldaten«, sollte die Straße verlassen und in einem Busch liegen, wenn ich einen von ihnen kommen sähe, »denn es wäre niemals gut, mit ihnen zusammenzutreffen«, kurz mich wie ein Räuber oder Jakobiten-Unterhändler benehmen, wofür mich Neil vielleicht hielt.

Das Wirtshaus in Kinlochaline war der erbärmlichste, armseligste Verschlag, in den man nur je Schweine gesteckt hat, voll Rauch und Ungeziefer und schweigsamen Highlandern. Ich war nicht nur unzufrieden mit meiner Unterkunft, sondern auch mit mir selber, wegen meines ungeschickten Benehmens Neil gegenüber und dachte, dass ich es so ziemlich am schlechtesten getroffen hätte. Aber ich hatte Unrecht, wie ich bald sehen sollte. Denn noch war ich keine halbe Stunde im Wirtshaus (ich stand meistenteils auf der Türschwelle, weil mich der Rauch in den Augen schmerzte), als ein Gewitter ausbrach und der Bach einen Teil des kleinen Hügels wegschwemmte, auf dem das Wirtshaus stand. Eine Seite des Hauses wurde zu fließendem Wasser. In jenen Tagen waren die Wirtshäuser in ganz Schottland schlecht genug, aber dieses war sogar für mich eine Überraschung. Als ich vom Herd zu meinem Bett gelangen wollte, musste ich bis über die Schuhe durchs Wasser waten.

Nächsten Tages überholte ich noch ziemlich zu Anfang meiner Wanderung einen kleinen, starken, ernst aussehenden Mann, der sehr langsam mit auswärts gedrehten Zehen dahinschritt und bald in einem Buch las, bald die Stelle darin mit dem Finger bezeichnete. Er war anständig und einfach gekleidet und trug eine Art kirchliches Gewand.

Dies war, wie ich bald herausfand, wieder ein Katechet, aber eines anderen Ordens als der blinde Mann von Mull. Er war einer von denen, die vom Edinburgher Verein für die Verbreitung des Christentums ausgeschickt worden waren, um in den wilden Gegenden der Highlands das Evangelium zu lehren. Er hieß Henderland. Er sprach den breiten südlichen Dialekt, nach dessen Klang ich mich zu sehnen anfing. Aber nicht nur waren wir Landsleute, sondern es verband uns noch ein anderes gemeinsames Interesse. Mein guter Freund, der Geistliche von Essendean, hatte in seiner freien Zeit eine Anzahl Hymnen und frommer Sprüche ins Gälische übersetzt, die Henderland bei seiner Arbeit benützte und sehr hoch schätzte. Und eine von diesen hatte er eben, als wir einander begegneten, gelesen.

Wir kamen sofort ins Gespräch und wanderten, da wir bis Kingairloch einen gemeinsamen Weg hatten, zusammen weiter. Unterwegs blieb er fortwährend stehen und sprach mit allen Vorübergehenden und Arbeitern, denen wir begegneten. Und obwohl ich natürlich nicht verstand, was sie zusammen redeten, schloss ich doch, dass Mr. Henderland in der Gegend sehr beliebt sein müsse, denn die Leute zogen ihre Schnupftabakdosen hervor und boten ihm eine Prise.

Ich erzählte ihm so viel von meinen Angelegenheiten, als ich für klug hielt, das heißt also so viel, als es meine und nicht Alans Angelegenheiten waren. Ich gab Balachulish als das Ziel meiner Reise an, wo ich einen Freund treffen wollte. Denn ich glaubte Aucharn oder sogar Duror wäre eine zu genaue Angabe und könnte ihn auf die Spur führen.

Er erzählte mir seinerseits viel von seiner Arbeit und den Leuten, unter denen er arbeitete, auch viele andere Eigenarten der Zeit und des Landes. So fiel es mir ein, ihn über den »Rotfuchs« und die Pächter von Appin auszufragen, Fragen, die, wie ich glaubte, im Mund eines Mannes, der in dieses Land reiste, ziemlich selbstverständlich erschienen.

Er sagte, das wäre eine böse Geschichte. »Es ist wunderbar,« sagte er, »woher die Pächter das Geld nehmen; denn ihr Leben ist nichts als Entbehrung. Diese Pächter werden zum Teil sicherlich dazu gezwungen. James Stewart in Duror (das ist der, den sie James of the Glens nennen) ist ein Halbbruder Ardshiels, des Clan-Oberhauptes. Und er ist ein angesehener Mann und versteht es, seine Sache zu betreiben. Und dann ist einer, den nennen sie Alan Breck.«

»Ah!« rief ich, »was ist mit dem?«

»Er ist da und dort; heute hier und morgen wieder fort: eine echte Highlander-Katze. Er könnte leicht aus jenem Ginsterstrauch jetzt auf uns beide spähen! Das würde mich nicht wundern. Alan Breck ist ein kühner, verzweifelter Geselle und wohlbekannt als James' rechte Hand. Sein Leben hat er bereits verwirkt und würde vor nichts zurückschrecken. Und zögerte etwa ein Pächter einmal, es wäre leicht möglich, dass ihm Alan den Dolch in den Leib stieße.«

»Ihr macht eine recht armselige Geschichte daraus, Mr. Henderland«, sagte ich. »Wenn es auf beiden Seiten nur Furcht ist, so will ich nichts weiter davon hören.«

»Nein,« sagte Mr. Henderland, »es ist auch Liebe dabei und Selbstverleugnung, die eures- und meinesgleichen beschämen könnten. Es ist etwas Schönes daran, nicht vielleicht im christlichen, aber im menschlichen Sinn Schönes. Sogar Alan Breck ist, nach allem, was ich höre, einer, der Achtung verdient. Und manch einer, der in den Augen der Welt hochangesehen ist, mag ein weit schlechterer Mann sein, Mr. Balfour, als jener irregeführte Vergießer von Menschenblut. Ja, ja, wir könnten von ihnen manches lernen. Ihr werdet vielleicht der Ansicht sein, dass ich zu lange in den Highlands gelebt habe?« fügte er lächelnd hinzu.

Ich sagte ihm nein, nicht im Mindesten. Ich hätte selbst viel Bewunderungswürdiges bei den Highlandern gesehen, und wenn er das wolle, Mr. Campbell selbst sei ja ein Highlander.

»Ja,« sagte er, »das ist wahr. Das ist ein edles Blut.«

»Und wie steht es mit dem Bevollmächtigten des Königs?« fragte ich.

»Colin Campbell?« sagte Henderland. »Der steckt seinen Kopf in einen Bienenstock!«

»Er will die Pächter mit Gewalt vertreiben, wie ich höre?« sagte ich.

»Ja,« sagte er, »aber die Sache ist erst wieder zurück und dann wieder vorwärts gegangen. Erst ritt James of the Glens nach Edinburgh und brachte irgendeinen Rechtsgelehrten, (einen Stewart wahrscheinlich – sie hängen alle zusammen wie ein Wespenschwarm) und das Verfahren wurde eingestellt. Und dann kam wieder Colin Campbell und gewann die Oberhand und jetzt, höre ich, sollen morgen die ersten Pächter auswandern. Es soll in Duror anfangen, gerade vor den Fenstern dieses James, was meiner bescheidenen Meinung nach nicht klug zu sein scheint.«

»Werden sie kämpfen? Glaubt Ihr?« fragte ich.

»Sie sind entwaffnet – oder sollten es wenigstens sein,« sagte Henderland, denn es liegt noch hübsch viel kaltes Eisen an verborgenen Plätzen. Und dann hat Colin Campbell die Soldaten kommen lassen. Aber immerhin, wäre ich seine Gattin, ich könnte nicht froh werden, ehe ich ihn wieder daheim hätte. Sie sind merkwürdige Gesellen, diese Stewarts aus Appin.«

So sprachen und wanderten wir den größten Teil des Tages über, bis Mr. Henderland mir endlich vorschlug – nachdem er seiner Freude an meiner Gesellschaft Ausdruck gegeben hatte und seine höchste Zufriedenheit, mit einem Freund des Mr. Campbell zusammengetroffen zu sein (»den ich«, sagte er, »so kühn sein will, jenen süßen Sänger unseres gelobten Landes Zion zu nennen«) – er schlug mir also vor, eine kurze Rast zu machen und die Nacht in seinem Haus zu schlafen, das ein wenig oberhalb von Kingairloch liege.

Um die Wahrheit zu sagen, war ich überglücklich, denn ich hatte keine große Sehnsucht nach John of Clapmore; nach meinen beiden Missgeschicken, erst mit dem Führer und dann mit dem Schiffer, hatte ich eine große Angst vor fremden Highlandern.

So schlug ich ein, um das Geschäft abzuschließen und gelangte im Laufe des Nachmittags zu einem kleinen Haus, das einsam am Ufer des Linnhe Lochs stand. Die Sonne war bereits hinter den öden Bergesketten von Ardpour verschwunden, aber beleuchtete noch die fernen Spitzen von Appin. Der Loch lag so still wie ein See, nur die Möwen schrien an den Ufern und der ganze Ort machte einen feierlichen und unheimlichen Eindruck.

Sobald wir gegessen hatten (Suppe und Käse, war das Beste von des guten Mannes täglicher Kost), machte er ein ernstes Gesicht und sagte, er hätte eine Pflicht gegen Mr. Campbell zu erfüllen, und das wäre, sich um mein Seelenheil zu kümmern. Ich war geneigt, über ihn zu lächeln, aber er hatte noch nicht lange gesprochen, da stiegen mir die Tränen in die Augen.

Es gibt zwei Dinge, deren die Menschen nie müde werden sollten: Güte und Demut. Wir finden niemals genug davon in dieser rohen Welt und unter kalten, stolzen Menschen; aber Mr. Henderland führte ihr Wort im Munde. Und obwohl ich mir nicht wenig einbildete, ob all meiner Abenteuer, und dass ich sozusagen mit heiler Haut davon gekommen war, hatte er mich doch bald neben sich auf den Knien – neben einem armen, alten Mann – und ich war froh und stolz dort zu sein.

Ehe wir zu Bett gingen, bot er mir eine Six-Pence-Münze an, um mir auf dem Weg weiter zu helfen. Er nahm sie aus einem Geheimfach in der Mauer.

Ich wusste nicht, was tun ob dieses Übermaßes von Güte. Aber er wurde zuletzt so ernst, dass ich es für höflicher erachtete, ihm seinen Willen zu tun, und ließ ihn so ärmer zurück als ich selbst war.

## Rotfuchses Tod

Nächsten Tages fand mir Mr. Henderland einen Mann, der ein eigenes Boot besaß und am selben Nachmittag noch den Linnhe Loch übersetzen wollte, um in Appin zu fischen. Er brachte ihn dazu, mich mitzunehmen, es war einer von seiner Herde. So ersparte ich eine ganze Tagesreise und zwei andere Überfahrten, die ich sonst hätte bezahlen müssen.

Gegen Mittag machten wir uns auf den Weg. Es war ein finsterer Tag, der Himmel stark bewölkt und die Sonne konnte nur stellenweise durchdringen. Das Meer war hier sehr tief und ruhig, kaum eine Welle war darauf zu sehen. Ich musste das Wasser an meine Lippen führen, ehe ich glauben konnte, dass es wirklich salzig war. Die Berge an beiden Ufern waren kahl und steinig, und sahen im Schatten der Wolken schwarz und düster aus, nur dort, wo die Sonne hin schien, glitzerten kleine Bäche wie Silberbänder auf. Es schien mir seltsam, dass man dieses raue Land so lieben könne, wie Alan es tat.

Endlich kamen wir, als wir in den Loch Leven einfahren wollten, so nahe an die Landzunge heran, dass ich bat, ans Ufer gesetzt zu werden. Mein Bootsmann, der ein ehrlicher Kerl war, wollte mich bis nach Balashulis bringen. Aber da mich dies von meinem geheimen Bestimmungsort nur weiter entfernt hätte, bestand ich darauf und wurde ans Ufer gesetzt, und zwar unterhalb des Waldes von Lettermore, in Alans Land Appin.

Das war ein Birkenwald, der an einer steilen, felsigen Bergwand stand, die überhängend ins Meer ragte. Er hatte zahlreiche Lichtungen und farnbewachsene Abhänge. Mittendurch führte nord- und südwärts ein Weg oder Pfad, an dessen Rand ich mich neben einer Quelle niederließ, um ein Stück Brot, das ich von Mr. Henderland hatte, zu verzehren und meine Lage zu überdenken.

Hier saß ich nun, nicht nur von einer Wolke Mücken bedrängt, sondern weit mehr noch von Zweifeln, die mein Herz bedrückten. Was ich tun sollte? Warum ich einem Geächteten, einem angeblichen Mörder, folgte? Ob ich nicht lieber wie ein vernünftiger Mensch handeln und in südlicher Richtung zurückwandern sollte? Und schließlich, was Mr. Campbell oder sogar Mr. Henderland von mir dächten, wenn sie jemals meine Torheiten erführen: dies waren die Zweifel, die mich nun stärker als je zuvor überkamen.

Als ich so saß und überlegte, hörte ich Menschen und Pferde durch den Wald näherkommen und kurz darauf sah ich vier Reisende um eine Wegkrümmung einbiegen. Der Weg war dort ebenso schlecht und schmal, dass sie einzeln gingen und die Pferde am Zügel führten. Der erste war ein großer, rothaariger Herr, von gebieterischer Mine, der seinen Hut in der Hand hielt und sich damit fächelte, denn es schien ihm glühend heiß zu sein. Den zweiten schätzte ich nach seiner schlichten, schwarzen Tracht und der weißen Perücke richtig als Rechtsgelehrten ein. Der dritte war ein Diener. Sein Pferd hatte einen hübsch großen Mantelsack umgeschnallt und ein Netz voll Zitronen am Sattelbogen hängen (um Punsch zu brauen), wie dies bei vornehmen Reisenden in diesen Gegenden gebräuchlich war.

Der vierte, der zuletzt kam, war, wie ich sogleich wusste, da ich seinesgleichen schon zuvor gesehen hatte, ein Gerichtsvollzieher.

Kaum hatte ich diese Leute erblickt, entschloss ich mich kurz (ich wüsste heute den Grund nicht anzugeben), mein Abenteuer zu Ende zu führen, und als der erste herankam, erhob ich mich aus meinen Farnen und fragte ihn um den Weg nach Aucharn.

Er blieb stehen und sah mich, wie es mir schien, ein wenig seltsam an. Dann wendete er sich an den Rechtsgelehrten: »Mungo,« sagte er, »mehr als einer hielte dies wohl zumindest für eine Warnung. Hier bin ich nun auf meinem Weg nach Duror, Ihr wisst wozu; und hier kommt plötzlich ein Bursche aus den Farnen hervor und spioniert, ob ich auf dem Weg nach Aucharn bin.«

»Glenure«, sagte der andere, »das ist nicht zum Spaßen.«

»Und was suchst du in Aucharn?« fragte Colin Roy Campbell of Glenure, er, den sie den Rotfuchs nannten, denn er war es, den ich angehalten hatte.

»Den Mann, der dort wohnt«, sagte ich.

»James of the Glens«, sagte Glenure nachdenklich und dann zum Rechtsgelehrten: »Glaubt Ihr, dass er seine Leute sammelt?«

»Jedenfalls,« sagte jener, »täten wir besser daran, zu bleiben wo wir sind und hießen die Soldaten sich um uns sammeln.«

»Wenn Ihr um meinetwillen beunruhigt seid,« sagte ich, »ich gehöre weder seinen noch Euren Leuten an, sondern ich bin ein ehrlicher Untertan König Georgs, der niemand fürchtet und niemandem etwas schuldig ist.«

»Ja, ganz gut,« antwortete des Königs Bevollmächtigter. »Aber wenn ich so frei sein darf zu fragen, was tut der ehrliche Mann so weit von seinem Land? Und wozu kommt er den Bruder Ardshiels aufzusuchen? Ich besitze hier Macht, muss ich dir sagen. Ich bin des Königs Bevollmächtigter über einige dieser Besitzungen hier und habe zwölf Abteilungen Soldaten hinter mir. Hättest du mich an irgendeinem anderen Tag um den Weg nach James Stewarts Haus gefragt, ich hätte dir Bescheid gegeben und dir Glück auf den Weg gewünscht. Aber heute – eh Mungo?« und wieder wendete er sich diesem zu.

Da, eben als er sich umdrehte, krachte weiter oben ein Schuss, und im selben Augenblick fiel Glenure zu Boden.

»Oh, ich bin tot!« rief er mehrere Male hintereinander.

Der Rechtsgelehrte hatte ihn aufgefangen und hielt ihn in seinen Armen, der Diener beugte sich über ihn und umklammerte seine Hände. Jetzt blickte der Verwundete mit stieren Augen von einem zum anderen und seine Stimme hatte sich so verändert, dass es einem zu Herzen ging.

»Gebt auf Euch selbst acht,« sagte er, »ich bin tot.«

Er versuchte sein Gewand zu öffnen, als wollte er nach seiner Wunde greifen, aber seine Finger glitten von den Knöpfen ab. Da tat er einen tiefen Seufzer, sein Kopf rollte auf seine Schulter und er verschied.

Der Rechtsgelehrte sprach kein einziges Wort, sein Gesicht war so spitz wie eine Feder und so weiß wie das eines Toten. Der Diener brach in ein großes Geschrei aus und weinte wie ein Kind. Ich für mein Teil starrte voll Entsetzen auf sie nieder. Der Gerichtsvollzieher war sofort, als der Schuss ertönte, zurückgelaufen, um die nachkommenden Soldaten anzutreiben.

Endlich legte der Rechtsgelehrte den Toten in seinem Blut auf den Boden nieder und stand auf; er taumelte ein wenig.

Ich glaube, durch seine Bewegung kam ich wieder zur Besinnung. Denn kaum hatte er das getan, kletterte ich den Hügel hinauf und schrie: »Der Mörder! Der Mörder!«

Es war inzwischen so wenig Zeit vergangen, dass – als ich auf die Höhe des ersten Abhangs gekommen war, so dass ich einen Teil des Berges frei übersehen konnte – ich den Mörder noch gar nicht weit von uns erblickte. Es war ein großer Mann in einem schwarzen Mantel mit Metallknöpfen, der eine lange Vogelflinte trug.

»Hier!« schrie ich, »ich sehe ihn!«

Daraufhin warf der Mörder schnell einen Blick über seine Schulter zurück und fing zu laufen an. Im nächsten Augenblick war er zwischen den Birken verschwunden. Dann kam er weiter oben wieder hervor, und ich sah ihn, wie einen Affen hinaufklettern, denn dieser Teil war wieder sehr steil, dann verschwand er hinter einem Bergrücken und ich sah ihn nicht mehr.

Ich selbst war die ganze Zeit weitergelaufen und inzwischen hübsch hoch gekommen, als mir eine Stimme zurief, stehen zu bleiben.

Ich war am Rand des oberen Waldes und sah daher, als ich zurück blickte, den ganzen unteren Teil des Hügels vor mir.

Der Rechtsgelehrte und der Gerichtsvollzieher standen gerade oberhalb der Straße und winkten und riefen mir zu, doch herunter zu kommen und links tauchten die Rotröcke, Muskete in der Hand, einzeln aus dem unteren Wald hervor.

»Warum soll ich zurückkommen?« rief ich. »Kommt ihr herauf!«

»Zehn Pfund, wenn ihr den Burschen fangt!« rief der Rechtsgelehrte. »Er ist mitschuldig. Er hielt hier Wache, um uns im Gespräch aufzuhalten.«

Bei diesen Worten (die ich ganz deutlich hören konnte, obwohl er sie den Soldaten, nicht mir zurief), fühlte ich, wie mir das Herz im Hals schlug, mit einer mir ganz neuen

Empfindung von Entsetzen. Wahrlich es ist eine andere Sache in Lebensgefahr zu stehen, oder Leben und guten Ruf zugleich zu verlieren. Außerdem war die Sache so plötzlich gekommen, wie ein Blitzschlag aus klarem Himmel, so dass ich ganz bestürzt und hilflos war.

Einige der Soldaten fingen nun an zu laufen, andere hoben ihre Flinten und zielten. Und ich stand immer noch regungslos still.

»Duck dich hier unter die Bäume!« sagte eine Stimme dicht neben mir.

Ich wusste wirklich kaum, was ich tat, aber ich gehorchte. Im selben Augenblick hörte ich Schüsse krachen und die Kugeln durch die Birken zischen.

Gleich hinter den schützenden Bäumen fand ich Alan Breck, der eine Angelrute trug. Er begrüßte mich nicht, wir hatten wahrhaftig keine Zeit für Höflichkeiten. »Komm!« sagte er nur und rannte längs des Berges in der Richtung nach Balachulis davon; ich wie ein Schaf hinterdrein.

Bald rannten wir zwischen Birken, bald bückten wir uns hinter große Vorsprünge der Berglehne, bald krochen wir auf allen vieren, zwischen Heidegestrüpp. Das Tempo war mörderisch.

Mein Herz schien an meinen Rippen bersten zu wollen. Ich hatte weder Zeit zum Denken, noch Atem zum Sprechen. Ich erinnere mich nur voll Verwunderung bemerkt zu haben, dass sich Alan hin und wieder zu seiner vollen Höhe aufrichtete und zurückblickte. Und jedes Mal antwortete weit hinten das Jauchzen und Rufen der Soldaten.

Eine Viertelstunde später hielt Alan still, warf sich flach in die Heide und wendete sich an mich.

»Jetzt,« sagte er, »wird's ernst. Tue, was ich tue, wenn dir dein Leben lieb ist.«

Und mit der größten Eile, aber jetzt mit unendlich größerer Vorsicht gingen wir wieder zurück längs der Berglehne, denselben Weg, den wir gekommen waren, nur vielleicht etwas höher, bis sich Alan endlich im oberen Teil des Waldes von Lettermore, wo ich ihn zuerst gefunden hatte, zu Boden warf. Er lag mit dem Gesicht in den Farnen und keuchte wie ein Hund.

Mir selbst tat alles so weh – mir brummte der Kopf, ich hatte Seitenstechen, die Zunge hing mir vor Hitze und Trockenheit aus dem Mund – dass ich wie tot neben ihm lag.

## Ich spreche mit Alan im Wald von Lettermore

Alan war der erste, der sich wieder erholte. Er stand auf, ging bis an den Waldesrand, guckte ein wenig hinaus, kam dann zurück und setzte sich wieder.

»Na, David,« sagte er, »das war ein heißes Rennen.«

Ich sagte nichts und hob nicht einmal den Kopf. Ich war Zeuge eines Mordes gewesen und hatte mitangesehen, wie ein großer, starker, frischer Mensch in einem Augenblick ums Leben gebracht worden war. Der Jammer dieses Anblickes war noch frisch in mir, und doch war das nur ein Teil dessen, was mich betroffen hatte. Der Mann, der hier ermordet worden war, war der Mann, den Alan hasste. Und hier im Wald lag Alan im Hinterhalt und lief vor Soldaten davon. Und ob es nun seine Hand gewesen sein mochte, die den Schuss abgefeuert hatte oder sein Kopf, der es befohlen – das galt mir gleich. So wie ich es sah, war der einzige Freund, den ich in diesem wilden Land hatte, des Mordes schuldig. Ich verabscheute ihn. Ich konnte ihm nicht ins Gesicht sehen. Ich wäre lieber allein im Regen auf meiner kalten Insel gelegen, als in diesem warmen Wald neben einem Mörder.

»Bist du noch erschöpft?« fragte er wieder.

»Nein,« sagte ich, noch immer das Gesicht in den Farnen »nein, ich bin jetzt nicht mehr erschöpft und kann sprechen. Wir müssen uns trennen, Alan, du und ich. Ich liebte dich sehr, Alan, aber deine Wege sind nicht die meinen, und es sind auch nicht Gottes Wege. Kurz und gut, wir müssen uns trennen.«

»Ich will mich nicht von dir trennen, David, ohne irgendeinen Grund dafür zu wissen,« sagte Alan sehr ernst. »Wenn du etwas weißt, was gegen meinen guten Ruf ist, so ist das wenigste, was du unserer alten Freundschaft schuldig bist, dass du es mir sagst; und wenn du nur einfach meiner Gesellschaft überdrüssig geworden bist, dann wird es mir zukommen, darüber zu urteilen, ob ich mich beleidigt fühle oder nicht.«

»Alan,« sagte ich, »was hat das alles für einen Sinn? Du weißt ganz genau, dass jener Campbell dort in seinem Blut auf der Straße liegt.«

Er schwieg eine Weile, dann sagte er: »Hast du je die Geschichte vom Mann und den guten Geistern gehört?«

»Nein,« sagte ich, »und ich will sie auch nicht hören.«

»Mit Eurer Erlaubnis, Mr. Balfour, werde ich sie Euch doch erzählen,« sagte Alan. »Der Mann, müsst Ihr wissen, war auf einen Felsen im Meer verschlagen worden, zu dem die guten Geister zu kommen pflegten, um dort auf ihrem Weg nach Irland zu rasten. Der Name dieses Felsens ist Skerryvore, und er liegt nicht weit von der Stelle, wo wir Schiffbruch gelitten haben. Nun der gute Mann scheint so bitterlich geweint und geschrien zu haben, dass er sein Kind noch einmal sehen möchte, ehe er sterbe, bis der König der guten Geister sich seiner erbarmte und einen ausschickte, der hinflog und das Kind in einem Sack herbrachte, den er neben den schlafenden Mann legte. Als der Mann erwachte, erblickte er den Sack neben sich und sah, dass sich etwas darin bewegte. Nun scheint er einer von jenen gewesen zu sein, die immer das Schlimmste vermuten, und so stieß er, der Sicherheit halber, seinen Dolch in den Sack, ehe er ihn öffnete und da fand er sein Kind tot. Ich denke mir eben Mr. Balfour, dass Ihr mit dem Mann viel Ähnlichkeit habt.«

»Willst du damit sagen, dass du deine Hand nicht mit im Spiel hattest?« rief ich und setzte mich auf.

»Zuerst will ich Euch in aller Freundschaft sagen, Mr. Balfour of Shaws,« sagte Alan, »wollte ich einen von jenen Edelleuten töten, so tat ich es sicher nicht in meinem Heimatland, um nicht Unheil über meinen Clan zu bringen.

Auch liefe ich nicht ohne Schwert oder Büchse mit einer langen Angelrute herum.«

»Ja,« sagte ich, »das ist wahr!«

»Und nun,« fuhr Alan fort, zog einen Dolch heraus und legte die Finger auf die Klinge, »schwöre ich bei dem heiligen Stahl, ich hatte weder Kenntnis davon, noch Teil daran, nicht an der Tat und nicht an dem Plan.«

»Ich danke Gott dafür,« rief ich und reichte ihm die Hand.

Er schien es nicht zu bemerken.

»Und es wird da, scheint mir, viel Aufhebens gemacht um eines Campbell willen!« sagte er. »Es sind ihrer doch nicht so wenige, soviel ich weiß!«

»Du kannst mir wenigstens keinen Vorwurf machen,« sagte ich, »nach all dem, was du mir an Bord erzählt hast. Aber in Versuchung kommen und die Tat auch wirklich vollbringen, ist zweierlei, und ich danke Gott noch einmal dafür. Wir könnten alle in Versuchung geraten, aber kalten Blutes einem Menschen das Leben nehmen, Alan!« Ich konnte für den Augenblick nichts weiter sagen.

»Weißt du, wer es getan hat,« fügte ich noch hinzu. »Kennst du den Mann im schwarzen Mantel?«

»Ich weiß nicht genau, was er für einen Mantel trug,« sagte Alan schlau, »aber es kommt mir so vor, als wäre er blau gewesen.«

»Blau oder schwarz, hast du ihn gekannt?« fragte ich.

»Ich könnte nicht schwören,« sagte Alan. »Es ist wahr, er kam dicht an mir vorbei, aber ich habe merkwürdigerweise gerade meine Schuhe zugeschnürt.«

»Kannst du schwören, dass du ihn nicht kennst?« rief ich halb ärgerlich, halb lachend über seine Art, mir auszuweichen.

»Jetzt nicht,« sagte er, »aber ich habe eine große Fähigkeit zu vergessen, David.«

»Und doch habe ich eines deutlich bemerkt,« sagte ich, »und zwar, dass du dich und mich absichtlich in Gefahr gebracht hast, um die Soldaten irre zu führen und ihre Aufmerksamkeit auf uns zu lenken.«

»Das ist höchstwahrscheinlich,« sagte Alan, »und das hätte jeder getan. Du und ich waren ja unschuldig an dieser Tat.«

»Umso mehr Grund; da wir fälschlich verdächtigt wurden, fort zu kommen,« rief ich. »Der Unschuldige sollte doch vor dem Schuldigen kommen.«

»Warum, David,« sagte er, »der Unschuldige hat doch die Chance vor Gericht freigesprochen zu werden. Aber der Bursche, der die Kugel abschoss, für den ist, denke ich, die Heide der beste Platz. Diejenigen, die sich noch in keinerlei Schwierigkeiten eingelassen haben, sollten derer nicht vergessen, die es bereits getan haben. Und das ist das wahre Christentum. Denn wäre es umgekehrt gewesen, und steckte der Bursche – dessen Gesicht ich nicht genau sehen konnte – in unserer Haut, wir wären, glaube mir, hübsch froh und ihm gar sehr verbunden, wenn er uns die Soldaten vom Hals schaffte.«

Da gab ich's auf. Alan sah die ganze Zeit so unschuldig drein, und war so überzeugt von dem, was er sagte, und so bereit, sich für das, was er für seine Pflicht hielt, zu opfern, dass er mich damit mundtot machte. Ich erinnerte mich an die Worte Mr. Henderlands: dass wir von diesen wilden Highlandern gar manches lernen könnten. Nun, und hier hatte ich mein Teil gelernt. Alans Moralbegriffe waren ganz verkehrt; aber so wie sie nun einmal waren, fand ich ihn stets bereit, sein Leben für sie zu lassen.

»Alan,« sagte ich. »ich will nicht sagen, dass dies das wahre Christentum sei, so wie ich es verstehe, aber es ist doch gut. Und hier biete ich dir zum zweiten Mal meine Hand.«

Da reichte er mir seine beiden hin und sagte, ich hätte ihn sicherlich verzaubert, denn mir könne er alles verzeihen. Dann wurde er sehr ernst; wir hätten nicht viel Zeit zu verlieren, sondern müssten beide aus diesem Land fliehen: er, weil er ein Deserteur sei und ganz Appin jetzt wie ein Haus durchsucht werden würde und jeder gezwungen, genaue

Rechenschaft über sich abzulegen; und ich, weil ich sicher in diese Mordgeschichte verwickelt wäre.

»Oh,« sagte ich, in der Absicht, ihm eine Lektion zu geben, »ich fürchte die Gerechtigkeit meines Landes nicht.«

»Als ob das dein Land wäre!« sagte er. »Oder ob deine Sache hier in einem Land der Stewarts ordentlich untersucht werden würde!«

»Es ist doch alles Schottland!« sagte ich.

»Mensch, ich muss mich über dich wundern,« sagte Alan. »Der hier getötet wurde, ist ein Campbell. Die Sache wird in Inverara, dem Hauptsitz der Campbells untersucht werden, und fünfzehn Campbells werden zu Gericht sitzen und der größte Campbell von allen (das ist der Herzog) wird an ihrer Spitze sitzen. Gerechtigkeit, David? Dieselbe Gerechtigkeit, die Glenure vor einer Weile auf der Straße fand.«

Das erschreckte mich ein wenig, gebe ich zu, und hätte mich noch weit mehr erschreckt, hätte ich gewusst, wie nahe Alans Vermutungen der Wirklichkeit kamen. Er hatte tatsächlich nur in dem einen Punkt übertrieben: es saßen bloß elf Campbells zu Gericht.

»Nun,« sagte er, »wir sind in den Highlands, David, und wenn ich dir sage: lauf davon, dann folge mir und lauf. Es ist zweifellos eine üble Sache, sich in der Heide verstecken zu müssen und Hunger zu leiden, aber es ist noch schlimmer, gefesselt in einem Gefängnis der Rotröcke zu liegen.«

Ich fragte ihn, wohin wir fliehen sollten und als er mir sagte »ins Flachland« war ich schon eher geneigt, mit ihm zu gehen; denn ich sehnte mich wirklich schon danach, zurück zu kommen und bei meinem Onkel unter zu kriechen. Außerdem stellte Alan es als so sicher hin, dass in dieser Sache nicht nach Gesetz und Recht geurteilt werden würde, dass ich anfing zu fürchten, er könnte Recht haben. Von allen Todesarten, wäre mir der Tod am Galgen, der am wenigsten erwünschte gewesen, und das Bild dieses gefährlichen Instrumentes stand plötzlich mit ungewöhnlicher Deutlichkeit vor meinen Augen.

»Ich will es wagen, Alan,« sagte ich. »Ich gehe mit dir.«

»Aber merk dir gut,« sagte Alan, »es ist keine leichte Sache. Du wirst oft hart und bloß und hungrig liegen müssen. Das Versteck des Heidehuhns wird dein Lager sein und dein Leben das des gehetzten Wildes, und du wirst lernen müssen zu schlafen, die Waffen in der Hand. Ja, Mensch, und manche wundgelaufenen Füße wird es kosten, ehe wir durchkommen. Ich sage dir dies, zu aller Anfang, denn ich kenne dies Leben sehr gut. Aber fragst du mich, welch andere Wahl dir bleibt, so antworte ich dir: keine. Entweder du wählst mit mir die Heide oder du hängst.«

»Und die Wahl ist leicht getroffen,« sagte ich, und wir schüttelten einander die Hände.

»Jetzt wollen wir noch einmal nach den Rotröcken gucken,« sagte Alan, und er führte mich zum nordöstlichen Rand des Waldes.

Alan sah den Soldaten lächelnd nach.

»Ja,« sagte er, »die werden hübsch müde sein, ehe sie ihr Ziel erreichen! Und so können wir David, du und ich, hier noch ein wenig sitzen bleiben, einen Bissen essen, ein wenig ausschnaufen und noch einen Schluck aus der Flasche trinken. Dann machen wir uns nach Aucharn auf, zum Haus meines Anverwandten, James of the Glens, wo ich meine Kleider und Waffen holen muss und Geld, damit wir uns weiter helfen können. Und dann wollen wir »Glück auf!« rufen und uns in das Heideland stürzen!«

So setzten wir uns wieder nieder und aßen und tranken und konnten von unserem Platz aus die Sonne untergehen sehen, inmitten dieser großen, wilden, häuserarmen Gebirgsgegend, die ich nun mit meinem Genossen zu durchwandern verdammt war. Wir erzählten einander, zum Teil während dieser Rast, zum Teil auf dem Weg nach Aucharn, alle unsere Abenteuer und ich will hier so viel von Alans Geschichte niederschreiben, als mir bemerkenswert oder notwendig erscheint.

Er scheint, sobald die große Welle vorüber war, ans Bollwerk gelaufen zu sein, sah mich, verlor mich wieder aus den Augen, sah mich wieder, wie ich in den Fluten herumgewirbelt wurde, und dann schließlich noch einmal, wie ich an der Segelstange hing. Dies gab ihm die Hoffnung, dass ich schließlich vielleicht doch ans Land gelangen könnte und veranlasste ihn, mir diese Botschaften und Anhaltspunkte zu hinterlassen, die mich (wohl um meiner Sünden willen) in dieses unglückliche Land Appin gebracht haben.

Inzwischen hatten jene, die noch auf dem Schiff waren, das Boot hinunter gelassen, und es waren bereits ein oder zwei von ihnen schon darin, als jene zweite Welle – noch größer als die erste – kam, das Schiff in die Höhe hob, und es sicherlich in den Grund gebohrt hätte, wäre es nicht an einem hervorstehenden Riff aufgeschlagen und festgehangen. Als das Schiff zum ersten Mal aufschlug, war es mit dem Bug voran gewesen, so dass das Steuer bisher zu unterst gewesen war. Jetzt aber wurde das Steuer in die Luft gehoben, und der Bug kam unters Wasser und damit begann das Wasser zur Vorderdeck-Luke einzudringen wie der Bach eines Mühldammes.

Alan wurde beim bloßen Wiedererzählen des Folgenden ganz blass. Es waren noch zwei Männer hilflos auf ihren Pritschen geblieben und als die das Wasser eindringen sahen und dachten, das Schiff wäre verloren, fingen sie laut an zu brüllen, und zwar stießen sie so gellende Schreie aus, dass alle an Deck, einer nach dem anderen, in das Boot stürzten und über die Ruder herfielen. Sie waren keine zweihundert Ellen weit, als eine dritte große Welle kam. Die hob das Schiff glatt über das Riff, die Segel blähten sich einen Augenblick und es schien ihnen in voller Fahrt nachzujagen, sank aber fortwährend und plötzlich wurde es hinuntergezogen, hinunter, hinunter, als ob eine Hand es gefasst hätte – und die Wogen schlossen sich über der »Covenant of Dysart«.

Sie sprachen kein einziges Wort, während sie ans Ufer ruderten, noch betäubt von den entsetzlichen Schreien. Aber kaum hatten sie Fuß ans Land gesetzt, als Hoseason wie aus tiefen Gedanken erwachte, und ihnen befahl, Hand an Alan zu legen. Sie zögerten, als hätten sie wenig Lust zu der Sache, aber Hoseason war wie der Teufel und schrie, dass Alan allein stehe, dass er eine große Summe Geldes bei sich habe, dass er Schuld daran sei, dass das Schiff untergegangen und alle ihre Kameraden ertrunken seien, und dass man hier mit einem Schlag Rache und Reichtum träfe. Sie waren sieben gegen einen. Auch war kein Fels da, dass Alan sich hätte den Rücken decken können, und die Matrosen fingen an, sich zu verteilen und hinter ihn zu kommen.

»Und da,« sagte Alan, »der kleine Mann mit dem roten Kopf – ich habe seinen Namen vergessen.«

»Riach«, sagte ich.

»Ah,« sagte Alan, »Riach! Also der war es, der für mich Partei ergriff und die Leute fragte, ob sie sich denn vor keiner Vergeltung fürchteten und rief er: ›Mein Gott, ich will dem Highlander da selbst den Rücken decken!‹ Das ist kein so übler Kerl dieser kleine Mann mit dem roten Kopf,« sagte Alan. »Der hat noch einen Funken Anständigkeit im Leib.«

»Ja,« sagte ich, »er war in seiner Art auch zu mir gut.«

»Und auch zu Alan,« sagte er, »und bei meiner Ehre, ich fand seine Art die richtige! Aber siehst du, David, der Untergang des Schiffes und das Schreien der armen Burschen drückten schwer auf den Mann, und ich glaube, das war der Grund.«

»Ja, ich glaube auch,« sagte ich, »denn anfangs war er genau so gierig hinterher, wie die anderen. Aber wie nahm es Hoseason auf?«

»Es kommt mir vor, dass er es sehr übel nahm«, sagte Alan. »Aber der kleine Mann rief mir zu, zu laufen, und ich fand, dass es wirklich ein guter Rat sei, und lief. Zuletzt sah ich noch, dass sie alle in einem Knäuel zusammensteckten wie Leute, die sich nicht gerade sehr gut vertragen.«

»Was willst du damit sagen?« fragte ich.

»Nun die Fäuste flogen,« sagte Alan »und einer ging nieder, sah ich, wie ein Sack. Aber ich dachte, es wäre besser, nicht zu warten. In diesem Teil der Insel Mull ist ein Strich der Campbells, weißt du, und das ist nicht eben die beste Gesellschaft für meinesgleichen. Wäre es nicht das gewesen, so hätte ich gewartet und mich selbst nach dir umgesehen und wäre dem kleinen Mann beigestanden.« (Es war komisch, wie Alan auf Mr. Riachs Gestalt versessen war, denn, um die

Wahrheit zu sagen, der eine war nicht viel kleiner als der andere.) »So«, fuhr er fort, »machte ich mich, so schnell ich konnte, davon, und so oft mir einer begegnete, rief ich ihm zu, es läge ein Wrack am Ufer. Ja, Mensch, die blieben nicht stehen, um mich zu belästigen. Du hättest sehen sollen, wie die ans Ufer rannten, einer nach dem anderen! Und als sie hinkamen, fanden sie, dass sie das Vergnügen gehabt hatten, zu laufen, was für einen Campbell ganz gut ist. Ich glaube, es war eine Vergeltung an dem Clan, dass das Schiff in Bausch und Bogen unterging und nicht am Ufer scheiterte. Aber für dich wieder war es schlimm. Denn wäre irgendwo ein Wrack ans Ufer gekommen, hätten sie weit und breit herum gejagt und hätten dich bald gefunden.«

## Das Haus des Schreckens

Während wir wanderten, wurde es langsam Nacht, und die Wolken, die nachmittags aufgestiegen waren, wurden immer schwärzer, so dass es für diese Jahreszeit ganz außergewöhnlich dunkel war. Wir schritten über viele Berghänge, und obwohl Alan mit größter Sicherheit vorwärts führte, konnte ich unmöglich begreifen, wie er sich zurecht fand.

Endlich gegen halb elf Uhr abends gelangten wir auf eine Höhe und konnten Lichter unter uns sehen. Ein Haustor schien offen zu stehen, so dass der Lichtschimmer des Herdfeuers und der Kerzen herausfiel. Rings um Haus und Scheune liefen fünf oder sechs Leute hin und her, die alle Lichter trugen.

»James muss den Verstand verloren haben«, sagte Alan. »Stünden hier Soldaten statt unser, es gäbe eine schöne Bescherung! Aber wahrscheinlich hat er eine Wache auf der Straße aufgestellt und weiß genau, dass kein Soldat den Weg finden würde, den wir gekommen sind.«

Dann pfiff er dreimal auf ganz besondere Art. Es war lustig zu sehen, wie beim ersten Pfiff alle Lichter stillstanden, als ob die Träger erschreckt wären und wie beim dritten das Durcheinanderlaufen von neuem begann.

Nachdem wir die Leute so beruhigt hatten, gingen wir den Hang hinunter und wurden am Hofeingang von einem großen, hübschen Mann von über fünfzig Jahren empfangen, der Alan etwas in gälischer Sprache zurief.

»James Stewart,« sagte Alan, »ich muss dich bitten schottisch zu reden, denn es ist hier ein junger Herr mit mir, der das andere nicht versteht. Das ist er,« fügte er hinzu und nahm mich unter den Arm, »ein junger Herr aus den Lowlands ein Gutsbesitzer, aber ich glaube, es ist besser für ihn, wenn wir seinen Namen nicht erwähnen.«

James of the Glens wandte sich einen Augenblick zu mir, begrüßte mich sehr höflich, und dann wendete er sich gleich wieder Alan zu.

»Das ist ein schreckliches Unglück,« rief er, »das wird Unheil über das ganze Land bringen.« Und er rang die Hände.

»Ta, ta«, sagte Alan. »Man muss das Böse mit dem Guten nehmen, mein Lieber. Colin Roy ist tot, und dafür müssen wir dankbar sein.«

»Ja,« sagte James, »bei meiner Ehre, ich wollte, er wäre noch am Leben! Es ist ganz schön, vorher damit zu prahlen und groß zu tun, aber jetzt, wo es geschehen ist, Alan, auf wen wird die Schuld fallen? Die Tat geschah in Appin – merk' es dir Alan – Appin wird dafür bezahlen müssen, und ich bin Familienvater.«

Ich sah während dieses Gespräches den Knechten zu. Einige standen auf Leitern; sie durchstöberten das Strohdach des Hauses und der Scheune, und brachten Gewehre und Schwerter und verschiedenes Kriegsgerät hervor; andere schafften die Waffen fort und ich vermutete – den Hacken- und Spatenschlägen nach, die man von weiter unten hörte – dass man sie vergrub. Obwohl alle sehr fleißig bei der Arbeit waren, herrschte eigentlich keine Ordnung, weil keiner die Arbeit leitete. Sie zogen am selben Gewehr und liefen mit ihren brennenden Lichtern gegeneinander, und James drehte sich immer wieder um, während er mit Alan sprach, und rief ihnen Befehle zu, die sie anscheinend nie verstanden. Ihre Gesichter glichen beim flackernden Schein der Lichter denen von Leuten, die sich in höchster Eile und

Furcht befinden. Und obwohl sie alle nur im Flüstertöne sprachen, klangen ihre Reden ängstlich und ärgerlich zugleich.

Da kam ein Mädchen aus dem Haus, das ein Bündel trug. Oft schon habe ich darüber gelächelt, wie Alans Instinkte bei dessen bloßem Anblick erwachten.

»Was trägt das Mädel da?« fragte er.

»Wir bringen nur das Haus in Ordnung, Alan«, sagte James verängstigt und erschreckt. »Sie werden ganz Appin durchsuchen und durchleuchten, und da müssen wir alles in Ordnung haben. Wir vergraben die paar Gewehre und Schwerter ins Moos, weißt du, und das da wird, glaube ich, deine eigene französische Uniform sein.«

»Meine französische Uniform eingraben?« rief Alan. »Nein, wahrhaftig nicht!« Und er ergriff das Paket und zog sich in die Scheune zurück, um sich umzukleiden. Inzwischen empfahl er mich der Obhut seines Verwandten.

James führte mich hierauf in die Küche, setzte sich mit mir in den Tisch, und lächelte und redete anfangs höflich und freundlich. Aber bald kehrte seine düstere Laune wieder. Er saß stirnrunzelnd da und kaute an seinen Fingernägeln und erinnerte sich meiner nur mehr dann und wann. Er warf bloß ein oder zwei Worte hin, lächelte recht trübselig und gab sich wieder seiner eigenen Sorge und Angst hin. Seine Frau saß am Fenster und weinte, das Gesicht in den Händen begraben; der älteste Sohn hockte auf dem Boden und durchsuchte und überflog einen großen Stoß Papiere, zündete hin und wieder eines davon an, und verbrannte es sorgfältig. Eine Magd mit rotem Gesicht lief die ganze Zeit in blinder Angst und Eile durchs Zimmer, wirtschaftete immerfort herum und jammerte dabei. Von Zeit zu Zeit steckte einer von den Männern den Kopf herein und fragte irgendetwas.

Endlich hielt es James nicht länger auf seinem Stuhl aus und entschuldigte sich wegen seiner Unhöflichkeit, im Zimmer auf und ab zu gehen. »Ich bin heute kein guter Gesellschafter, Herr,« sagte er, »aber ich kann nicht anders, immer wieder kommt mir dieses schreckliche Geschehnis in den Sinn und all das Unheil, das es wahrscheinlich über ganz unschuldige Leute bringen wird.«

Kurz darauf bemerkte er, wie sein Sohn ein Papier verbrannte, das er aufgehoben haben wollte, und da verlor er vollständig jede Selbstbeherrschung; es war peinlich mitanzusehen. Er schlug seinen Sohn wiederholt und rief:

»Bist du verrückt geworden? Willst du deinen Vater an den Galgen bringen?« und meine Anwesenheit vollkommen vergessend, fuhr er eine lange Zeit fort, mit ihm gälisch zu reden. Der junge Mann antwortete nichts, nur die Frau warf bei dem Wort »Galgen« ihre Schürze über das Gesicht und schluchzte noch lauter als zuvor.

Das war für einen Fremden, wie ich es war, natürlich jämmerlich mitansehen zu müssen. So war ich sehr froh, als Alan zurückkam, der in seinen schönen, französischer Kleidern wieder so wie sonst aussah, obwohl sie eigentlich schon zu abgenutzt und verschossen waren, um den Namen »schön« zu verdienen. Nun wurde ich meinerseits von einem anderen Sohn hinausgeführt, um mich umzukleiden, was ich schon lange dringend benötigte, auch bekam ich ein Paar Bergschuhe aus Wildleder, die mir anfangs etwas ungewohnt waren, sich aber bald als sehr bequem erwiesen.

Als ich wieder eintrat, musste Alan inzwischen wohl seine Geschichte erzählt haben, denn es wurde als selbstverständlich angenommen, dass ich mit ihm fliehen solle, und alle waren um unsere Ausrüstung bemüht. Sie gaben jedem von uns Pistolen und ein Schwert, obwohl ich versicherte, ich könne nicht damit umgehen; und mit diesen und einiger Munition, einem Beutel voll Hafermehl, einer eisernen Pfanne und einer Flasche voll echten, französischen Schnapses waren wir für die »Heide« bereit. Nur Geld fehlte. Ich hatte noch ungefähr zwei Guineen übrig. Und Alan, der Vertrauenswürdige Bote, hatte, da sein Gürtel von anderer Hand weiter befördert worden war, nicht mehr als siebzehn Pfennige in seinem ganzen Vermögen. James schien sich mit Reisen nach Edinburgh und Gerichtskosten für die Sache der Pächter so heruntergebracht zu haben, dass er nur mühsam drei Schillinge und fünfeinhalb Pfennig – größtenteils in Kupfer – zusammenkratzen konnte.

»Das wird nicht reichen«, sagte Alan.

»Du musst irgendwo in der Nähe ein sicheres Plätzchen finden und mir eine Botschaft zukommen lassen«, sagte James. »Jetzt ist nicht Zeit, sich wegen ein oder zwei Guineen aufzuhalten. Sie werden sicher bald Wind von dir bekommen, werden dich suchen, und so wie ich es sehe, dir die Schuld der heutigen Tat beimessen. Fällt der Verdacht auf dich, dann fällt er auch auf mich, der ich dein Verwandter bin und dir Obdach gab, so oft du im Land warst. Und fällt der Verdacht auf mich ...« er hielt inne, biss sich in die Finger und sein Gesicht war weiß. »Es wäre schrecklich für unsere Freunde, wenn ich gehängt würde,« sagte er.

»Es wäre ein schlimmer Tag für Appin«, sagte Alan.

»Das ist ein Tag, der mir in den Gliedern liegen wird«, sagt James. »Oh, Mensch, Mensch, Alan! Wir beide haben wie zwei Narren gesprochen!« rief er und schlug mit den Fäusten gegen die Wand, dass das Haus davon dröhnte.

»Ja, das ist wahr,« sagte Alan, »und mein Freund hier (er nickte mir zu) hat mir manch gutes Wort zur Warnung gesagt, hätte ich nur auf ihn gehört.«

»Aber schau her,« sagte James wieder ruhiger, »nach all dem, was ich dir gesagt habe und was du gesagt hast, wird der Verdacht schwer auf uns lasten, verstehst du das? Du wirst also, wenn du mich richtig verstehen willst, einsehen, dass ich selbst gegen dich die Anzeige machen muss. Ich muss eine Belohnung auf deinen Kopf setzen, ja, das werde ich tun! Es ist eine böse Sache zwischen zwei so guten Freunden, aber wenn mich die Schuld dieser schrecklichen Tat trifft, muss ich für mich selbst kämpfen. Siehst du das ein?«

Er sprach mit beschwörendem Ernst und fasste Alan vorne am Rock.

»Ja,« sagte Alan, »das sehe ich ein.«

»Und du musst schnellstmöglich aus dem Land, Alan – ja aus ganz Schottland – du und dein Freund auch. Denn ich muss auch gegen deinen Freund die Anzeige machen, Alan, siehst du – sag, dass du es einsiehst!«

Mir schien es, als ob Alan ein wenig rot wurde. »Das fällt mir schwer, James, da ich ihn doch hergebracht habe«, sagte er und warf den Kopf zurück. »Es schaut aus, als wäre ich ein Verräter!«

»Aber Alan, Mensch!« ruft James. »Sieh doch den Dingen ins Gesicht! Er wird auf jeden Fall angezeigt werden. Mungo Campbell wird ihn sicher anzeigen. Was tut's, ob ich ihn auch noch anzeige? Und dann Alan, ich bin Familienvater.« Und dann nach einer kleiner Pause auf beiden Seiten: »Und Alan, die Campbells werden ja zu Gericht sitzen«, sagte er.

»Ja, es ist nur eines,« sagte Alan nachdenklich, »niemand kennt seinen Namen.«

»Es soll ihn auch niemand kennen, Alan, hier meine Hand darauf,« ruft James, als ob er ihn tatsächlich gekannt hätte und sich eines Vorteils begäbe. »Nur gerade seinen Anzug und wie er aussah und sein Alter und dergleichen. Weniger kann ich nicht tun.«

»Ich wundere mich über deines Vaters Sohn«, rief Alan ernst. »Willst du den Burschen durch ein Geschenk verkaufen? Gibst du ihm erst andere Kleider und verrätst ihn dann?«

»Nein, nein, Alan«, sagte James. »Nein, nein, die Kleider, die er ablegte – die Kleider, in denen Mungo ihn sah.« Aber er schien ganz niedergeschlagen und klammerte sich tatsächlich an jeden Strohhalm; all die Zeit über sah er sicherlich im Geiste die Gesichter seiner Erbfeinde und den Galgen im Hintergrund.

»Nun, Herr«, sagte Alan zu mir. »Was sagst du dazu? Du stehst hier unter dem Schutz meiner Ehre und es ist meine Sache, darauf zu sehen, dass nichts geschieht, als was du willst.«

»Ich habe nur ein Wort zu bemerken,« sagte ich, »denn ich stehe diesem ganzen Streit vollkommen fremd gegenüber. Der einfachste Menschenverstand müsste doch erkennen, dass man den Verdacht dahin leiten soll, wo die Schuld liegt, das heißt also, auf den Mann, der geschossen hat. Zeigt ihn an, wie ihr es nennt, und lasst unschuldige Leute offen ihr Gesicht zur Schau tragen.«

Aber daraufhin schrien Alan und James voll Entsetzen auf und hießen mich schweigen, denn an dergleichen wäre nicht zu denken; und das alles mit so ernster und unschuldiger Miene, dass ich die Hände sinken ließ und aller weiteren Argumentation entbehrte.

»Gut denn,« sagte ich, »zeigt mich an, wenn Ihr wollt, oder Alan oder König Georg! Wir sind alle drei unschuldig, und das scheint mir das einzig Erforderliche zu sein! Und ich, mein Herr, bin doch wenigstens Alans Freund,« sagte ich zu James, meinen kleinen Unwillen unterdrückend, »und wenn ich Freunden helfen kann, will ich die Gefahr nicht scheuen.«

Ich erachtete es für das Klügste, zu meiner Einwilligung gute Miene zu machen, denn ich sah Alan bedrückt und außerdem (dachte ich im Stillen), sobald ich den Rücken gedreht habe, werden sie mich doch anzeigen, wie sie es nennen, ob ich nun einwillige oder nicht. Aber damit hatte ich Unrecht, wie ich bald sah. Denn kaum hatte ich die Worte ausgesprochen, als Mrs. Stewart von ihrem Stuhl aufsprang und auf mich zugelaufen kam, erst an meinem, dann an Alans Hals weinte und Gott segnete für unsere Güte gegenüber ihrer Familie.

»Was dich anbelangt, Alan, so war es nicht mehr als deine verfluchte Pflicht«, sagte sie. »Aber dieser Bursche, der erst hergekommen ist und uns in unserem äußersten Elend kennen lernte und den armen Mann da flehen sah, als wäre er ein Bettler – er, der von Rechts wegen Befehle erteilen sollte wie ein König ... Was dich anbelangt, mein Bursche,« sagt sie, »mein Herz, ist traurig, deinen Namen nicht zu kennen, aber ich kenne dein Antlitz und ich will es behalten, solange mir mein Herz im Leibe schlägt und an dich denken und segnen.«

Und damit küsste sie mich und brach nochmals so in Schluchzen aus, dass ich beschämt daneben stand.

»Ja, ja«, sagte Alan und sah gar dumm darein. »Der Tag bricht zeitig an im Monat Juli und morgen wird es hübsch viel zu tun geben in Appin, die Dragoner werden reiten und die Rotröcke werden rennen und es ziemt dir und mir, möglichst bald zu verschwinden.«

So sagten wir denn Lebewohl und machten uns wieder auf den Weg, uns östlich haltend. Die Nacht war schön und mild, und unser Weg führte so ziemlich über gleichen Boden wie vorher.

## Die Flucht über die Heide: Die Felsen

Zeitweise gingen wir, zeitweise liefen wir, und je näher der Morgen kam, umso weniger gingen wir, und umso mehr liefen wir. Trotz aller Eile aber, begann es zu tagen, als wir noch weit entfernt waren von irgendeinem schützenden Versteck. Der Tag fand uns in einem großen Tal, das mit Felsblöcken dicht besät war, und durch das ein schäumender Fluss wild brauste. Rings standen kahle Berge, weder gras- noch baumbewachsen.

»Das ist kein geeigneter Ort für dich und mich«, sagte Alan stirnrunzelnd. »Das ist ein Ort, den sie zu bewachen pflegen.«

Und damit lief er schneller als je, zum Wasser hinunter, an eine Stelle, wo der Fluss durch drei Felsblöcke in die Hälfte geteilt war. Mit schrecklichem Brausen stürzte das Wasser hindurch, dass mir das Zwerchfell zitterte.

Alan sah nicht rechts und nicht links, sondern sprang glatt auf den mittleren Felsen, wo er auf Hände und Knie fiel, um sich fest zu klammern, denn der Felsen war nicht groß, und er hätte leicht auf der anderen Seite hinunterfallen können. Ich hatte kaum Zeit, die Entfernung abzuschätzen oder mir der Gefahr bewusst zu werden, ehe ich ihm auch schon nachgesprungen war und er mich bereits aufgefangen und aufgehalten hatte.

So standen wir denn Seite an Seite auf einem kleinen, von schäumender Gischt schlüpfrigen Felsen, inmitten des tobenden Flusses, einen weit größeren Sprung vor als hinter uns. Als ich sah, wo ich mich befand, überfiel mich eine tödliche Angst, und ich bedeckte meine Augen mit den Händen. Alan schüttelte mich und ich sah, dass er zu mir sprach, aber ich konnte in dem Brüllen des Wasserfalles und meinem verwirrten Geisteszustand nicht ein einziges Wort verstehen. Ich sah nur, dass sein Gesicht rot vor Zorn war, und dass er mit den Fuß auf den Felsen stampfte. Ich sah auch die Wassermassen vorbeitoben und die Nebel des spritzenden Wassers in der Luft hängen; da legte ich nochmals die Hände vor die Augen und zitterte.

Im nächsten Augenblick hatte mir Alan die Schnapsflasche an die Lippen gesetzt und zwang mich, eine Viertelpinte zu trinken; das Blut stieg mir zu Kopf. Dann legte er seine Hände an den Mund und seinen Mund an mein Ohr und schrie, »hängen oder ertrinken!« drehte mir den Rücken zu, sprang üben den breiteren Arm des Flusses und landete heil und sicher am anderen Ufer.

Ich stand nun allein auf dem Felsen, wodurch ich etwas mehr Platz gewonnen hatte. Die Ohren klangen mir vom Branntwein. Ich hatte das gute Beispiel frisch vor meinen Augen und noch eben genug klaren Menschenverstand um zu erkennen, dass ich, wenn ich nicht gleich springe, niemals springen werde. Ich ging tief in die Knie und warf mich vor mit der ganzen Macht, die mir Wut und Verzweiflung gab – eine Kraft, die mir schon manches Mal mangelnden Mut ersetzt hatte. Immerhin reichten meine Hände weit genug, ich rutschte ab, fasste wieder Halt, rutschte wieder und glitt wieder in das Wasser zurück, als mich Alan fasste, erst an den Haaren, dann am Kragen und mich mit großer Anstrengung ans Land zog.

Er sprach kein einziges Wort, sondern rannte sofort weiter, um sein Leben, und ich musste auf die Füße krabbeln und ihm nachrennen. Ich war schon vorher müde gewesen, jetzt aber war ich elend und zerschlagen und halb betrunken. Ich stolperte immerfort, während des Laufens, ich empfand ein Stechen, das mich beinah übermannt hätte, und als Alan wieder stehen blieb – unter einem großen Felsen, der da inmitten vieler anderer stand – war es keineswegs zu früh für David Balfour.

Ich sagte ein großer Felsen, aber eigentlich waren es zwei, die mit den Spitzen gegeneinander lehnten, beide einige zwanzig Fuß hoch und auf den ersten Anblick unbesteigbar. Sogar Alan (obwohl man von ihm ruhig behaupten kann, er hätte so gut wie vier Hände), bemühte sich zweimal vergeblich, sie zu erklettern. Erst beim dritten Versuch – und dann nur mit Hilfe meiner Schultern, auf die er stieg und von wo aus er mit solcher Gewalt in die Höhe sprang, dass ich meinte, er breche mir das Schlüsselbein – gelang es ihm, uns eine Zuflucht zu sichern. Einmal oben, ließ er seinen Ledergürtel herunter und mit dessen Hilfe und einigen seichten Vertiefungen im Stein, so dass ich mit den Füßen etwas Halt fassen konnte, kletterte ich zu ihm hinauf.

Dann erst erkannte ich, wozu wir hier heraufgekommen waren. Die beiden Felsen waren nämlich oben etwas ausgehöhlt und gegeneinander geneigt, so dass sie eine Art Schüssel bildeten, wo etwa drei oder vier Männer versteckt hätten liegen können.

Während der ganzen Zeit hatte Alan kein Wort gesprochen, war immer gelaufen und geklettert, in so wilder, wortloser, wahnsinniger Eile, dass ich wohl wusste, er hatte Todesangst und fürchte ein Misslingen seines Vorhabens. Sogar jetzt, da wir auf dem Felsen waren, sagte er nichts, sondern warf sich flach nieder, guckte nur mit einem Auge über den Rand unseres Versteckes und spähte scharf nach allen Seiten. Es war nun heller Tag geworden. Wir konnten den steinigen Abhang bis ins Tal hinunter sehen, er war ganz mit Felsen besät, und den Fluss von einem Ende zum anderen mit seinen weißen Wasserfällen verfolgen. Aber nirgends war der Rauch irgendeines Hauses oder ein lebendes Wesen zu erblicken, nur einige Adler kreisten schreiend um eine Felsenzacke.

Jetzt endlich lächelte Alan.

»Ja,« sagte er, »jetzt haben wir eine Chance,« dann sah er mich an und lächelte vergnügt: »Kein sehr wackerer Springer, wie?« sagte er.

Bei diesen Worten wurde ich wohl zornesrot, denn er fügte gleich hinzu: »Na, na! Dich trifft keine Schuld! Sich zu fürchten und es doch zu tun – das werden die tapfersten

Männer! Und außerdem war Wasser dort und Wasser ist etwas, was sogar mich erschreckt. Nein, nein,« sagte Alan, »es ist nicht deine, es ist meine Schuld.«

Ich fragte ihn warum. »Weil ich mich heut' nachts wie ein Dummkopf benommen habe. Denn erstens bin ich einen falschen Weg gegangen – und das in meinem Heimatland Appin – so dass uns der Tag an einem Ort überrascht hat, wo wir niemals hätten sein sollen, und dank dessen liegen wir hier nicht ganz ungefährdet und ziemlich unbequem. Und außerdem (was das Schlimmere von beiden ist, für einen, der solange in der Heide gelebt hat wie ich) habe ich keine Wasserflasche, und so werden wir hier einen ganzen Sommertag lang liegen müssen, mit nichts anderem als reinem Schnaps. Du glaubst vielleicht, das sei nicht so schlimm, aber wir sprechen noch darüber bevor es Abend wird, David!«

Ich wollte gerne meinen guten Ruf wieder herstellen und bot ihm an, hinunter zu laufen und die Flasche beim Fluss zu füllen, wenn er den Schnaps ausgießen wollte.

»Ich möchte auch den guten Branntwein nicht vergeuden«, sagte er. »Er war dir heute Nacht ein guter Freund, denn meiner Meinung nach, säßest du ohne ihn jetzt noch auf diesem Stein. Und überdies könntest du bemerkt haben (der du doch ein Mann von so durchdringendem Verstand bist), dass Alan Breck Stewart vielleicht etwas schneller als gewöhnlich ging.«

»Du!« rief ich, »du bist wie ein Rasender gelaufen.«

»Wirklich?« sagte er. »Na, dann kannst du dich darauf verlassen, dass keine Zeit zu verlieren war. Und jetzt haben wir genug gesprochen. Leg' dich schlafen, mein Junge, und ich werde Wache halten.«

So legte ich mich denn nieder, um zu schlafen. Oben auf dem Felsen war ein Stückchen moosbewachsene Erde, wo auch einige Farnkräuter wuchsen, und dies diente mir als Bett. Das letzte, was ich hörte, war das Schreien der Adler.

Ich glaube, es dürfte gegen neun Uhr morgens gewesen sein, als mich Alan plötzlich weckte, indem er mir seine Hand fest auf den Mund presste.

»Psst!« flüsterte er, »du hast geschnarcht.«

»Ja«, sagte ich erstaunt über seine ängstliche und finstere Miene, »und warum nicht?«

Er guckte vorsichtig über den Rand des Felsens und winkte mir, dasselbe zu tun.

Es war jetzt heller Tag, keine Wolke zu sehen und sehr heiß. Das ganze Tal lag so klar vor uns wie ein Bild. Ungefähr eine halbe Meile oberhalb des Wassers war ein Soldatenlager. Ein großes Feuer brannte in der Mitte, und Soldaten standen daran und kochten ihr Essen. Nicht weit davon, auf einem Felsen, der beinahe ebenso hoch war wie der unsrige, stand ein Posten, dessen Waffen in der Sonne glitzerten. Die ganze Strecke entlang, den Fluss abwärts, waren andere Posten aufgestellt, bald dichter, bald weiter voneinander entfernt.

Ich tat nur einen Blick auf sie und duckte mich gleich wieder in mein Versteck. Es war auch wirklich seltsam, dieses Tal, das noch vor kurzem so einsam im Dämmerlicht gelegen hatte, jetzt von Waffen blitzend und mit roten Röcken und Hosen gesprenkelt zu sehen.

»Siehst du,« sagte Alan, »davor habe ich mich gefürchtet, Davie: dass sie das Wasser bewachen würden. Vor zwei Stunden fingen sie an langsam herein zu rücken, aber Mensch, bist du ein Schläfer! Viel Platz haben wir hier nicht. Wenn sie den Hang hinauf gehen, können sie uns leicht mit einem Glas entdecken, aber wenn sie nur unten im Tal bleiben, dann geht es vielleicht doch. Die Posten stehen flussabwärts nicht so dicht, und wenn die Nacht einbricht, könnten wir versuchen, durchzukommen.«

»Und was sollen wir inzwischen tun?« fragte ich.

»Hier liegen,« sagte er »und abbrennen.«

Und »abbrennen« war wirklich unsere einzige Beschäftigung für den ganzen langen Tag. Man muss bedenken, dass wir auf dem kahlen Felsen lagen wie Kuchen auf dem Rost. Die Sonne schien erbarmungslos auf uns nieder, der Stein wurde so heiß, dass man ihn kaum berühren konnte, und das kleine Fleckchen Erde und Farne, das kühler blieb, war nur für einen groß genug. Wir lagen abwechselnd auf dem bloßen Fels, was der Stellung eines Märtyrers gleichkam, der auf dem Rost gebraten wird. Es kam mir in den Sinn, wie seltsam es sei, dass ich im Laufe weniger Tage so grausam erst Kälte – auf meiner Insel – und jetzt Hitze – auf diesem Felsen – erleiden musste.

Wir hatten die ganze Zeit kein Wasser zu trinken, nur puren Branntwein, was schlechter war als Garnichts. Aber wir gruben die Flasche, so gut es ging, in die Erde ein, um sie möglichst kühl zu halten, und feuchteten uns dann Brust und Schläfen an.

Die Soldaten blieben den ganzen Tag unten im Tal, wechselten ihre Posten ab und patrouillierten in kleinen Abteilungen zwischen den Felsen. Deren gab es ringsherum so viele, dass dort einen Menschen suchen ungefähr so viel hieße, wie eine Nadel in einem Bündel Heu finden. Da dies nun eine so hoffnungslose Aufgabe war, wurde sie mit der geringstmöglichen Sorgfalt unternommen. Wir konnten jedoch sehen, wie Soldaten ihre Bajonette hin und wieder in einen Heidebusch stießen, wobei es mich eiskalt überlief, oder sich um unseren Felsen herumtrieben, dass wir nicht zu atmen wagten.

Je weiter der Tag fortschritt, umso unerträglicher wurde die Langeweile und Qual dieser Stunden, denn der Felsen wurde immer heißer, und die Sonne brannte immer stärker.

Endlich gegen zwei Uhr war es nicht mehr auszuhalten, auch hatten wir jetzt nicht nur Qualen auszustehen, sondern Versuchungen zu widerstehen. Denn die Sonne stand nun ein Stückchen weiter westlich, und so fiel auf die östliche, von den Soldaten abgewendete Seite unseres Felsens ein wenig Schatten.

»Ein Tod ist so gut wie der andere,« sagte Alan und glitt hinüber auf die schattige Seite.

Ich folgte ihm sofort und fiel augenblicklich der Länge nach nieder, so müde und schwindlig war ich. Hier lagen wir also ein oder zwei Stunden lang, ganz schwach und mit schmerzenden Gliedern, frei vor den Blicken der Soldaten, wären sie diesseits des Weges gekommen. Aber keiner kam vorbei, alle gingen an der anderen Seite vorüber, so dass unser Fels uns auch in dieser neuen Stellung als Schutz diente.

Endlich kamen wir langsam wieder ein wenig zu Kräften, und da die Soldaten jetzt näher am Fluss lagen, machte Alan den Vorschlag, einen Aufbruch zu wagen. Ich fürchtete in diesem Augenblick nur eines auf der ganzen Welt: noch länger auf diesem Felsen liegen zu müssen. Alles andere war mir erwünscht. So machten wir uns sofort marschbereit und schlüpften einer hinter dem anderen von Fels zu Fels, bald krochen wir im Schatten flach auf dem Bauch, bald rannten wir Hals über Kopf.

Da die Soldaten diesen Teil des Tales in ihrer Art abgesucht hatten und auch vielleicht von der schwülen Nachmittagsluft müde waren, hatten sie ihre Wachsamkeit sehr verringert und standen schläfrig auf ihren Posten oder behielten eigentlich nur das Flussufer im Auge, so dass, wenn wir uns in der Richtung des Flusses an der Bergseite hielten, wir uns ständig von ihnen entfernten. Aber es war ein ziemlich ermüdendes Unternehmen. Ein Mann hätte tausend Augen bedürft, um in dieser unebenen Gegend, in Rufweite so vieler verstreut stehender Posten verborgen zu bleiben. Mussten wir an einer freien Stelle vorbei, so war nicht nur höchste Schnelligkeit notwendig, sondern auch rasche Beurteilung und richtige Erkenntnis des Terrains, sowohl in Bezug auf die ganze Gegend, als auch jedes einzelnen Steines, auf den wir unseren Fuß setzen wollten. Denn es herrschte nun eine so vollkommene, tiefe Nachmittagsstille, dass ein rollendes Steinchen einen Lärm gleich einem Pistolenschuss verursacht hätte, der von allen Seiten laut widerhallt wäre.

Um die Zeit des Sonnenunterganges hatten wir trotz dem langsamen Vorwärtskommen eine hübsche Strecke zurückgelegt, wenngleich der Wachposten auf dem Felsen noch immer deutlich zu sehen war. Aber jetzt erblickten wir etwas, das jede Spur von Angst verscheuchte, das war ein tiefer, rauschender Bach, der sich hier durchwand, um in den Fluss zu münden. Kaum hatten wir ihn erblickt, stürzten wir zu Boden und tauchten Kopf und Schultern in das Wasser, und ich weiß nicht, ob es die Kühle des Stromes, der sich über uns ergoss, oder die Lust des Trinkens war, die uns erquickender schien.

Wir lagen dort vom Uferrand geschützt und tranken wieder und immer wieder und badeten unsere Oberkörper und ließen die Handgelenke ins fließende Wasser hängen, bis uns die Kälte schmerzte. Endlich zogen wir, herrlich gestärkt, unser Mehlsäckchen hervor und machten uns in der Eisenpfanne einen Haferbrei, der zwar nur ein Gemisch von kaltem Wasser und Hafermehl ist, aber für einen hungrigen Mann eine ganz gute Mahlzeit bildet. Und wenn man keine Möglichkeit hat, ein Feuer anzuzünden, oder wie in unserem Fall seine guten Gründe dafür, es nicht zu tun, so ist es der Hauptbehelf jener, die sich für die Heide entschieden haben.

Sobald die Schatten der Nacht sich herabsenkten, machten wir uns wieder auf den Weg, anfangs mit derselben Vorsicht wie bisher, später aber wurden wir kühner und schritten aufrecht und ziemlich schnell vorwärts. Der Weg führte versteckt und hin und her gewunden, an der Steilseite des Abhanges entlang und um vorstehende Felsen herum. Mit der Dämmerung waren Wolken aufgestiegen, die Nacht war finster und kühl, und ich ging ohne große Ermüdung, aber in ständiger Angst, niederzufallen und den Berg hinunterzurollen ohne jede Ahnung von unserer Richtung.

Endlich stieg der Mond auf und fand uns immer noch auf der richtigen Fährte. Er war in seinem letzten Viertel und lange Zeit stark von Wolken verdeckt. Aber schließlich verschwanden auch diese, und der Mond schien hell am Himmel, spiegelte sich tief unten in einer schmalen Meeresbucht, während sich oben die Berggipfel finster abhoben gegen die Helle.

Wir hielten beide bei diesem Anblick inne: ich, überrascht so hoch und wie es schien über Wolken zu wandern; Alan, um sich genau zurecht zu finden.

Er schien sehr befriedigt und glaubte uns zweifellos außer Hörweite der Feinde, denn während des ganzen restlichen Nachtmarsches verkürzte er uns den Weg durch Pfeifen; da gab es allerhand Melodien: kriegerische, fröhliche, traurige, Marschlieder, die den Fuß im Takt hielten, Lieder meines südlicheren Heimatlandes, die mir die Sehnsucht, heim zu kommen, im Herzen weckten – und all dies, einsam in den großen, dunklen, öden Bergen, die auf uns herabsahen.

## Die Flucht über die Heide: Das Moor

Obwohl es im Juli früh zu tagen beginnt, gelangten wir doch noch zur Zeit der Dunkelheit an unseren Bestimmungsort. Es war eine Schlucht: das Wasser stürzte zwischen hohen Bergwänden nieder, und auf der einen Seite befand sich eine enge Höhle. Ein kleines, hübsches Birkenwäldchen, das höher oben zu einem Fichtenwald wurde, stand dicht daran. Der Bach war voll Forellen, der Wald voll Ringeltauben. Es war die Schlucht von Corrynakiegh, und obwohl sie wegen ihrer hohen Lage und der Nähe des Meeres meist im Nebel lag, war es doch ein sehr schöner Ort, und die fünf Tage, die wir dort verbrachten, vergingen sehr angenehm.

Wir schliefen in der Höhle, machten uns aus Heidekraut, das wir zu diesem Zweck abschnitten, ein Lager zurecht und deckten uns mit Alans großem Mantel zu. An einer verborgenen, tief gelegenen Stelle zündeten wir sogar manchmal ein Feuer an, so dass wir, wenn der Nebel einfiel, uns wärmen konnten, eine heiße Suppe kochten und die kleinen Forellen brieten, die wir mit unseren Händen unter den Steinen und den überhängenden Ufern gefangen hatten. Das war unser Hauptvergnügen und unsere Hauptbeschäftigung. Und nicht nur um unser Mehl für schlimmere Zeiten zu sparen, auch aus sportlichem Vergnügen und Ehrgeiz verbrachten wir den größten Teil des Tages am Wasser, und tappten nur halb bekleidet nach den Fischen. Die größten, die wir fingen, waren vielleicht ein viertel Pfund schwer, aber das Fleisch war schmackhaft und auf den Kohlen geröstet, schienen sie uns köstlich; nur ein bisschen Salz hätten wir benötigt.

In der übrigen Zeit lehrte mich Alan mein Schwert führen, denn meine Unkenntnis hatte mich beschämt und bekümmert. Auch dürfte Alan, da ich beim Fischen manches Mal größere Erfolge hatte, nicht ungehalten gewesen sein, sich einer Beschäftigung zuzuwenden, bei der er mir so überlegen war. Er machte mir die Sache etwas saurer als notwendig gewesen wäre, denn er schimpfte und schrie während der Stunden ununterbrochen auf mich los und stürmte so hart auf mich ein, dass auf mich los und stürmte so hart auf mich ein, dass ich oft davon überzeugt war, er werde mir das Schwert durch den Leib rennen. Gar oft geriet ich in Versuchung, davon zu laufen, behauptet aber doch stets meinen Platz und lernte in diesen Stunden ziemlich viel – und wäre es auch nur gewesen, mit ruhiger Miene dazustehen und auf meiner Hut zu sein, was oft das Wichtigste ist. Obwohl ich es meinem Lehrer niemals recht machen konnte, war ich mit mir selbst nicht unzufrieden. Inzwischen aber vergaßen wir auch unseren Hauptzweck, nämlich fortzukommen, nicht.

In mir tauchte zwar der Gedanke auf, dass ich sicherer wäre, wenn ich mich von Alan trennen könnte, da seine Kleider allein ihn schon verrieten, während ich meiner eigenen Sache offen hätte nachgehen können. Auch war das noch nicht alles. Gesetzt auch den Fall, ich würde allein angehalten, so spräche doch wenig gegen mich. Aber wäre ich in Gesellschaft des berüchtigten Mörders aufgegriffen worden, dann erst wäre mein Fall bedenklich geworden. Großmut jedoch hinderte mich, meine Ansicht über diesen Punkt offen auszusprechen, aber ich dachte doch immer daran. Auch hatte Alan, da er bis Frankreich, ich hingegen nur bis Queensferry gelangen musste, verhältnismäßig weniger Geld als ich; so dass seine Gesellschaft nicht nur eine Lebensgefahr für mich, sondern auch eine Belastung meines Geldbeutels war.

Aber in dem ehrlichen Kopf meines Freundes war kein Gedanke an dergleichen. Er glaubte, dass er mir Hilfe und Schutz gewähre. Was konnte ich da anderes tun, als schweigen, mich ärgern und abwarten?

Wir machten uns also wieder auf den Weg, und mehr als elf Stunden ununterbrochenen Wanderns brachte uns zeitlich in der Früh an das Ende einer Bergkette. Vor uns lag ein

Stück tief liegendes, ödes Land, das wir zu durchschreiten hatten. Die Sonne war noch nicht lange aufgegangen und schien uns gerade in die Augen. Ein schwacher, dünner Nebel stieg von dem Moorland wie Rauch empor, so dass (wie Alan sagte) zwanzig Schwadronen Soldaten dort hätten liegen können, ohne dass wir sie gesehen hätten.

Wir setzten uns also nieder und warteten, bis sich der Nebel hob, machten uns einen Haferbrei und hielten Kriegsrat.

»David,« sagte Alan, »das Heikle an der Sache ist, ob wir hier bis abends liegen sollen oder unsere Wanderung fortsetzen?«

»Na,« sagte ich, »ich bin zwar müde, aber ich könnte schon noch einmal so weit gehen, wenn es sein müsste.«

»Ja, aber das ist nicht alles, nicht einmal die Hälfte,« sagte Alan. »Die Sache steht so: Appin bedeutet für uns beide den Tod. Südlich ist alles voll Campbells, also ist nicht daran zu denken. Nördlich – ja nördlich haben wir nichts zu suchen, weder du, der nach Queensferry will, noch ich, der nach Frankreich soll. Also könnten wir östlich wandern.«

»Also auf nach Osten,« sagte ich ganz vergnügt, aber im Stillen dachte ich: »Oh Mensch! Wolltest du dich nur für eine Himmelsrichtung entscheiden und mich eine andere wählen lassen, das wäre für uns beide das Beste.«

»Ja aber im Osten, siehst du, da ist das Moor«, sagte Alan. »Dort in diesem kahlen, nackten, flachen Land, wo sollte man sich da verstecken? Kommen die Rotröcke um einen Hügel herum, können sie dich meilenweit sehen und würden dich bald niederreiten mit den Hufen ihrer Pferde. Das ist kein günstiges Terrain, David, und ich muss gestehen, es ist bei Tageslicht schlimmer als im Finsteren.«

»Alan,« sagte ich, »höre mich an: Appin bedeutet für uns beide den Tod. Wir haben weder zu viel Geld noch zu viel Mehl. Je länger sie uns suchen, umso eher werden sie erraten, wo wir sind. Eine Gefahr ist überall. Und so stimme ich dafür, vorwärts zu gehen, bis wir umfallen.«

Alan war begeistert. »Es gibt Augenblicke,« sagte er, »da du allzu besonnen bist und nichts als ein Whig, nicht die geeignete Gesellschaft für einen Herrn meiner Art. Aber dann kommen wieder Augenblicke, wo du dich vor Mut sprühend zeigst und dann, David, liebe ich dich wie einen Bruder.«

Der Nebel hob sich und schwand dahin, und enthüllte uns dieses Land, das öde wie das Meer vor uns lag. Nur Sumpfvögel flogen schreiend darüber hin, und weit hinten im Osten bewegten sich einige Stück Rotwild, wie kleine Flecken. Nie sah ein Mensch eine ödere oder traurigere Gegend. Aber wenigstens waren seine Truppen zu sehen, und das war für uns die Hauptsache.

So gingen wir also hinab in die Einöde und begannen die mühsame und von unserem eigentlichen Ziel abweichende Reise in östlicher Richtung. Rings ragten die Spitzen der Berge empor – nicht zu vergessen! – von denen aus wir jeden Augenblick gesehen werden konnten. So mussten wir uns hauptsächlich in den tiefer gelegenen Teilen des Moorlandes halten, und bogen diese von unserer Richtung ab, mussten wir mit unendlicher Vorsicht über die flache Oberfläche hin kriechen. Oft mussten wir eine halbe Stunde lang von einem Heidebusch zum anderen schleichen, wie Jäger, die dem Wild hart auf der Spur sind. Der Tag war wieder klar und die Sonne brannte hell. Das Wasser in unserer Schnapsflasche war bald verbraucht, und hätte ich gewusst, was es heißt, die halbe Zeit auf dem Bauch kriechen, und den größten Teil der übrigen beinahe knietief im Sumpf waten – ich hätte ein so mörderisches Unternehmen nie begonnen.

Wir plagten uns und rasteten und plagten uns wieder während des ganzen Vormittags. Gegen Mittag legten wir uns in ein dichtes Gebüsch, um zu schlafen. Alan übernahm die erste Wache, und mir schien es, als hätte ich eben erst die Augen geschlossen, als er mich schüttelte und weckte, damit ich meinerseits wache. Wir hatten keine Uhr, nach der wir uns hätten richten können, und so steckte Alan einen Zweig in den Boden, dass ich am Schatten, den er warf, die Zeit erkennen könne, um ihn zu wecken. Ich war aber so müde, dass ich zwölf Stunden in einem Zug hätte schlafen können. Der Schlaf steckte mir in der Kehle. Von Zeit zu Zeit gab ich mir einen kleinen Ruck, aber ich schlief doch immer wieder ein.

Als ich das letzte Mal aufwachte, hatte ich das Gefühl, aus weiter Ferne zurückzukommen. Die Sonne schien mir ein hübsches Stück weit am Himmel vorgerückt zu sein. Ich sah nach dem Zweig in der Erde, und da hätte ich beinahe laut aufgeschrien, denn ich sah, dass ich Alans Vertrauen missbraucht hatte. Ich war halb verrückt vor Angst und Scham. Als ich aber weiter um mich blickte, über das vor uns liegende Moor, da stand mir das Herz vor Schrecken still. Es war, zweifellos während ich schlief, eine Abteilung berittener Soldaten herangekommen, die sich uns vom Südosten her näherten und, sich fächerförmig ausbreitend, in den tiefer gelegenen Teile des Moores hin- und herritten.

Als ich Alan weckte, warf er erst einen Blick auf die Soldaten, dann auf das Zeichen und die Stellung der Sonne, runzelte die Stirn, warf mir plötzlich einen bösen und ängstlichen Blick zu – und das war alles, was ich an Vorwurf von ihm zu hören bekam.

»Was sollen wir jetzt machen,« fragte ich.

»Wir werden wie die Hasen laufen müssen,« sagte er. »Siehst du dort den Berg?« und er zeigte auf einen am nordöstlichen Horizont.

»Ja,« sagte ich.

»Dorthin müssen wir versuchen zu kommen,« sagte er. »Er heißt Ben Alder; es ist ein wilder, kahler Berg, voll Felsen und Höhlen, und erreichen wir ihn vor Morgengrauen, so könnten wir noch davonkommen.«

»Aber Alan,« rief ich, »das führt uns ja den herankommenden Soldaten mitten über den Weg.«

»Ich kenne das zur Genüge,« sagte er, »aber jagen sie uns nach Appin zurück, so sind wir so gut wie tot. Also, David, mein Junge, mach schnell.«

Und damit fing er an, mit unglaublicher Geschwindigkeit auf Händen und Knien vorwärtszulaufen, als wäre dies seine natürliche Gangart. Auch wand er sich die ganze Zeit durch die tiefer gelegenen Teile des Moorlandes, wo wir am besten versteckt waren. Unser Gesicht war so nahe dem Boden, dass der feine, rauchartige Staub, den wir aufwirbelten, uns in Nase, Mund und Augen stieg. Wir hatten schon längst kein Wasser mehr, und in dieser Stellung zu laufen, auf Händen und Knien nämlich, ist so über alle Maßen anstrengend und ermüdend, da einen alle Gelenke schmerzen, und insbesondere die Handgelenke unter der Last des eigenen Gewichtes zu versagen scheinen.

Hin und wieder mussten wir auch wirklich, wenn wir einen größeren Busch erreichten, keuchend ein wenig inne halten. Als wir die Blätter zurückbogen, um nach den Soldaten zu sehen, fanden wir, dass sie uns noch nicht erspäht hatten, denn sie hielten genau ihre Richtung bei. Ich war noch gerade im richtigen Augenblick aufgewacht; ein wenig später und wir hätten vor ihnen davonlaufen müssen, statt seitlich zu entschlüpfen. Aber auch so konnte uns noch das kleinste Missgeschick verderben. Und wenn hin und wieder ein Haselhuhn die Flügel schlagend vom Boden aufflog, so lagen wir regungslos in der Heide und wagten nicht zu atmen.

Schmerz und Schwäche, das Klopfen meines Herzens, meine wunden Hände und das Brennen im Hals und in den Augen, von dem fortwährend aufsteigenden Staub und Rauch, wurden bald so unerträglich, dass ich gerne alles aufgegeben hätte. Nur die Angst vor Alan flößte mir genügend Mut (eine falsche Art Mut) ein, um fortzufahren. Was ihn selbst anbelangte (und man muss bedenken, dass er noch einen großen Mantel zu tragen hatte), so war er erst purpurrot im Gesicht geworden, aber mit der Zeit kamen auch weiße Flecken heraus; sein Atem ging pfeifend und zischend zwischen seinen Lippen und seine Stimme klang nicht mehr menschlich, wenn er mir, während der kurzen Rasten, eine Bemerkung ins Ohr flüsterte. Aber er schien in keiner Weise niedergedrückt oder entmutigt, oder seine Energie im Geringsten vermindert, so dass ich die Ausdauer dieses Mannes zu bewundern anfing.

Endlich, bei Einbruch der Dunkelheit, hörten wir einen Trompetenstoß und durch die Heidebüsche zurückblickend sahen wir, dass die Truppen sich zu sammeln begannen. Kurz nachher hatten sie ein Feuer angezündet und für die

Nacht ein Lager aufgeschlagen, ungefähr in der Mitte der Ebene.

Da bat und flehte ich, dass wir uns auch hinlegten und schliefen.

»Heute Nacht gibt es keinen Schlaf«, sagte Alan. »Von jetzt ab werden deine faulen Dragoner von den Bergen aus Wache halten über das Moorland, und keiner wird mehr aus Appin herauskommen, außer den Vögeln in der Luft. Wir kamen noch eben im letzten Augenblick durch, und sollten wir jetzt aufs Spiel setzen, was wir gewonnen? Nein, nein, kommt der Morgen, so soll er dich und mich in einem fernen Winkel des Ben Alders finden.«

»Alan,« sagte ich, »es ist nicht guter Wille, an dem es mir fehlt, mir fehlt die Kraft. Könnte ich, so wollte ich auch. Aber so wahr ich lebe, ich kann nicht mehr!«

»Gut also,« sagte Alan, »dann werde ich dich tragen.« Ich sah ihn an, denn ich glaubte, er mache einen Scherz. Aber nein, der kleine Mann war todernst und der Anblick so großer Entschlossenheit beschämte mich.

»Geh voran!« sagte ich. »Ich folge.«

Er warf mir einen Blick zu, als wollte er sagen: »Bravo, David, gut gesprochen!« und vorwärts lief er so schnell er konnte.

Es wurde kühler und sogar etwas dunkler – aber nicht sehr viel – je weiter die Nacht vorrückte. Der Himmel war wolkenlos. Es war Anfang Juli und wir befanden uns ziemlich weit im Norden. Es hätte guter Augen bedurft, um lesen zu können, aber ich habe immerhin schon dunklere Wintertage gesehen, als diese Sommernacht. Es fiel nun ein starker Tau, der wie Regen das Moorland tränkte und mich ein wenig erfrischte. Hielten wir einen Augenblick an, um Atem zu schöpfen, so dass ich ein wenig um mich sehen konnte, so erfüllte mich Bewunderung beim Anblick der Klarheit und Schönheit der Nacht, der dunklen wie im Schlaf ruhenden Gestalten der fernen Berge und des hinter uns aufflackernden und hinschwindenden Feuers, wie ein heller Fleck inmitten des dunklen Moores. Und wilde Wut überkam mich plötzlich, dass ich mich hier zu Tode quälen müsse und Staub fressen wie ein Wurm.

Nach all dem was ich in Büchern gelesen, glaube ich, dass wohl keiner von denen, die je eine Feder geführt, wirklich jemals müde gewesen sein dürfte; sonst hätten sie mehr darüber geschrieben. Mir war mein Leben gleichgültig geworden, das vergangene sowie das zukünftige, und ich erinnerte mich kaum noch eines Jünglings namens David Balfour. Ich dachte nur voll Verzweiflung an jeden einzelnen Schritt, von dem ich mit Sicherheit annahm, es wäre mein letzter, und ich hasste Alan, der schuld daran war. In all diesen Stunden kam es mir nie in den Sinn, dass ich freie Wahl hätte; nur dass ich zu gehorchen hätte, solange ich eben konnte, um dann gehorsam zu sterben.

Der Tag brach an, nach Jahren wie es mir schien. Um diese Zeit hatten wir die größte Gefahr hinter uns, und durften wie Menschen auf unseren Füßen gehen anstatt wie Tiere zu kriechen. Aber du lieber Himmel! Wir müssen ein nettes Paar gewesen sein. Wir stolperten gleichsam wie Urgroßväter und kleine Kinder in einer Person, und unsere Gesichter waren bleich, wie die von Leichen. Keiner sprach ein Wort, jeder kniff den Mund zusammen und stierte vor sich hin; wir hoben die Füße wie eine Zentnerlast. Die ganze Zeit über schrien die Vögel in der Heide »Piep« und im Osten wurde es immer heller und heller.

Ich darf wohl sagen, es ging Alan genau so wie mir. Nicht etwa, dass ich ihn einen Augenblick lang angesehen hätte, ich hatte genug damit zu tun, meine Füße zu heben. Aber es ist klar, dass er ebenso blöde war vor Müdigkeit wie ich selbst und ebenso wenig achtgab, wohin wir gingen, sonst wären wir nicht wie Blinde in einen Hinterhalt geraten.

Das geschah folgendermaßen: Wir gingen einen Abhang hinunter, Alan voran, ich ein oder zwei Schritte hinterdrein, wie der Spielmann mit seiner Frau. Da raschelte es plötzlich im Heidegras und drei oder vier zerlumpte Kerle sprangen hervor. Im nächsten Augenblick lagen wir auf dem Rücken, jeder einen Dolch an der Kehle.

Ich glaube, es war mir alles gleichgültig: meine früheren Schmerzen überwogen noch bei weitem die Schmerzen, die mir diese rohe Behandlung verursachte. Und ich war nur allzu froh, nicht mehr weiter gehen zu müssen, als dass mir an einem Dolch etwas gelegen wäre. Ich lag und sah dem Mann, der ihn hielt, gerade ins Gesicht. Ich erinnere mich, dass sein Gesicht sehr sonnverbrannt war und seine Augen leuchteten, aber ich hatte keine Angst vor ihm. Ich hörte Alan mit einem anderen in gälischer Sprache flüstern, aber was sie sprachen, war mir ganz gleichgültig.

Dann entfernten sie die Dolche, nahmen uns unsere Waffen ab und Alan und ich saßen einander in der Heide gegenüber.

»Das sind Clunys Leute,« sagte Alan. »Wir hätten es nicht leicht besser treffen können. Wir müssen nur hier bei ihren vordersten Posten warten, bis sie ihrem Hauptmann die Nachricht meiner Ankunft überbracht haben.«

Cluny MacPherson, der Hauptmann des Clans Vourish, war vor sechs Jahren einer der Führer des großen Aufstandes gewesen. Es war eine Belohnung auf sein Leben gesetzt worden und ich glaubte, er wäre längst in Frankreich. So müde ich auch war, hätte ich doch wahrscheinlich noch weiter gefragt, aber Alan machte ein Ende und sagte: »Ich bin sehr müde und möchte gern schlafen.« Und ohne noch ein Wort zu verlieren, drehte er sich um, legte das Gesicht ins Heidegras und schien im selben Augenblick auch schon zu schlafen. Bei mir war nichts dergleichen möglich.

Als die Posten zurückkamen und meldeten, dass Cluny sich sehr freuen würde, uns zu empfangen, mussten wir wieder auf die Beine und weiter wandern.

Alan war in bester Laune und Verfassung. Ich für mein Teil aber verspürte – so schwer mir vorher alle meine Glieder waren – jetzt eine schreckliche Art von Leichtigkeit, die mich am Gehen hinderte.

Ich sah, wie Alan die Stirn runzelte, und glaubte, er wäre zornig und das verursachte mir eine kindische Angst. Ich erinnerte mich auch, dass ich lächelte und nicht aufhören konnte zu lächeln, so sehr ich mich auch bemühte, denn ich hielt es nicht für angemessen. Aber mein braver Geselle hatte nur Gutes im Sinn, und im nächsten Augenblick fassten mich zwei Männer an den Armen und trugen mich, wie es mir schien, sehr schnell davon, obwohl es in Wirklichkeit nur sehr langsam vorwärts ging durch ein Labyrinth von Höhlen und Tälern, bis wir ins Innerste dieses schrecklichen Berges Ben Alders gelangten.

## Clunys Höhle

Endlich kamen wir zu einem besonders steilen Wald, der einen felsigen Hang hinauf kroch, und an einem jähen Abgrund lag.

»Hier ist es,« sagte einer der Führer und wir kletterten den Hügel hinauf.

Die Bäume hingen an dem Abhang wie Matrosen an den Schiffstauen, und die Baumstämme waren wie Leitersprossen, auf denen wir hinaufstiegen.

Ganz oben und knapp an der Grenze zwischen Felsenspitze und Laubwerk fanden wir dieses seltsame Haus, das im Land unter dem Namen »Clunys Höhle« bekannt war. Einige Baumstämme waren mit einander verbunden und dazwischen noch ein paar Holzpfähle zur Verstärkung in den Boden gesteckt worden, die Erde hinter dieser Barrikade war dann geebnet und als Fußboden flach getreten. Ein Baum, der vom Abhang her in die Höhe wuchs, bildete den natürlichen Mittelpfeiler des Daches. Die Wände aus Ästen und Zweigen und mit Moos bedeckt. Das ganze Haus war eiförmig, halb stand und halb hing es in diesem steilen Dickicht wie ein Wespennest in einem Hagedorn-Busch.

Innen war es ziemlich geräumig, und fünf oder sechs Menschen konnten bequem darin Obdach finden. Ein vorragender Felsen war sehr schlau als Herd verwendet worden, und da der Rauch gegen eine Felswand von ähnlicher Farbe aufstieg, konnte er von unten nicht gesehen werden.

Als wir vor Clunys Tür kamen, saß er an seinem Felsenkamin und überwachte irgendeine Kocherei. Er war ganz einfach gekleidet, hatte eine gestrickte Nachtmütze über die

Ohren gezogen und rauchte eine schmutzige Tonpfeife. Trotz alledem hatte er das Gehaben eines Königs, und es war ein sehenswerter Anblick, als er sich von seinem Platz erhob und auf uns zukam, um uns zu begrüßen. Es war jedenfalls ein seltsamer Ort und ein seltsamer Gastgeber.

Sobald das Essen fertig war, drückte Cluny noch mit eigener Hand eine Zitronenscheibe über die Schnitzel (denn er war mit Delikatessen wohl versehen) und bat uns, zum Speisen einzutreten.

Kaum waren wir mit dem Essen fertig, brachte Cluny ein altes, fettes abgegriffenes Packet Karten heraus, wie man sie in Spelunken zu bekommen pflegt und seine Augen leuchteten bei dem Vorschlag, Karten zu spielen.

»Herr,« sagte ich, »ich bin sehr müde und was noch schwerwiegender ist – da Ihr doch wahrscheinlich selbst Söhne habt, kann ich es Euch ja gestehen – es ist ein Versprechen, das ich meinem Vater gegeben habe.«

»Sprecht nicht weiter, sprecht nicht weiter,« sagte Cluny und wies auf ein Bett aus Heidegras in einer Ecke der Höhle. Trotzdem war er ziemlich unangenehm berührt und sah mich von der Seite an und brummte.

Kaum hatte ich mich auf das Bett gelegt, verfiel ich in eine Art Trance, in der ich beinahe die ganze Zeit meines Aufenthaltes in der Höhle blieb. Manches Mal war ich vollkommen wach und verstand, was um mich vorging; manches Mal hörte ich nur Stimmen oder Leute schnarchen, wie das ferne Rauschen eines Baches. Ich muss auch manches Mal laut gesprochen haben, denn ich erinnere mich, öfters erstaunt gewesen zu sein, weil man mir antwortete.

Alan und Cluny waren beinahe die ganze Zeit bei den Karten und ich weiß, dass Alan anfangs gewonnen haben muss. Denn ich erinnerte mich, dass, als ich mich aufsetzte, ich sie fest bei der Arbeit sah und einen glitzernden Haufen von vielleicht sechzig oder hundert Guineen auf dem Tisch. Es war seltsam genug, all diesen Reichtum in einem solchen Felsennest zu finden, das in den Zweigen lebender Bäume hing.

Am zweiten Tag musste sich wohl das Glück gewendet haben. Gegen Mittag wurde ich, wie gewöhnlich, zum Essen geweckt und lehnte, wie gewöhnlich, jede Nahrung ab, worauf man mir einen Schluck Branntwein gab. Die Sonne schien zur offenen Tür herein und blendete mich. Cluny saß am Tisch und mischte die Karten. Alan stand über mein Bett gebeugt, sein Gesicht war dicht vor meinen fieberschweren Augen und da schien es mir unerträglich groß.

Er bat mich, ich möge ihm Geld borgen.

»Wozu?« fragte ich.

»Ah, nur eben borgen,« sagte er.

»Aber warum?« wiederholte ich, »ich verstehe nicht.«

»Ach David, du wirst es mir doch nicht verweigern?«

Ich hätte es doch getan, wenn ich bei Sinnen gewesen wäre. Aber ich dachte damals an nichts anderes, als sein Gesicht von meinem wegzubekommen und so reichte ich ihm das Geld. Am Morgen des dritten Tages, nachdem wir achtundvierzig Stunden in der Höhle gewesen waren, erwachte ich mit einem ganz freien Kopf, fühlte mich zwar noch sehr schwach, aber ich sah die Dinge in ihrer richtigen Größe und Gestalt. Ich hatte auch Lust zum Essen, stand daher allein vom Bett auf und sobald wir gefrühstückt hatten, ging ich an den Eingang der Höhle, setzte mich draußen im Wald nieder und blieb den ganzen Morgen träumend dort sitzen.

Als ich zurückkam, hatten Alan und Cluny die Karten beiseitegelegt, und der Hauptmann sagte mir, es sei ihm gemeldet worden, dass im Süden alles in Ordnung sei, und es wäre nur die Frage, ob ich stark genug sei zu gehen.

Auf dem Tisch sah ich Karten aber kein Geld. Nur einen Haufen kleiner, beschriebener Papiere, alle auf Seiten Clunys. Außerdem sah Alan ganz merkwürdig aus, wie einer, der mit sich nicht ganz zufrieden ist, und ich fing an, einen starken Verdacht zu haben.

»Ich weiß nicht, ob ich so stark bin wie ich sein sollte«, sagte ich und sah Alan an, »aber wir haben nur wenig Geld und einen weiten Weg.«

Alan begann an seiner Unterlippe zu kauen und sah zu Boden.

»David,« sagte er, »ich hab's verspielt; das ist die nackte Wahrheit.«

»Mein Geld auch?« fragte ich.

»Dein Geld auch,« sagte Alan mit einem Seufzer. »Du hättest es mir nicht geben sollen. Ich bin unzurechnungsfähig, wenn ich spiele.«

»Ta-ta-ta«, sagte Cluny. »Es ist ja alles Unsinn. Natürlich bekommst du dein Geld zurück, doppelt so viel, wenn du erlaubst. Es wäre doch komisch, wenn ich es behielte. Man wird doch wohl nicht annehmen wollen, dass ich Herren in eurer Lage hindernd im Weg stehen werde. Das wäre eine komische Geschichte!« rief er und fing an mit hochrotem Gesicht Gold aus seiner Tasche heraus zu ziehen.

Alan sagte nichts, sondern blickte nur zu Boden.

Unter dem Schutz der Nacht wurden dann Alan und ich über den Loch Earrocht gesetzt und gingen von dort aus am östlichen Ufer zu einem anderen Versteck, zu dem uns einer von Clunys Leuten führte. Dieser Mann trug unser Gepäck und noch Alans großen Mantel dazu.

Ich war erst vom Krankenlager aufgestanden, und es hatte sich an unserer Lage nichts geändert, was mich ermutigen oder stärken hätte können. So wanderten wir durch die ödeste Gegend Schottlands, unter bewölktem Himmel und Zwietracht im Herzen.

Lange Zeit sprachen wir kein Wort; gingen mit mürrischen Mienen neben- und hintereinander; ich, zornig und stolz, wobei ich aus diesen beiden sündhaften Gefühlen alle Kraft zu sammeln trachtete, die ich nötig hatte; Alan, zornig und beschämt: beschämt, weil er mein Geld verspielt hatte und zornig, weil ich es ihm übel nahm.

Der Gedanke an eine Trennung ging mir immer mehr im Kopf herum, und je mehr Gründe ich dafür fand, umso mehr schämte ich mich dieses Gedankens. Es wäre vielleicht eine gute, schöne, edle Tat gewesen, wäre Alan gekommen und hätte gesagt: »Geh! Ich stehe in großer Gefahr und meine Gesellschaft verschlimmert deine Sache nur.« Aber ich konnte mich nicht an den Freund, der mich sicherlich liebte, wenden und sagen: »Du stehst in großer Gefahr, die meine ist nicht so groß; deine Freundschaft ist für mich nur eine Belastung; geh und trage deine Gefahren und Missgeschicke allein ...« nein, das war unmöglich, und sogar, dass ich heimlich daran dachte, ließ mich erröten.

Und doch hatte sich Alan wie ein Kind benommen und (was noch schlimmer ist), wie ein verräterisches Kind. Mir das Geld abzuschwatzen, während ich halb bewusstlos lag, war nicht viel besser als Diebstahl. Und doch stapfte er neben mir her, ohne einen Pfennig in der Tasche, und nach allem, was ich sehen konnte, lustig bereit von dem Geld zu schmarotzen, das er mich gezwungen hatte, zurück zu verlangen. Natürlich war ich bereit, es mit ihm zu teilen, aber es machte mich wütend, dass er auf meine Bereitwilligkeit rechnete.

Dies waren die zwei Dinge, die mir am meisten im Kopf herumgingen; und doch konnte ich von beiden kein Wort sprechen, ohne mich der ärgsten Gemeinheit schuldig zu machen. So tat ich das nächst schlechteste, ich sagte Garnichts, sah meinen Freund nicht einmal an, außer wenn ich ihm einen bösen Blick zuwarf.

Endlich, als wir ein ebenes Stück Weg vor uns hatten, wo das Gehen keinerlei Schwierigkeiten bot, konnte er es nicht länger aushalten und kam dicht an mich heran.

»David,« sagte er, »das ist nicht die richtige Art, wie zwei Freunde ein so kleines Missgeschick ertragen sollten. Ich sollte dich um Entschuldigung bitten, und das tue ich hiermit. Und wenn du jetzt noch etwas hast, so tätest du besser, es auch zu sagen.«

»Oh,« sagte ich, »ich habe nichts.«

Er schien etwas verlegen, was mir gemeinerweise angenehm war.

»Nein,« sagte er, und seine Stimme zitterte ein wenig, »aber wenn ich dir sage, es war nicht recht von mir?«

»Ja natürlich war es nicht recht von dir,« antwortete ich kühl, »und du wirst zugeben, dass ich dir niemals einen Vorwurf gemacht habe.«

»Nein, niemals,« sagte er, »aber du weißt ganz gut, dass du Schlimmeres getan hast. Müssen wir uns trennen? Du hast es schon einmal gesagt. Willst du es wieder sagen? Es liegt genug Heide- und Hügelland zwischen uns und den beiden Meeren, David, ich muss gestehen, ich bin nicht gerne dort, wo man mich nicht haben will.«

Dies war wie ein Dolchstoß für mich und schien meine heimliche Untreue bloßzulegen.

»Alan Breck,« rief ich da: »Glaubst du, ich werde dir in deiner größten Not den Rücken kehren? Wagst du es, mir das ins Gesicht zu sagen? Mein ganzes Benehmen würde dich Lügen strafen. Es ist wahr, dass ich beim Moor eingeschlafen bin, aber das geschah aus Müdigkeit, und es ist nicht recht von dir, dass du es mir vorwirfst ...«

»Was ich auch niemals getan habe,« sagte Alan.

»Aber abgesehen davon,« fuhr ich fort, »was habe ich getan, das dich berechtigt, solches von mir zu glauben? Ich habe noch niemals einen Freund im Stich gelassen, und es ist nicht wahrscheinlich, dass ich bei dir damit anfangen werde. Es gibt Dinge zwischen uns, die ich niemals vergessen könnte, selbst wenn du es könntest.«

»Ich will dir nur das eine sagen, David,« sagte Alan sehr ruhig, »dass ich dir schon lange mein Leben schulde, und jetzt schulde ich dir Geld. Du solltest dich bemühen, mir diese Last leicht zu machen.«

Dies hätte mich rühren sollen und in gewisser Hinsicht tat es das auch, aber nicht so, wie es hätte sein sollen. Ich fühlte, dass ich mich nicht gut benahm, und so wurde ich nicht nur auf Alan böse, sondern auch noch mit mir selbst, und darum wurde ich noch grausamer.

»Du hast verlangt, dass ich sprechen soll,« sagte ich, »gut also, ich will sprechen. Du weißt selbst, dass du mir eine Unannehmlichkeit bereitet hast, und dass ich eine Beschämung hinunter zu schlucken hatte. Ich habe dir keinen Vorwurf gemacht, ich habe die Sache nicht einmal erwähnt, bis du es getan hast. Und jetzt bist du unzufrieden,« rief ich, »weil ich nicht lache und singe, als ob ich mich freuen würde, beschämt worden zu sein. Nächstens werde ich dir noch auf den Knien dafür danken müssen! Du solltest mehr an andere denken, Alan Breck. Würdest du mehr an die anderen denken, würdest du vielleicht auch weniger von dir sprechen. Und wenn ein Freund, der dich liebt, ohne ein Wort eine Beleidigung übergeht, solltest du froh sein, es dabei bewenden zu lassen, statt daraus einen Knüppel zu machen, den du ihm vor die Füße wirfst. Du sagst selbst, dass du Unrecht hattest, dann solltest du nicht hingehen und Streit anfangen.«

»Wohlan,« sagte Alan, »sprechen wir nicht weiter darüber.«

Und wir verfielen wieder in unser vorheriges Schweigen. Als wir unsere Tagesreise vollendet hatten, aßen wir und legten uns schlafen, ohne noch ein Wort mit einander zu sprechen.

## Die Flucht über die Heide: Der Streit

Nächsten Tages setzte uns einer von Clunys Leuten um die Zeit der Dämmerung über den Loch Rannoch und gab uns einen guten Rat für unsere weitere Route.

Wir machten uns also, seiner Beschreibung zufolge, auf den Weg und wanderten fast drei Nächte hindurch über luftige Bergeshöhen und an den Quellen wilder Gebirgswässer vorbei, oft im Nebel begraben, beinahe immer durch Wind und Regen und niemals von einem einzigen Sonnenstrahl erquickt. Bei Tag lagen und schliefen wir in der durchnässten Heide, bei Nacht kletterten wir über halsbrecherische Wege und wilde Klippen. Oft gingen wir irre und oft steckten wir so tief im Nebel, dass wir uns hinlegen mussten und warten, bis es Heller wurde. An ein Feuer war nicht zu denken. Unsere einzige Nahrung war Haferbrei und ein Stückchen kaltes Fleisch, das wir von der Höhle mitgenommen hatten. Und was das Trinken anbelangte, weiß Gott, wir hatten genug Wasser.

Es war eine schreckliche Zeit, und das trübe Wetter sowie das düstere Land machten die Sache noch schlimmer. Ich fror immerfort, die Zähne klapperten mir im Mund, mein Hals schmerzte mich, wie damals auf der Insel; ich hatte starkes Seitenstechen, und schlief ich in meinem nassen Bett – den peitschenden Regen über mir, und die schlammige Erde unter mir – so durchlebte ich noch einmal in der Erinnerung alle meine schlimmsten Abenteuer: ich sah den Turm bei Shaws, von Blitzen erhellt, sah wie Ransome von den Matrosen in die Kajüte getragen wurde, wie Shuan sterbend auf dem Boden lag oder Colin Campbells letzten Versuch, nach seiner Wunde zu greifen. Aus solch halbem Schlummer wurde ich meist im Dämmerlicht geweckt, um in derselben Pfütze, in der ich gelegen hatte, aufzusitzen und kalten Haferbrei zu essen, während mir der Regen ins Gesicht peitschte oder eisig den Rücken hinunterlief. Der Nebel umschloss uns rings wie ein düsteres Zimmer, zerteilte ihn aber einmal der Wind, so öffnete sich wie ein gähnender Schlund irgendein finsteres Tal vor unseren Blicken, worin ein Fluss mit lautem Getöse dahinstürzte.

Während dieser ganzen schrecklichen Wanderung sprachen wir kaum miteinander. Ich sehnte mich wahrhaftig nach meinem Grab, und das war auch die beste Entschuldigung für mein Benehmen. Ich war außerdem schon immer ein unversöhnlicher Charakter gewesen, brauchte lange um eine Beleidigung ernst zu nehmen, lange um sie zu vergessen. Alan war zwei Tage lang unermüdlich freundlich zu mir; auch schweigsam zwar, aber immer bereit, mir zu helfen und immer hoffend (wie ich wohl sehen konnte), dass sich mein Zorn endlich legen würde. Ich hingegen hegte und pflegte meine Wut, lehnte seine Hilfe grob ab und bemühte mich, ihn völlig zu übersehen.

In der zweiten Nacht oder besser gesagt beim ersten Morgengrauen des dritten Tages befanden wir uns auf einem sehr niedrigen Hügel, so dass wir dieses Mal unserer alten

Gewohnheit, uns sofort zum Essen und Schlafen hinzulegen, nicht treu bleiben konnten. Ehe wir eine geschützte Stelle erreicht hatten, war es ziemlich hell geworden, und obwohl es noch immer regnete, waren die Nebel gestiegen. Als Alan mir ins Gesicht sah, verrieten seine Züge heftige Beunruhigung.

»Es wäre besser, wenn du mich deine Sachen tragen ließest«, sagte er vielleicht zum neunten Mal seitdem wir unseren Führer bei Loch Rannoch verlassen hatten.

»Danke, es geht ganz gut«, sagte ich ablehnend.

Alan wurde sehr rot und sagte: »Ich werde es dir nicht mehr anbieten, ich bin kein sehr geduldiger Mensch, David.«

»Das habe ich auch nie behauptet«, sagte ich, was natürlich die dumme, grobe Sprache eines zehnjährigen Buben war.

Alan erwiderte für den Augenblick nichts, aber sein Benehmen war so gut wie eine Antwort. Von nun an hatte er sich augenscheinlich die ganze Geschichte bei Cluny verziehen. Stülpte sich seinen Hut wieder auf, schritt munter voran, pfiff sich ein Liedchen und sah mich von der Seite mit herausforderndem Lächeln an.

Die dritte Nacht sollten wir durch den westlichen Teil des Landes Balquidder wandern. Die Nacht war klar und kalt, es lag wie Frost in der Luft, ein nördlicher Wind verjagte die Wolken und brachte die Sterne hell heraus. Die Flüsse waren natürlich noch angeschwollen und stürzten noch immer brausend zu Tal. Aber der Wetterumschlag war für mich zu spät gekommen. Ich war so lange im Schlamm gelegen, dass mir die Kleider vom Leib fielen, ich war todmüde, todkrank, von tausend Schmerzen und Schüttelfrösten geplagt. In diesem jämmerlichen Zustand musste ich noch alle Quälereien ertragen, mit denen mich Alan gewissermaßen verfolgte.

Er sprach ziemlich viel und niemals ohne Anspielung. »Whig« war noch der freundschaftlichste Name, den er mir gab. »Hier ist,« sagte er wohl, »eine Lache für dich zum Springen, mein Whiggi! Ich weiß, du bist ein guter Springer!« Und so ging es weiter, die ganze Zeit mit höhnischer Miene und in spöttischem Ton.

Ich wusste, dass ich selbst und niemand anderer daran schuld war, aber ich war zu elend, als dass ich es bereut hätte. Ich fühlte, dass ich mich nur noch ein kurzes Stückchen weiter schleppen könne und mich bald würde hinlegen müssen, um auf diesen nassen Bergen zu sterben, wie ein Schaf oder ein Fuchs, und dass meine Gebeine hier bleichen würden wie die eines Tieres. Ich war wohl nicht ganz bei Sinnen, aber ich begann, an dieser düsteren Aussicht Gefallen zu finden; ich weidete mich an dem Gedanken eines solchen Todes: einsam in der Wüste zu sterben, während die wilden Adler mein Haupt umkreisten. Dann, dachte ich, wird Alan sein Tun bereuen; wenn ich tot sein werde, wird er sich erinnern, wie viel er mir schuldet«, und die Erinnerung wird eine ewige Qual für ihn sein. So fuhr ich fort, wie ein schlechter, dummer, kranker Schulbub in meinem Herzen den Ärger gegen einen Mitmenschen zu nähren statt niederzuknien und Gott um Hilfe anzuflehen. Und bei jeder neuen Stichelei Alans gab ich mir im Stillen einen Ruck und dachte: »Ah, ich habe einen weit besseren Stachel für dich bereit, wenn ich mich hinlegen werde und sterben, dann wirst du es wie einen Faustschlag im Gesicht fühlen! Ah, welche Rache, welche Rache! Ah, wie du deine Undankbarkeit und Grausamkeit bereuen wirst.«

Die ganze Zeit ging es mir immer schlechter und schlechter. Einmal war ich gefallen – die Beine trugen mich einfach nicht mehr – und das hatte Alan für den Augenblick erschreckt, aber ich war so schnell wieder auf den Beinen und ging unbekümmert weiter, so dass er den Zwischenfall bald wieder vergessen hatte. Bald war mir glühend heiß, bald zitterte ich vor Kälte, das Stechen in der Seite war kaum mehr auszuhalten. Endlich fühlte ich, dass ich mich nicht mehr weiterschleppen könnte, und damit überkam mich plötzlich das Verlangen, mit Alan abzurechnen, meine Wut gegen ihn auszulassen und auf etwas plötzlichere Art meinem Leben ein Ende zu machen. Er hatte mich eben wieder »Whig« genannt. Ich stand still:

»Mr. Stewart,« sagte ich mit zitternder Stimme, »Ihr seid älter als ich und solltet Euch daher besser zu benehmen wissen. Haltet Ihr es für klug oder für sehr witzig mir meine politische Gesinnung vorzuwerfen? Ich muss Euch sagen, wenn ich wollte, könnte ich Euch noch ganz anders verhöhnen.«

Alan war mir gegenüber stehen geblieben, den Hut keck auf dem Kopf, die Hände tief in den Hosentaschen, den Kopf ein wenig auf die Seite gelegt. Er hörte zu, lächelte spöttisch, soviel ich beim fahlen Schein der Sterne sehen konnte, und fing, als ich fertig war an, die Melodie eines Spottliedes der Jakobiten zu pfeifen.

»Warum wählt Ihr gerade diese Melodie, Mr. Stewart?« fragte ich. »Ist es um mir die Tatsache in Erinnerung zu bringen, dass Ihr auf beiden Seiten geschlagen worden seid?«

Alan hörte augenblicklich auf zu pfeifen. »David!« rief er.

»Aber es ist endlich Zeit mit diesen Dingen Schluss zu machen,« fuhr ich fort, »und ich will, dass Ihr von nun an ehrerbietig von meinem König und von meinen Freunden, den Campbells sprecht.«

»Ich bin ein Stewart«, fing Alan an.

»Oh,« sagte ich, »ich weiß, Ihr tragt eines Königs Namen. Aber Ihr dürft nicht vergessen, dass ich in den Highlands umhergewandert und da einer Menge Leute dieses Namens begegnet bin. Und das wenigste, was ich ihnen nachsagen kann, ist, dass es ganz gut für sie wäre, sich etwas besser zu waschen.«

»Weißt du, dass du mich beleidigst?« sagte Alan sehr leise.

»Das tut mir leid,« antwortete ich, »denn ich bin noch nicht fertig und ich fürchte, das Folgende wird Euch nicht besser gefallen. Ihr seid von den erwachsenen Männern meiner Partei im Feld geschlagen worden. Da scheint es mir eine klägliche Entschädigung, vor einem Knaben mit unverschämten Reden groß zu tun. Die Campbells sowie die Whigs haben Euch geschlagen, sie haben Euch wie einen Hasen gejagt. Es ziemt Euch von ihnen wie von Leuten zu sprechen, die Euch überlegen sind.«

Alan stand ganz still, sein großer Mantel flatterte hinter ihm im Wind.

»Das ist sehr schade,« sagte er endlich. »Es wurden Dinge gesagt, die nicht übergangen werden können.«

»Ich habe Euch auch nicht darum gebeten!« rief ich. »Ich bin ebenso bereit wir Ihr.«

»Bereit?« sagte er.

»Bereit«, wiederholte ich. »Ich bin kein Prahlhans und kein Aufschneider wie andere, die ich mit Namen nennen könnte. Komm nur!« Ich zog mein Schwert und nahm Stellung, wie Alan selbst es mich gelehrt.

»David,« rief er, »bist du verrückt? Ich kann mit dir nicht kämpfen, David, es wäre reiner Mord.«

»Es war deine Absicht, als du mich beleidigtest«, sagte ich.

»Das ist wahr!« rief Alan und er stand einen Augenblick wie in größter Ratlosigkeit. »Es ist wirklich wahr«, sagte er und zog sein Schwert. Aber ehe ich noch seine Klinge mit der meinigen berühren konnte, hatte er es von sich geworfen, und war zu Boden gefallen. »Nein, nein,« rief er immer wieder, »ich kann nicht, ich kann nicht!«

Da schwand der letzte Rest meines Zornes und ich fühlte mich nur mehr krank und elend und traurig und leer und wunderte mich über mich selbst. Ich hätte die ganze Welt darum gegeben, das, was ich gesagt hatte, wieder zurückzunehmen. Aber ein einmal gesprochenes Wort – wer kann es zurücknehmen? Ich erinnerte mich aller Freundlichkeit und Opferbereitschaft Alans, wie er mir geholfen und mich ermutigt hatte, wie viel Geduld er stets mit mir gehabt; und dann dachte ich, wie ich ihn beleidigt hatte und glaubte für immer diesen wackeren Freund verloren zu haben. Gleichzeitig schien sich mein körperlicher Zustand zu verschlimmern, ich meinte, augenblicklich ohnmächtig zu werden.

Da kam mir ein Gedanke: keine Entschuldigung könnte das, was ich gesagt hatte, wieder gut machen. Es war zwecklos, darüber nachzudenken. Aber wo jede Entschuldigung eitel war, würde ein bloßer Hilferuf Alan an meine Seite führen. Ich tat allen Stolz ab: »Alan,« sagte ich, »wenn du mir nicht hilfst, muss ich hier sterben.«

Er setzte sich plötzlich auf und sah mich an.

»Es ist wahr«, sagte ich. »Ich bin fertig. Oh, bring mich unter ein Dach – ich könnte dort leichter sterben.« Ich musste keinen Vorwand suchen, ich sprach gewollt oder ungewollt in einem weinerlichen Ton, der ein Herz aus Stein erweicht hätte.

»Kannst du gehen?« fragte Alan.

»Nein,« sagte ich, »nicht ohne Hilfe. In dieser letzten Stunde haben mir meine Beine den Dienst versagt, ich habe Seitenstechen, wie wenn mir ein glühendes Eisen im Leib steckte und ich kann nicht atmen. Wenn ich sterbe, Alan, kannst du mir verzeihen? Im Grunde meines Herzens liebte ich dich immer, sogar als mein Zorn am größten war.«

»Psst, psst!« rief Alan. »Sag' das nicht! David, mein Junge, du weißt...« Er schwieg, um nicht zu schluchzen. »So will ich meinen Arm um dich legen,« fuhr er dann fort, »so geht es, stütze dich nur fest auf mich. Gott weiß, wo da ein Haus ist. Wir sind in Balwidder, da müsste es Häuser genug geben, und auch Freundes Häuser. Gehst du so leichter, David?«

»Ja,« sagte ich, »so geht es vielleicht«, und ich drückte seinen Arm mit meiner Hand.

Wieder war ihm das Schluchzen nahe. »David,« sagte er, »ich bin wirklich gar kein ordentlicher Mensch. Mir fehlt 's an Verstand und Güte. Ich habe vergessen, dass du noch ein Kind bist, ich habe nicht einmal gesehen, dass du nahe daran warst, vor Erschöpfung zu sterben. David, es wird dir schwer fallen, mir zu verzeihen.«

»Oh, Alan, wir wollen nicht mehr davon sprechen«, sagte ich. »Wir haben einander nichts vorzuwerfen, so ist es. Wir müssen miteinander Nachsicht und Geduld haben, Alan! Oh, dieses Stechen! Ist denn hier kein Haus in der Nähe?«

»Ich werde ein Haus für dich finden, David,« sagte er zuversichtlich, »wir werden den Bach entlang abwärts gehen, da muss ein Haus sein. Mein armer Junge, wäre es nicht besser, ich nähme dich auf den Rücken?«

»Oh, Alan,« sagte ich, »ich bin doch gut zwölf Zoll größer als du.«

»Nein, das bist du nicht«, rief Alan heftig. »Vielleicht um eine Kleinigkeit, ein zwei Zoll etwa. Ich bin zweifellos, ich bin doch sicherlich, was man so einen großen Mann nennt; ich kann wohl sagen ...« fügte er hinzu und seine Stimme ging langsam in ein fröhliches Lachen über, »na, wenn ich es mir richtig überlege, kann ich wohl sagen, du wirst so ziemlich recht haben. Ja es wird schon so ein Fuß oder beinahe eine Hand oder vielleicht sogar noch mehr sein!«

Es war rührend und lustig zugleich zu beobachten, was Alan aus Angst vor einem neuen Streit alles hinunterschluckte. Ich hätte lachen mögen, hätte mich nicht das Stechen daran gehindert; aber hätte ich gelacht, dann hätte ich auch weinen müssen, glaube ich.

»Alan,« rief ich, »warum bist du so gut zu mir? Warum hast du einen so undankbaren Kerl so lieb?«

»Wirklich, ja ich weiß es nicht,« sagte Alan. »Denn was ich eben am meisten an dir zu lieben glaubte war, dass du niemals gestritten hast – und jetzt liebe ich dich noch mehr!«

Alan klopfte an die Tür des ersten Hauses, zu dem wir kamen, was nicht sehr vorsichtig war, in diesem Teil der Highlands. Aber das Glück war uns günstig, denn es war ein Haus der MacLarens, wo Alan nicht nur um seines Namens willen willkommen war, sondern wo man ihn selbst auch seines Rufes wegen hochschätzte. Hier also wurde ich sofort zu Bett gebracht und es wurde ein Arzt geholt, der mich in einem jämmerlichen Zustand fand. Ob er nun ein so guter Arzt war oder ich ein so junger, starker Bursche – ich lag nicht länger als eine Woche zu Bett, und ehe ein Monat um war, konnte ich mich getrost wieder auf den Weg machen.

Alan wollte mich die ganze Zeit über nicht verlassen, obwohl ich ihn oft sehr darum bat; und wirklich war die Tollkühnheit seines Bleibens der Gegenstand allgemeinen Entsetzens, bei den zwei oder drei Freunden, die in das Geheimnis eingeweiht waren. Bei Tag versteckte er sich in einem kleinen Wäldchen, und bei Nacht, wenn die Luft rein war, pflegte er ins Haus zu kommen, um mich zu besuchen.

Ich muss wohl nicht erst sagen, wie ich mich freute, ihn zu sehen! Unserer Wirtin, Mrs. MacLean, war nichts gut genug für einen solchen Gast, und da Duncan Dhu (so hieß unser Wirt) ein Paar Pfeifen im Haus hatte und ein großer Freund der Musik war, wurde die Zeit meiner Genesung eine wahre Festeszeit und wir machten die Nacht meist zum Tag.

Die Soldaten ließen uns in Ruhe, obwohl einmal eine Abteilung von zwei Kompagnien und einigen Dragonern unten im Tal vorbeizogen, wo ich sie von meinem Bett aus sehen konnte. Was aber noch viel erstaunlicher war, es kam mir keine Behörde nahe und es wurden mir keine Fragen gestellt, woher ich käme und wohin ich ginge. Ich war in dieser Zeit der Aufregungen so frei von allen Nachforschungen, als ob ich in der Wüste gelegen wäre. Und doch war meine Anwesenheit, bevor ich den Ort wieder verließ, allen Leuten von Balquidder und der Umgebung bekannt gewesen, denn es kamen viele Leute auf Besuch und diese verbreiteten die Neuigkeit unter den Nachbarn. Andere Leute bewahren ein Geheimnis unter zwei oder drei guten Freunden und es kommt dennoch irgendwie heraus, aber unter diesen Clansleuten spricht man es in einer ganzen Gegend herum, und sie bewahren es ein Jahrhundert lang.

## Ende der Flucht: Wir passieren den Forth

Der Monat war, wie ich bereits gesagt habe, noch nicht zu Ende, als ich freigesprochen wurde, meine Reise fortzusetzen. Es war schon in der zweiten Hälfte August, das Wetter wundervoll warm und alle Anzeichen einer guten Ernte zu sehen. Unser Geld war nun auf einen solchen Tiefstand herabgesunken, dass wir vor allem an höchste Eile denken mussten. Denn kämen wir nicht bald zu Mr. Rankeillor oder sollte seine Hilfe, wenn wir hinkämen, versagen, so blieb uns nichts anderes, als Hungers zu sterben. Nach Alans Ansicht musste der Eifer der Verfolgung nun schon sehr nachgelassen haben und die Grenze längs des Forth, ja sogar die Stirling-Brücke, der Hauptübergang, nur noch mit geringer Aufmerksamkeit bewacht werden.

»Der wichtigste Grundsatz bei militärischen Unternehmungen ist,« sagte er, »dort zu gehen, wo man am wenigsten erwartet wird. Der Forth, das ist unsere Sorge. Du kennst die Redensart: Der Forth bändigt den wilden Highlander. Wenn wir also versuchen wollten, an der Quelle dieses Flusses vorbei zu kriechen und bei Kippen oder Balfour herunterkämen, so würden sie uns gerade dort suchen und festnehmen. Aber gehen wir geradewegs auf die Alte Brücke von Stirling los, ich wette, sie lassen uns unbelästigt durch.«

Die erste Nacht gingen wir also auf das Haus eines MacLarens in Strathire zu einem Freunde Duncans, bei dem wir am einundzwanzigsten des Monats schliefen, und von wo aus wir, bei einbrechender Dunkelheit, wieder für einen weiteren leichten Marsch aufbrachen. Am einundzwanzigsten lagen wir in einem Heidebusch an einer Berglehne im Uam Var, eine Herde Rotwild vor uns; das waren die schönsten zehn Stunden Schlafes, die ich nur je im schönen, warmen Sonnenschein auf beintrockenem Boden genossen habe. In dieser Nacht gelangten wir bis Alan Water und, stromabwärts gehend, kamen wir an den Rand der Hügelkette; da sahen wir das ganze Marschland von Stirling flach wie einen Pfannkuchen zu unseren Füßen liegen, Stadt und Festung auf einem Hügel in der Mitte, und heller Mondschein auf den Ufern des Forth.

»Jetzt also,« sagte Alan, »ich weiß nicht, ob dir etwas daran liegt – bist du wieder in deinem Heimatland. Wir haben die Grenze der Highlands in der ersten Stunde überschritten und, wären wir nur erst jenseits dieses vielgekrümmten Flusses, so könnten wir lustig unsere Mützen in die Luft werfen.«

In Alan Water, nahe der Mündung in den Forth, fanden wir eine kleine, sandige Insel, ganz mit Kletten und ähnlichen niedrigen Stauden bewachsen, die uns, wenn wir uns flach hinlegten, eben verdeckten. Hier schlugen wir unser Lager auf, die Festung Stirling gerade vor unseren Augen, und wir konnten die Trommeln schlagen hören, als einige Soldaten dort vorbeizogen. Schnitter arbeiteten den ganzen Tag in einem Feld auf der einen Seite des Flusses und wir konnten hören, wie sie mit den Schleifsteinen die Sensen wetzten, hörten die Männer miteinander sprechen, ja verstanden sogar manches Mal die Worte. Es war ratsam, still zu liegen. Aber der Sand der kleinen Insel war sonndurchwärmt, die grünen Pflanzen schützten unsere Köpfe, wir hatten genug zu essen und zu trinken, und die Krone all dieser Herrlichkeiten: wir sahen vor uns das Land unserer Rettung.

Sobald die Schnitter ihre Arbeit verlassen hatten und die Dämmerung einbrach, wateten wir ans Land und schlugen die Richtung nach der Brücke von Stirling ein, wobei wir bestrebt waren, uns möglichst nahe den Feldern und den Feldzäunen zu halten.

Die Brücke befindet sich dicht unterhalb des Festungshügels. Es ist eine alte, hohe, schmale Brücke mit Zinnen längs der Brüstung, und man kann sich denken, mit welch großem Interesse ich sie mir ansah, nicht nur wegen ihrer historischen Bedeutung, sondern weil sie für Alan und mich buchstäblich den Weg zur Seligkeit bedeutete. Als wir hinkamen, war der Mond noch nicht aufgegangen, einige Lichter brannten längs der Festungsmauer und tiefer unten sah man einige erhellte Fenster der Stadt; aber es war alles vollkommen still und es schien keine Wache auf der Brücke zu stehen.

Ich wollte geradewegs weitergehen, aber Alan war vorsichtiger.

»Es sieht ganz ruhig aus,« sagte er, »aber wir wollen trotzdem noch ein bisschen im Graben liegen und warten, um unserer Sache sicher zu sein.«

So lagen wir ungefähr eine Viertelstunde lang, bald flüsternd, bald still horchend, aber es war kein irdisches Geräusch zu hören als das Waschen der Wellen an den Brückenpfeilern. Endlich kam eine alte Frau mit einem Krückstock vorbeigehumpelt. Erst blieb sie ganz nahe vor uns einen Augenblick stehen, seufzte und klagte ein wenig über den weiten Weg und setzte sich dann wieder in Bewegung, die steile Böschung der Brücke hinauf. Die Frau war so klein und die Nacht so finster, dass wir sie bald aus den Augen verloren und nur mehr, sich allmählich von uns entfernend, den Klang ihrer Schritte, das Aufschlagen des Stockes und von Zeit zu Zeit ihr Husten hören konnten.

»Jetzt muss sie schon drüben sein«, flüsterte ich.

»Nein,« sagte Alan, »ihre Schritte hallen noch hohl auf der Brücke.«

Eben in diesem Augenblick – »Wer da?« rief eine Stimme und wir hörten das Rasseln eines Gewehrkolbens auf den Steinen. Ich vermute, dass der Posten geschlafen hatte, und hätten wir es versucht, wir wären vielleicht ungesehen hinübergekommen. Aber jetzt war er aufgewacht und die Chance vorbei.

»Das geht nicht«, sagte Alan. »Das geht für uns beide nicht, David.«

Und ohne noch ein Wort zu verlieren fing er an, durch die Felder davonzukriechen. Eine Weile später, nachdem wir gänzlich außer Sehweite waren, richtete er sich wieder auf und ging einen Weg in östlicher Richtung weiter. Ich konnte sein Vorgehen nicht begreifen; auch war ich durch diese Enttäuschung so hart betroffen, dass ich nicht sehr geneigt war, mit irgendetwas einverstanden zu sein. Vor wenigen Augenblicken hatte ich mich schon wie ein Märchenheld an Mr. Rankeillors Tür klopfen sehen, um mein Erbe zu verlangen; und jetzt stand ich wieder da, ein wandernder, verfolgter Spitzbube, auf der falschen Seite des Forth.

»Nun?« fragte ich.

»Nun,« sagte Alan, »was willst du? Sie sind nicht so dumm, wie ich glaubte. Wir müssen noch immer über den Forth hinüber, Davie ...«

»Und warum gehen wir nach Osten?« fragte ich.

»Tja, aufs Geratewohl eben!« sagte er. »Wenn wir den Fluss nicht übersetzen können, müssen wir sehen, was sich bei der Mündung machen lässt.«

»Ein Fluss hat manchmal eine Furt, die Meerenge an der Mündung niemals«, sagte ich.

»Ja, natürlich, es gibt eine Furt, und noch dazu eine Brücke,« sagte Alan, »aber was nützt es, wenn sie bewacht sind?«

»Gut,« sagte ich, »aber über einen Fluss kann man schwimmen.«

»Ja, wenn man es kann«, antwortete er. »Aber mir kommt vor, als wärest weder du noch ich sehr geübt in dieser Kunst; ich für mein Teil schwimme wie ein Stein.«

»Im Reden nehme ich es nicht mit dir auf, Alan,« sagte ich, »aber ich sehe nur, dass wir das Schlimme noch schlechter machen. Wenn es schwer ist, einen Fluss zu kreuzen, so ist es doch klar, dass es noch schwerer sein müsse, das Meer zu kreuzen.«

»Aber es gibt so was Ähnliches wie ein Boot,« sagte Alan, »oder ich müsste mich sehr täuschen.«

»Ja, und so was Ähnliches wie Geld«, sagte ich. »Aber für uns, die wir weder das eine noch das andere haben, hätten sie ebenso gut nicht erfunden werden müssen.«

»Glaubst du?« sagte Alan.

»Ja, das glaube ich«, sagte ich.

»David,« sagte er, »du bist ein Mensch von geringer Erfindungsgabe und noch geringerer Glaubenskraft. Aber jetzt lass mich einmal meinen Verstand auf die Probe stellen, und wenn ich kein Boot erbitten, borgen oder auch stehlen kann, so will ich eines machen.«

»Ich glaube, ich verstehe dich«, sagte ich. »Und was noch besser ist als das: Wenn wir eine Brücke überschreiten, so kann sie nichts verraten, wenn wir aber die Meerenge übersetzen, so steht das Boot auf dem anderen Ufer – irgendjemand muss es doch hingebracht haben – und die ganze Gegend wird in Aufregung sein.«

»Mensch,« schrie Alan, »wenn ich ein Boot mache, so werde ich auch einen dazu machen, der es zurückführt! Und jetzt plag' mich nicht mehr weiter mit deinem Unsinn, sondern geh lieber – denn das ist alles, was du zu tun hast – und lass Alan für dich denken.«

So wanderten wir die ganze Nacht hindurch auf der nördlichen Seite des Marschlandes und kamen gegen zehn Uhr früh sehr müde und hungrig in dem kleinen Flecken Limekilns an. Dies ist ein nahe dem Wasser gelegener Ort gerade gegenüber der Stadt Queensferry, und nur durch den Hope von ihr getrennt. Von den Dächern dort – sowie von zahlreichen anderen Dörfern und Bauernhöfen ringsumher – stieg der Rauch empor. Auf den Feldern wurde geerntet, zwei Schiffe lagen vor Anker und Boote kamen und gingen auf dem Hope. Das Ganze war für mich ein wahrhaft schöner Anblick und ich konnte mich an diesen sanften, bebauten Hügeln und den arbeitenden Menschen auf den Feldern und Schiffen nicht satt sehen.

Trotz alledem stand Mr. Rankeillorts Haus am Südufer und ich zweifelte nicht, dass mich dort Glück und Reichtum erwarteten; ich aber stand hier am Nordufer, in gar erbärmlichen und nicht eben landesüblichen Kleidern, mit drei Silberschillingen in der Tasche – alles, was mir von meinem Reichtum geblieben war – auf meinen Kopf stand eine Belohnung und mir zur Seite ein Geächteter, mein einziger Freund.

»Oh, Alan,« sagte ich, »wenn man es bedenkt, dort drüben ist alles, was mein Herz begehrt, und die Vögel fliegen hinüber und die Schiffe fahren hinüber – jeder, der will, kann hinüber, nur ich nicht. Oh, Alan, welch Herzeleid!«

In Limekilns gingen wir in ein kleines Haus – wir erkannten an der Peitsche über der Tür, dass es ein Wirtshaus sei, in dem man auch Pferde wechseln konnte – und kauften ein Stück Brot und Käse von einem freundlichen Mädchen, das dort bediente. Wir nahmen die Sachen mit und wollten sie in einem Wäldchen am Ufer verzehren, das wir etwa eine halbe Meile weit vor uns sahen. Während wir gingen, sah ich immerfort über das Wasser und seufzte dazu. Alan war, ohne dass ich es bemerkt hatte, tief in Gedanken versunken und blieb endlich mitten auf dem Weg stehen.

»Hast du das Mädchen gesehen, von dem wir die Sachen da gekauft haben?« sagte er und tappte auf das Brot und den Käse.

»Ja, natürlich,« sagte ich, »es war ein nettes Mädchen.«

»Meinst du?« rief er, »David, mein Junge, das ist eine gute Botschaft.«

»Um aller Heiligen willen, warum?« fragte ich, »was kann uns das nützen?«

»Ja,« sagte Alan mit einem drolligen Gesicht, »ich hatte eben gehofft, es könnte uns zu einem Boot verhelfen.«

»Wenn du das Gegenteil erwartet hättest, wäre es eher möglich«, sagte ich.

»Das ist alles, was du kannst, siehst du«, sagte Alan. »Ich will ja nicht, dass sich das Mädchen in dich verliebt, sondern dass sie dich bemitleidet, David. Und dazu ist es nicht notwendig, dass sie dich für eine Schönheit hält. Zeig' her«, (und er musterte mich aufmerksam). »Ich wollte, du wärest ein kleines bisschen blässer, aber abgesehen davon, wirst du ganz gut zu meinem Vorhaben taugen – du hast so etwas Gutes, Ohrenhängendes, Lumpen- und Fetzenmäßiges, Klapperdürres an dir. Komm nur geradewegs ins Wirtshaus zurück um unser Boot.«

Ich folgte ihm lachend.

»David Balfour,« sagte er, »du bist ein sehr komischer Herr in deiner Art und das ist sicher eine sehr komische Rolle für dich. Trotzdem bitte ich dich, wenn dir dein Hals lieb ist (von meinem ganz zu schweigen), so gut zu sein, und diese Sache ernst zu nehmen. Wir müssen ein wenig Theater spielen, was letzten Endes ebenso ernst ist, wie der Galgen es für uns beide ist. Also vergiss dies Letzte nicht und benimm dich danach.«

»Gut, gut,« sagte ich, »es soll geschehen, was du willst.«

Als wir in die Nähe des Dorfes kamen, ließ er mich seinen Arm nehmen und mich darauf stützen, als wäre ich ganz hilflos vor Müdigkeit. Als wir zur Tür des Wirtshauses kamen, schien er mich halb zu tragen. Das Mädchen war sehr verwundert (und mit vollem Recht) über unsere schnelle Rückkehr, aber Alan nahm sich keine Zeit, ihr die Sache zu erklären, half mir zu einem Stuhl, bestellte ein Glas Schnaps und gab es mir in kleinen Schlückchen ein; dann brach er das Brot und den Käse an und gab mir davon kleine Bissen zu essen, wie eine Krankenpflegerin. Er tat dieses alles mit so ernster, besorgter, liebevoller Miene, dass er jeden Kenner gefoppt hätte. Kein Wunder, dass das Mädchen von diesem Anblick eines kranken, überanstrengten Burschen mit seinem überaus zärtlichen Genossen gerührt zu sein schien. Sie kam ganz nahe heran und stand, mit dem Rücken gegen den Nachbartisch gelehnt, vor uns.

»Geht es ihm schlecht?« fragte sie endlich.

Alan drehte sich zu meiner größten Verwunderung wütend nach ihr um. »Schlecht?« rief er. »Der hat mehr Hundertmeilen-Märsche hinter sich, als Haare an seinem Kinn, und öfters in der nassen Heide geschlafen als in einem trockenen Bett. Schlecht, sagt sie! Schlecht genug, glaub' ich! Schlecht, fürwahr!« Und er brummte noch weiter, während er mich fütterte, wie einer, der sehr ärgerlich ist.

»Er ist noch jung für dergleichen«, sagte das Mädchen.
»Viel zu jung«, sagte Alan, ihr den Rücken zukehrend.

»Er sollte lieber reiten«, sagte sie.

»Und wo soll ich ein Pferd für ihn hernehmen?« rief Alan, sich wieder wütend nach ihr umkehrend. »Soll ich es vielleicht stehlen?«

Ich dachte, dass sie uns auf diese Grobheit hin unwillig stehenlassen würde. Sie aber begnügte sich damit, eine Weile nichts zu reden. Mein Freund wusste genau, was er tat; und so einfach er sonst manche Dinge im Leben anpackte, so verschlagen konnte er bei derlei Gelegenheiten sein.

»Ihr braucht es mir nicht erst sagen,« fing das Mädchen endlich wieder an – »ihr seid Leute von Stand.«

»Nun,« sagte Alan, durch diese ungekünstelte Erklärung etwas besänftigt (gegen seinen Willen glaube ich), »und wenn auch? Habt Ihr schon je gehört, dass der Stand den Leuten Geld in die Taschen zaubert?«

Da seufzte sie, als wäre sie selbst irgendeine enterbte, vornehme Dame. »Nein,« sagte sie, »das ist wahr.«

Ich war die ganze Zeit, wütend über die Rolle, die ich zu spielen hatte, und zum Schweigen verurteilt, halb beschämt, halb belustigt dagesessen. Aber jetzt konnte ich aus irgendeinem Grund nicht mehr länger an mich halten und bat Alan, mich nun in Ruhe zu lassen, da ich mich bereits besser fühle. Ich sprach nur mit halber Stimme, denn ich hasste das Lügen; aber meine Verlegenheit passte gut zu dieser Komödie, denn das Mädchen suchte den Grund meiner Heiserkeit in meiner Krankheit und Müdigkeit.

»Hat er denn keine Angehörigen?« fragte sie mit tränenvoller Stimme.

»Doch, die hat er«, rief Alan. »Wenn wir nur zu ihnen gelangen könnten! – Angehörige, und noch dazu reiche Angehörige; genug Betten zum Schlafen und Speisen zum Essen, und Ärzte, ihm zu helfen – und hier muss er durch den Kot stapfen und in der Heide liegen, wie ein Bettler.«

»Und warum das?« fragte das Mädchen.

»Meine Liebe,« sagte Alan, »das kann ich dir nicht gut sagen, aber ich weiß etwas anderes, ich werde dir ein Liedchen pfeifen.« Er lehnte sich weit über den Tisch und pfiff leise, kaum hörbar, und doch mit wundervollem Gefühl ein paar Takte von »Charlie is my darling«.

»Pst!« sagte sie und sah über die Schultern zurück nach der Tür.

»Das ist es«, sagte Alan.

»Und noch dazu so jung!« rief das Mädchen.

»Alt genug zum ...« und Alan fuhr mit dem Zeigefinger über seinen Nacken, um anzudeuten, dass ich alt genug wäre, meinen Kopf zu verlieren.

»Das wäre eine Sünde«, rief sie, heftig errötend.

»Und doch wird es geschehen,« sagte Alan, »außer, wenn wir es gescheiter anstellen.«

Bei diesen Worten drehte sich das Mädchen um und lief hinaus und ließ uns allein: Alan in ausgezeichneter Laune wegen der guten Aussichten seines Planes und ich unwillig, ein Jakobit genannt und wie ein Kind behandelt zu werden.

»Alan,« rief ich, »ich kann das nicht länger aushalten.«

»Dann wirst du es eben austragen müssen, Davie«, sagte er. »Denn wenn du den Topf jetzt umstürzest, so kannst du vielleicht noch dein eigenes Leben aus den glühenden Kohlen zusammenkratzen, aber Alan Breck ist ein toter Mann.«

Das war so wahr, dass ich nur stöhnen konnte, und sogar mein Stöhnen diente Alans Zwecken, denn das Mädchen hatte es gehört, als sie eben wieder hereingestürzt kam mit einer Schüssel Würste und einer Flasche Bier.

»Armer Kerl!« sagte sie, stellte das Essen vor uns hin und strich mir dann freundlich über die Schulter, als wollte sie mich aufmuntern. Dann sagte sie, wir sollten uns übers Essen machen, es wäre nichts dafür zu bezahlen, denn das Wirtshaus gehöre ihr oder doch wenigstens ihrem Vater, und der wäre für den ganzen Tag nach Pittencrieff gegangen. Wir warteten nicht auf eine zweite Aufforderung, denn Käse und Brot sind nur ein kalter Trost und die Würste dufteten herrlich. Während wir dasaßen und aßen, nahm sie wieder den alten Platz am Nebentisch ein, war tief in Gedanken versunken, runzelte die Stirn und drehte ihre Schürze mit den Händen zu einem Strick zusammen.

Endlich sagte sie zu Alan: »Solltet nicht so schwatzhaft sein, glaub' ich!«

»Ja,« sagte Alan, »aber Ihr seht, ich weiß, mit wem ich spreche.«

»Ich würde euch nie verraten, wenn Ihr das meint.«

»Nein,« sagte er, »Ihr gehört nicht zu den Leuten. Aber ich werde Euch sagen, was Ihr gerne tätet: helfen.«

»Ich könnte nicht«, sagte sie kopfschüttelnd. »Nein, ich könnte nicht.«

»Nein,« sagte er, »aber wenn Ihr könntet?«

Sie antwortete nicht.

»Schau, mein Mädel,« sagte Alan, »es gibt Boote hier, denn ich sah unten am Ufer nicht weniger als zwei, als ich durch den Ort ging. Nun, hätten wir ein Boot zur Verfügung, um im Schutz der Nacht nach Lothian zu gelangen, und einen verlässlichen, verschwiegenen Mann, der das Boot zurückbrächte und die Sache für sich behielte, so wären zwei Seelen gerettet – meine, aller Wahrscheinlichkeit nach – seine, mit tödlicher Sicherheit. Bekommen wir das Boot nicht, so bleiben uns auf dieser ganzen Welt nur noch drei Schillinge, und wohin wir gehen sollen, was wir machen sollen, was es für uns überhaupt noch anderes gibt, als die Stricke des Galgens – ich gebe Euch mein Ehrenwort, ich weiß es nicht! Werden wir das Boot nicht bekommen, mein Mädel? Wirst du in deinem warmen Bett liegen und an uns denken, wenn der Wind im Rauchfang heult und der Regen auf den Dächern peitscht? Willst du beim Schein des flackernden Feuers am Herd sitzen und dein Essen verzehren und meines armen und kranken Burschen hier gedenken, der im feuchten Moor sitzt und sich vor Kälte und Hunger in die Fingerspitzen beißt? Ob gesund, ob krank – er muss wandern, und wenn ihm der Tod schon im Nacken sitzt, muss er sich noch fortschleppen auf dem weiten Weg; und wenn er sein Ende erwartet auf einem Haufen kalter Steine, wird keiner seiner Freunde bei ihm sein, nur ich und Gott.«

Ich konnte wohl sehen, dass das Mädchen in großer Herzensnot war, als Alan so an ihr Mitleid appellierte. Sie stand in Versuchung uns zu helfen und gleichzeitig in Angst, dass sie vielleicht Übeltätern helfe. Und so entschloss ich mich jetzt, selbst einzugreifen und ihre Bedenken durch einen Teil der Wahrheit zu zerstreuen.

»Habt Ihr jemals«, fragte ich, »von Mr. Rankeillor in Ferry gehört?«

»Rankeillor, der Notar?« sagte sie, »ja, sicherlich.«

»Nun, zu dem eben will ich gehen«, sagte ich, »und Ihr könnt danach beurteilen, ob ich ein Missetäter bin. Ich will Euch noch mehr gestehen, dass nämlich, obwohl mein Leben durch einen verhängnisvollen Irrtum in Gefahr steht, König Georg keinen treueren Freund in ganz Schottland hat als mich.«

Ihr Gesicht erhellte sich bei diesen Worten, während sich das Alans verfinsterte.

»Das ist mehr als ich verlangt hätte«, sagte sie. » Mr. Rankeillor ist ein wohlbekannter Mann.« Und sie hieß uns unsere Mahlzeit beenden, so bald als möglich den Ort verlassen und uns in dem Wäldchen am Ufer verstecken. »Ihr könnt euch auf mich verlassen,« sagte sie, »ich werde schon irgendein Mittel finden, euch hinüber zu schaffen.«

Da warteten wir nicht länger, schüttelten ihr die Hand, machten mit den Würsten schnell fertig, verließen Limekilns so schnell als möglich und schritten auf jenes Wäldchen zu. Es war nicht groß, ein paar Erlen und Eschen und einige Hagedorn-Büsche, nicht dicht genug, uns vor den Blicken Vorübergehender auf der Straße oder am Ufer zu verbergen. Doch mussten wir hier liegen bleiben und freuten uns, so gut es ging, des warmen Wetters und der guten Hoffnung auf eine baldige Rettung und machten Pläne, was wir zuerst unternehmen sollten.

Der Tag neigte sich seinem Ende zu; der Abend kam klar und schön; dann wurde es Nacht. In den Häusern und Hütten wurden Lichter angezündet und mit der Zeit wurde eines nach dem andern wieder ausgelöscht. Es war jetzt elf Uhr vorbei, und Ungeduld und Angst plagten uns schon lange, ehe wir das Knirschen der Ruder in den Angeln hörten. Wir sahen hinaus und erblickten das Mädchen, das selbst in einem Boot auf uns zu gerudert kam. Sie hatte unsere Sache keinem anvertraut, nicht einmal ihrem Schatz – wenn sie einen hatte – sondern, sobald ihr Vater schlafen gegangen war, hatte sie durch ein Fenster das Haus verlassen, eines Nachbarn Boot gestohlen und war allein zu unserer Rettung gekommen.

Ich war beschämt und wusste keine Worte zu finden, um meine Dankbarkeit auszudrücken; aber sie war nicht minder verlegen bei dem Gedanken, sie anhören zu müssen. Sie bat uns, keine Zeit und keine Worte zu verlieren, und so hatte sie uns gar bald am Ufer von Lothian abgesetzt, uns die Hände geschüttelt und war schon wieder draußen auf dem Wasser, auf Limekilns lossteuernd, ehe noch ein Wort gesprochen worden war, weder über ihre Hilfe noch über unsere Dankbarkeit.

Sogar nachdem sie schon fort war, wussten wir nicht, was sprechen, auch war wirklich nichts gut genug für so viel Freundlichkeit und Güte. Alan stand nur eine lange Zeit am Ufer und schüttelte den Kopf.

»Das ist ein sehr feines Mädel«, sagte er endlich. »David, das ist ein sehr feines Mädel.« Und ungefähr eine Stunde später, als wir am Strand in einer Grube lagen und ich schon ein wenig geschlafen hatte, brach er wieder in Lobpreisungen aus. Ich für mein Teil konnte nichts sagen. Sie war ein so einfaches Geschöpf, dass mein Herz von Reue und Angst erfüllt war: Reue, weil wir ihre Unwissenheit ausgenützt hatten, Angst, dass wir sie in der Lage, in der wir uns befanden, mit in Gefahr verwickelt hätten.

## Ich komme zu Mr. Rankeillor

Am nächsten Tag wurde vereinbart, dass Alan sich allein bis abends durchbringen müsse und nach Einbruch der Dunkelheit in den Feldern an der Straße, in der Nähe von Newhalls, liegen solle und ruhig warten, bis er mich pfeifen höre.

Er lehrte mich zu diesem Zweck ein Stückchen von einem Lied, das mir von diesem Tag bis auf den heutigen im Gedächtnis geblieben ist und es wahrscheinlich bis an das Ende meiner Tage bleiben wird. Jedes Mal, wenn es mir einfällt, erinnere ich mich jenes letzten Tages der Unsicherheit, wie Alan in der Grube aufrecht saß, pfiff und mit den Fingern den Takt schlug, und das fahle Licht der Morgendämmerung allmählich sein Gesicht erhellte.

Ehe die Sonne aufgegangen war, befand ich mich in der Hauptstraße von Queensferry. Als der Morgen langsam fort schritt und in den Häusern die Feuer angezündet und die Fenster geöffnet wurden, als die Leute auf der Schwelle ihrer Häuser erschienen, da wuchsen meine Unruhe und mein Kleinmut immer mehr. Ich sah nun, dass ich keinen festen Boden unter den Füßen hatte, meine Ansprüche nicht nachweisen könne, ja nicht einmal meine Identität. Wenn vielleicht alles nur Täuschung wäre, war ich wahrhaftig grausam betrogen und in einer traurigen Lage. Selbst wenn die Dinge sich so verhielten wie ich annahm, würde es höchstwahrscheinlich eine Zeit in Anspruch nehmen, um meine Sache durchzufechten, und wie viel Zeit konnte ich warten, mit weniger als drei Schillinge in der Tasche und einem verurteilten, verfolgten Mann am Hals, der aus dem Land geschafft werden musste. Wahrlich, wenn meine Hoffnungen mich täuschten, konnten wir noch jetzt an den Galgen kommen. Und wie ich so auf und ab ging und sah, wie die Leute auf der Straße mich von der Seite anblickten oder aus den Fenstern sahen und einander zunickten oder lächelten, da kam mir eine neue Besorgnis: dass es vielleicht keine leichte Sache sein dürfte, auch nur eine Unterredung mit Mr. Rankeillor zu erlangen, viel weniger ihn von der Wahrheit meiner Geschichte zu überzeugen.

Ich hätte nicht um mein Leben den Mut aufgebracht, irgendeinen dieser ehrenwerten Bürger anzusprechen; ich schämte mich in diesem Haufen Fetzen auch nur mit ihnen zu reden, und ich glaubte, wenn ich sie gar nach dem Haus eines Mannes wie Mr. Rankeillor fragen wollte, sie würden mir ins Gesicht lachen. So ging ich auf und ab durch die Straßen und zum Hafen hinunter, wie ein Hund, der seinen Herrn verloren hat, ein seltsames Nagen in meinem Innern, und alle Augenblicke ein Verzweiflungsanfall. Endlich wurde es heller Tag, etwa neun Uhr vormittags; ich war ganz erschöpft von diesem Herumirren und blieb zufällig vor einem sehr schönen Haus stehen, einem Haus mit großen, sauberen Spiegelscheiben, Blumenstöcken auf den Fenstersimsen, frisch getünchten Mauern und einem Wächterhund, der gähnend auf der Schwelle saß, wie einer der hier zu Hause ist. Ich beneidete im Augenblick sogar dieses stumpfe Tier, als die Tür aufging und ein Mann von klugem, gutmütigem, freundlichem und ordentlichem Aussehen heraustrat, mit einer schönen, weißen Perücke auf dem Kopf und einer großen Brille auf der Nase. Ich befand mich in einem jämmerlichen Zustand, dass jeder, der mich zufällig erblickte, noch einmal genauer hinsah. Diesem

Herrn aber fiel meine Erscheinung so sehr auf, dass er geradewegs auf mich zukam und mich fragte, was ich da mache.

Ich erzählte ihm, dass ich in Geschäften nach Queensferry gekommen sei und, auf seine Freundlichkeit hin Mut fassend, bat ich ihn, mir das Haus des Mr. Rankeillor zu zeigen.

»Wie?« sagte er. »Das Haus, aus dem ich eben gekommen bin, ist sein Haus, und ich bin zufällig der Mann selbst.«

»Dann, Herr, muss ich Euch um eine Unterredung bitten.«

»Ich kenne Euren Namen nicht und auch Euer Gesicht ist mir fremd.«

»Mein Name ist David Balfour«, sagte ich.

»David Balfour?« wiederholte er höchst überrascht. »Und woher kommt Ihr, Mr. David Balfour?« fragte er und sah mich sehr kühl an.

»Ich komme von gar vielen abenteuerlichen Orten, Herr,« sagte ich, »aber ich möchte Euch das Wie und Woher lieber in vertraulichem Gespräch mitteilen.«

Er schien eine Weile zu überlegen, fuhr sich mit der Hand übers Kinn und sah bald auf mich, bald die Straße hinunter.

»Ja,« sagte er, »das wird zweifellos das Beste sein.« Und er führte mich ins Haus zurück, rief irgendjemandem, den ich nicht sehen konnte, zu, er werde den ganzen Vormittag beschäftigt sein und brachte mich in ein kleines, düsteres Zimmer, das mit Büchern und Schriften vollgeräumt war. Er setzte sich nieder und bat mich, Platz zu nehmen, obwohl er etwas betrübt von seinem sauberen Stuhl auf meine schmutzigen Fetzen zu sehen schien. »Und jetzt,« sagte er, »wenn Ihr mir etwas Bestimmtes zu sagen habt, fasst Euch bitte kurz und kommt möglichst schnell zur Sache. – Nec germino bellum Trojanum orditur ab ovo – versteht Ihr das?« sagte er mit einem durchdringenden Blick.

»Ich will tun wie Horaz sagt, Herr, und Euch in medias res führen.« Er nickte zufrieden, denn er hatte die lateinischen Brocken hingeworfen, um mich zu prüfen. Trotz alledem und obwohl ich schon etwas Mut gefasst hatte, stieg mir das Blut ins Gesicht, als ich hinzufügte: »Ich habe Gründe anzunehmen, dass ich einige Ansprüche habe auf den Besitz der Shaws.«

Er nahm ein Notizbuch aus seinem Schreibtisch und legte es offen vor sich hin. »Nun?« sagte er.

Aber ich hatte meinen Pfeil abgeschossen und saß stumm da.

»Weiter, weiter, Mr. Balfour,« sagte er, »Ihr müsst fortfahren. Wo seid Ihr geboren.«

»In Essendean, Herr,« sagte ich, »im Jahre 1734, am 12. März.«

Er schien diese Angabe mit den Aufzeichnungen seines Notizbuches zu vergleichen, aber ich wusste nicht, was dies zu bedeuten hätte. »Vater und Mutter?« fragte er.

»Mein Vater war Alexander Balfour, Schullehrer des Ortes,« sagte ich, »und meine Mutter Grace Pitarrow, ich glaube, sie stammt aus Angus.«

»Habt Ihr irgendwelche Papiere, die Eure Identität beweisen?« fragte Mr. Rankeillor.

»Nein, Herr,« sagte ich, »die sind in Händen des Mr. Campbell, des Geistlichen; und könnten sehr leicht beschafft werden. Mr. Campbell könnte meine Aussagen auch bestätigen, und was das anbelangt, glaube ich nicht, dass mich mein Onkel verleugnen würde.«

»Damit meint Ihr Mr. Ebenezer Balfour?« fragte er.

»Ja, Herr«, antwortete ich.

»Seid Ihr jemals einem Mann namens Hoseason begegnet?« fragte Mr. Rankeillor.

»Ja, Herr, wohl um meiner Sünden willen,« sagte ich, »denn mit seiner Hilfe wurde ich auf Veranlassung meines Onkels aus dem Hafen dieser Stadt entführt, aufs Meer verschleppt, habe dann Schiffbruch gelitten und flehe heute nach Abenteuern aller Art in dieser jämmerlichen Verfassung vor Euch.«

»Ihr sagt, Ihr habt Schiffbruch erlitten,« sagte Mr. Rankeillor, »wo war das?«

»In der Nähe des Südendes der Insel Mull«, antwortete ich. »Die Insel, auf die ich verschlagen wurde, heißt Erraid.«

»Ah!« sagte er lächelnd, »in Geographie seid Ihr mir überlegen. Aber so weit kann ich auch sagen, stimmt alles ziemlich genau mit den Informationen überein, die ich bekommen habe. Doch Ihr sagt, Ihr wäret entführt worden, inwiefern?«

»Im wahrsten Sinne des Wortes, Herr«, sagte ich. »Ich war auf dem Weg zu Euch, als ich, an Bord des Schiffes gelockt, dort niedergeschlagen wurde und nichts mehr von mir wusste, bis wir weit draußen auf dem Meer waren. Ich sollte zu den Plantagen geschafft werden, ein Schicksal, dem ich durch Gottes Fügung entronnen bin.«

»Das Schiff ist am 27. Juni untergegangen«, sagte er, in sein Büchlein blickend, »und heute haben wir den 24. August. Das ist eine lange Pause, Mr. Balfour, beinahe zwei Monate. Die Sache hat Euren Freunden schon eine Unmenge Mühe gekostet und ich gestehe, ich will nicht ruhen, ehe sie nicht vollständig aufgeklärt ist.«

»Ja, Herr,« sagte ich, »diese Lücke von zwei Monaten ist gar leicht ausgefüllt; aber ehe ich meine Geschichte erzähle, möchte ich doch gerne wissen, ob ich zu einem Freund spreche.«

»Das ist ein circulus vitiosus«, sagte der Rechtsgelehrte. »Ich kann nicht überzeugt sein, ehe ich Euch angehört habe. Ich kann nicht Euer Freund sein, ehe ich genügend unterrichtet bin. Es stünde Euren Jahren besser an, vertrauensvoller zu sein. Ihr wisst, Mr. Balfour, wir haben hier ein Sprichwort, das heißt: Missetäter sind misstrauisch.«

»Ihr dürft nicht vergessen, Herr,« sagte ich, »dass ich durch meine Vertrauensseligkeit schon viel habe leiden müssen, und dass ich von ebendemselben Mann (der, wenn ich die

Sache richtig verstehe, Euer Arbeitsgeber ist), verschifft wurde, um als Sklave verkauft zu werden.«

Die ganze Zeit über gewann ich bei Mr. Rankeillor sichtlich immer festeren Boden und, im gleichen Verhältnis, selbst immer mehr zutrauen. Aber bei diesem Ausfall, bei dem ich selbst lächeln musste, lachte er laut auf.

»Nein, nein,« sagte er, »so schlimm ist es noch nicht, fui, non sum. Ich habe tatsächlich einmal die Geschäfte Eures Onkels geführt; aber zur Zeit als Ihr (imberbis juvenis custode remoto) im fernen Westen herumgesegelt seid, ist hübsch viel Wasser ins Meer geflossen, und wenn Euch die Ohren nicht geklungen haben, so geschah es wahrlich nicht darum, weil man zu wenig von Euch gesprochen hat. Gerade an dem Tag, da Ihr Schiffbruch littet, schritt Mr. Campbell in mein Kontor und verlangte Euch aus allen Himmelsrichtungen zurück. Ich hatte nie zuvor von Eurer Existenz gehört, aber ich habe Euren Vater gekannt und nach meinen früheren Erfahrungen (von denen ich später sprechen werde) war ich geneigt, das Schlimmste zu fürchten. Mr. Ebenezer gab zu, Euch gesehen zu haben, erklärte (was unglaubwürdig schien), Euch eine beträchtliche Summe Geldes übergeben zu haben und dass Ihr Euch nach dem Festland Europas aufgemacht habt, um dort Eure Erziehung zu vollenden (was wiederum wahrscheinlich und lobenswert erschien). Darum befragt, warum Ihr Mr. Campbell noch keine Zeile habt zukommen lassen, gab er an, dass Ihr den Wunsch gezeigt habt, mit Eurem vergangenen Leben zu brechen. Weiter befragt, wo Ihr Euch augenblicklich aufhieltet, schützte er Unkenntnis vor, glaubte aber, Ihr wäret in Leyden. Das ist in kurzen Worten seine Aussage. Ich weiß nicht, ob ihm irgendjemand etwas davon glaubte«, fuhr Mr. Rankeillor lächelnd fort, »und insbesondere erweckten einige meiner Worte so sehr sein Missfallen, dass er mir, mit einem Wort, die Tür wies. Damit waren wir auf einem toten Punkt angelangt; denn wie groß unser Verdacht auch immer war, so hatten wir doch keinen Schatten eines Beweises. In diesem Augenblick trifft Kapitän Hoseason mit der Nachricht ein, dass Ihr ertrunken wäret. Und damit war die ganze Sache erledigt ohne weitere Folgen, als Kummer und Sorge für Mr. Campbell, einige Verluste für meine Tasche und auf Eures Onkels Ehre ein neuer Schandfleck, was diese schwerlich noch vertragen konnte. Und jetzt, Mr. Balfour,« sagte er, »versteht Ihr wohl den ganzen Zusammenhang dieser Geschichte und könnt selbst beurteilen, wie weit Ihr mir Euer Vertrauen schenken könnt.«

Er war in seinen Auseinandersetzungen in Wirklichkeit noch weit pedantischer als ich es darzustellen vermag und flocht auch noch mehr lateinische Phrasen in seine Rede ein. Aber er brachte alles mit so herzlichem Frohsinn in Blick und Benehmen vor, dass er jedes Misstrauen in mir leicht besiegte. Ich konnte überdies auch erkennen, dass er mich nunmehr ganz so behandelte, als wär ich zweifellos ich selbst, so dass meine Identität vollkommen anerkannt schien.

»Herr,« sagte ich, »wenn ich Euch meine Geschichte erzähle, gebe ich das Leben meines Freundes in Eure Hände und erbitte daher Eure Verschwiegenheit. Gebt mir Euer Wort, und es soll mir heilig sein; und was mich betrifft, so verlange ich keine andere Garantie, als Euer gutes Gesicht.«

Er gab mir mit sehr ernster Miene sein Wort und sagte: »Das ist eine beunruhigende Einleitung, und wenn in Eurer Erzählung vielleicht Verstöße gegen das Gesetz vorkommen, so will ich Euch bitten, nicht zu vergessen, dass ich als Mann des Gesetzes nicht leicht darüber hinweggehen kann.«

Daraufhin erzählte ich ihm meine Geschichte vom Anfang an. Er hörte mir zu mit hinaufgeschobener Brille und geschlossenen Augen, so dass ich manchmal glaubte, er schliefe. Aber davon war keine Rede! Er hörte jedes Wort, wie ich nachher merkte, fasste so schnell auf und erinnerte sich mit solcher Genauigkeit der Einzelheiten, dass ich mich noch oft darüber wunderte. Sogar seltsame, ausländische, gälische Namen, die er nur dieses eine Mal gehört hatte, merkte er sich und wiederholte sie mir oft viele Jahre später. Doch als ich Alan Brecks Namen voll nannte, ereignete sich eine merkwürdige Szene. Alans Name war natürlich durch ganz Schottland gegangen, im Zusammenhang mit dem Mord in Appin und der Belohnung, die auf seinem Kopf stand. Kaum war er mir entschlüpft, als sich Mr. Rankeillor aufrichtete auf seinem Stuhl und die Augen öffnete.

»Ich würde keine unnötigen Namen nennen, Mr. Balfour,« sagte er, »vor allem nicht von Bewohnern der Highlands, die viele dem Gesetz nach straffällig sind.«

»Nun gut, ich hätte den Namen lieber verschweigen sollen,« sagte ich, »aber da er mir nun einmal entschlüpft ist, kann ich ebenso gut fortfahren.«

»Nicht im geringsten«, sagt« Mr. Rankeillor. »Ich bin etwas schwerhörig, wie Ihr wohl schon bemerkt haben dürft und bin gar nicht sicher, ob ich den Namen richtig verstanden habe. Wir wollen Euren Freund, bitte, Mr. Thomson nennen. Und in Zukunft möchte ich mit allen Bewohnern der Highlands, die Ihr noch zu erwähnen habt – tote oder lebende – ähnlich verfahren.«

Daran sah ich, dass er den Namen nur allzu gut gehört hatte und bereits erraten hatte, dass ich zu dem Mord kommen könnte. Wenn er diese Rolle des Unwissenden spielen wollte, ging es mich weiter nichts an; so lächelte ich, sagte, dass der Name nicht eben sehr hochländisch klänge und war einverstanden. Für den ganzen Rest meiner Erzählung hieß Alan Mr. Thomson, was mich umso mehr unterhielt, da es ein Stück seiner eigenen Politik war.

»Nun gut,« sagte der Rechtsgelehrte, als ich ganz fertig war, »das ist ein großes Epos, eine große Odyssee. Ihr seid weit herumgekommen, quae regio in terris – welche Gemeinde Schottlands, um es in unsere heimatliche Sprache zu übersetzen, habt Ihr nicht durchwandert? Ihr habt eine eigentümliche Geschicklichkeit bewiesen, einerseits in eine schiefe Lage zu kommen und anderseits Euch im Großen und Ganzen gut aus der Affäre zu ziehen. Dieser Mr. Thomson scheint mir ganz vorzügliche Eigenschaften zu besitzen, obwohl er vielleicht ein wenig zu blutdürstig ist. Es wäre mir trotz alledem nicht unangenehm, wenn er (mit all seinen Verdiensten) tief in der Nordsee läge, denn, Mr. David, der Mann ist eine schreckliche Verlegenheit für uns. Ihr habt zweifellos ganz recht, ihm zugetan zu sein, wie er ja auch unzweifelhaft Euch zugetan scheint, er war Euer guter Kamerad; nun diese Tage sind zum Glück vorbei und ich glaube (vom menschlichen Standpunkt aus gesprochen) dass die Zeit Eurer Not zu Ende sein dürfte.«

Während er solcherart seine Betrachtungen über meine Abenteuer anstellte, sah er mich so gütig und freundlich an, dass ich meine Freude kaum zurückhalten konnte. Ich war so lange unter Ausgestoßenen herumgeirrt, hatte mein Bett so oft im Wald und unter freiem Himmel gemacht, dass die Tatsache allein, wieder einmal in einem sauberen, anständigen Haus zu sitzen und freundschaftlich mit einem wohlgekleideten Herrn zu sprechen, schon ein höchst erhebliches Gefühl für mich war. Als ich dies eben überlegte, fiel mein Blick zufällig auf meine zerlumpten Kleider und ich fühlte mich wieder beschämt und verwirrt. Aber Mr. Rankeillor verstand mich. Er erhob sich, rief über die Stiege, man möge noch ein Gedeck auflegen, da Mr. Balfour zum Essen bliebe und führte mich in ein Schlafzimmer im oberen Stockwerk des Hauses. Hier stellte er mir Wasser, Seife und einen Kamm zur Verfügung, legte einige Kleider seines Sohnes für mich heraus und überließ mich hier meiner Toilette.

## Auf der Suche nach meiner Erbschaft

Ich versuchte, so gut als möglich, mein Äußeres zu verändern und war sehr froh, als ich in den Spiegel sah und fand, dass der Bettler nunmehr ein Ding der Vergangenheit und David Balfour wieder zum Leben erwacht war. Und doch schämte ich mich auch wieder dieser Veränderung und insbesondere der ausgeborgten Kleider. Als ich fertig war, begegnete ich Mr. Rankeillor auf der Stiege, er beglückwünschte mich und führte mich wieder in sein Zimmer.

»Setzt Euch, David,« sagte er, »und jetzt, da Ihr wieder mehr Euch selbst gleicht, will ich versuchen, Euch über einiges aufzuklären. Ihr werdet sicherlich neugierig sein, einiges über Euren Vater und Euren Onkel zu erfahren? Es ist eine merkwürdige Geschichte, und es fällt mir nicht ganz leicht, Euch die Sache zu erklären. Denn,« sagte er wirklich mit einiger Verlegenheit, »es dreht sich natürlich um eine Liebesgeschichte.«

»Aufrichtig gesagt«, antwortete ich, »kann ich diesen Begriff schwer mit meinem Onkel in Verbindung bringen.«

»Aber Euer Onkel, Mr. David, war nicht immer alt«, sagte er, »und was Euch vielleicht noch mehr wundern wird, er war nicht immer hässlich. Er war hübsch und elegant, die Leute blieben stehen, um ihm nachzublicken, wenn er auf seinem feurigen Ross vorbeiritt. Ich habe es mit meinen eigenen Augen gesehen und ich muss gestehen, nicht ohne Neid. Denn ich war selbst ein einfacher Bursche und eines einfachen Mannes Sohn und in jenen Tagen war es eine Sache von: odi te, qui bellus es, Sabelle!«

»Es klingt wie ein Märchen«, sagte ich.

»Ja, ja,« sagte Mr. Rankeillor, »so geht es mit Jugend und Alter. Aber das ist noch nicht alles: er besaß Geist und Verstand, und man versprach sich große Dinge von ihm für die Zukunft. Im Jahre 1715, was hatte er da Wichtigeres zu tun, als davonzulaufen und sich den Rebellen anzuschließen? Es war Euer Vater, der ihm folgte, ihn in einem Graben fand und ihn zur großen Freude aller Leute zurückbrachte, multum gementem. Kurz – majora canamus – die beiden Burschen verliebten sich in dieselbe Dame. Mr. Ebenezer, der viel bewunderte, allgemein beliebte und von aller Welt verwöhnte, zweifelte nicht einen Augenblick an seinem Erfolg und war seines Sieges nur allzu gewiss. Als er sah, dass er sich geirrt hatte, kreischte er wie ein Pfau. Die ganze Gegend wusste um die Sache. Bald lag er krank zu Hause und die ganze dumme Familie stand weinend um sein Bett, bald wieder ritt er von einem Wirtshaus zum anderen und schrie seinen Schmerz jedem Tom, Dick oder Harry in die Ohren. Euer Vater, Mr. David, war ein guter, freundlicher Herr, aber, er war schwach, sehr schwach, leider. Er machte zu all den Narrheiten ein langes Gesicht und eines Tages – mit Verlaub zu sagen – verzichtete er auf die Dame. Sie war jedoch nicht so dumm – von ihr müsst Ihr zweifellos Euren gesunden Menschenverstand geerbt haben – und weigerte sich solcherart abgetreten zu werden. Beide fielen vor ihr auf die Knie und das Ende der Geschichte war für den Augenblick, dass sie beiden die Tür wies. Das war im August, du meine Güte, im selben Jahr, da ich vom Gymnasium kam! Es muss die reinste Lustspiel-Szene gewesen sein.«

Ich war auch der Ansicht, dass es eine dumme Geschichte war, aber ich erinnerte mich doch, dass mein Vater darin verwickelt gewesen war. »Ja, Herr, aber es war doch auch eine tragische Note darin,« sagte ich.

»Nein, ganz und gar nicht«, antwortete der Rechtsgelehrte. »Denn zu einer Tragödie gehören doch einigermaßen gewichtige Gründe einer Streitfrage, ein dignus vindice nodus. Aber das war nur die Unverschämtheit eines jungen verwöhnten Esels. Aber Euer Vater sah die Sache anders, und das Ende war, dass sie endlich – nachdem Euer Vater eine Konzession nach der andern gemacht hatte – eine Art Geschäft abschlossen, dessen üble Folgen Ihr kürzlich habt büßen müssen. Der eine nahm die Dame, der andere den Grundbesitz. Seht Ihr, Mr. David, man redet viel von Edelmut und Menschenliebe; aber in unserem heutigen Stadium des Zusammenlebens der Menschen glaube ich immer noch, dass es bei einem Streit das Ratsamste ist, die Leute befragen ihren Rechtsfreund und nehmen jeder so viel ihres Rechts in Anspruch, als ihnen das Gesetz zuspricht. Kurz, dieses Stück Don Quichoterie vonseiten Eures Vaters zog, da es in sich ungerecht war, noch eine ganze Reihe anderer Ungerechtigkeiten nach sich. Eure Eltern lebten Zeit ihres Lebens in Armut, starben arm, Ihr wurdet ärmlich erzogen, und was hatten während dieser Zeit die Pächter auf Shaws für ein Leben? Und ich könnte noch (läge mir daran etwas) hinzufügen, was führte Mr. Ebenezer für ein Leben?«

»Und doch ist dies sicherlich das Seltsamste an der ganzen Geschichte,« sagte ich, »dass sich der Charakter eines Menschen so ändern kann.«

»Richtig,« sagte Mr. Rankeillor, »und doch glaube ich, es war ziemlich selbstverständlich. Er konnte sich nicht einbilden, eine ehrenvolle Rolle gespielt zu haben. Diejenigen, die um die Sache wussten, kehrten ihm den Rücken, die übrigen – als sie einen Bruder verschwinden sahen und den anderen vom Grund Besitz ergreifen – glaubten ihn des Mordes schuldig, so dass er sich von allen Seiten gemieden sah. Geld war alles, was er bei der Sache profitiert hatte, und so fing er eben an, umso mehr vom Geld zu halten. Er war selbstsüchtig gewesen, als er jung war; er ist jetzt selbstsüchtig, da er alt ist. Und die letzte Folge dieses seinen Benehmens und dieser edlen Gefühle habt Ihr ja an Euch selbst erfahren.«

»Gut Herr,« sagte ich, »und wie steht es um meine Ansprüche bei dieser ganzen Geschichte?«

»Das Gut gehört zweifellos Euch«, antwortete der Rechtsanwalt. »Es ist gleichgültig, was Euer Vater unterschrieb, Ihr seid rechtmäßiger Erbe. Aber Euer Onkel ist der Mann, das Unanfechtbare anzufechten, und er würde voraussichtlich Eure Identität anzweifeln. Ein Prozess ist immer eine kostspielige Sache und Erbschaftsstreitigkeiten in der Familie immer ein Skandal. Und abgesehen davon, käme etwas über Euer Tun mit Eurem Freund, Mr. Thomson, heraus, könnten wir uns leicht die Finger verbrennen. Die Entführung spräche natürlich für uns, wenn wir sie nur beweisen könnten. Aber der Beweis könnte vielleicht schwer erbracht werden, und ich würde Euch alles in allem raten, Euch mit Eurem Onkel auszugleichen, ihm keine zu schweren Bedingungen zu stellen, ja ihn vielleicht in Shaws zu lassen, wo er nun seit einem Vierteljahrhundert Wurzel gefasst hat und Euch inzwischen mit einer anständigen Anwartschaft zu begnügen.«

Ich sagte ihm, dass ich keine Schwierigkeiten machen wolle, und dass auch ich eine Scheu davor habe, Familienangelegenheit vor die Öffentlichkeit zu bringen. Inzwischen fing ich an, einen Plan auszudenken, nach dem wir später vorgingen.

»Die Hauptsache ist wohl«, fragte ich, »ihm das Geständnis der Entführung zu entreißen?«

»Ganz richtig,« sagte Mr. Rankeillor, »und womöglich außerhalb des Gerichtssaales. Denn seht Ihr, Mr. David, wir könnten sicherlich irgendeinen von der Mannschaft der »Covenant« finden, der Eure gewaltsame Entführung beschwören würde. Aber einmal auf der Zeugenbank, könnten wir auch weitere Aussagen nicht verhindern und da könnte leicht ein Wort über Euren Freund, Mr. Thomson, fallen, was mir, nachdem was Ihr mir gesagt habt, nicht wünschenswert erscheinen kann.«

»Gut, Herr,« sagte ich, »jetzt will ich Euch folgenden Vorschlag machen.« Und ich legte ihm meinen Plan vor.

»Ja, aber da müsste ich mit Mr. Thomson zusammentreffen?« sagte er, als ich geendet hatte.

»Ich glaube schon, Herr«, sagte ich.

»Mein lieber Doktor!« rief er und fuhr sich über die Stinte. »Mein lieber Doktor! Nein, Mr. David, ich fürchte, Euer Plan ist undurchführbar. Ich sage nichts gegen Euren Freund, Mr. Thomson, ich weiß auch nichts gegen ihn, und wüsste ich etwas – merkt Euch dies, Mr. David – so wäre es meine Pflicht, ihn festzunehmen. Jetzt urteilt selbst: wäre es klug, einander zu begegnen? Es könnte etwas gegen ihn vorliegen, er hat Euch vielleicht nicht alles gesagt, er heißt vielleicht nicht einmal Thomson!« rief der Anwalt zwinkernd, »Denn diese Leute nehmen oft fremde Namen an.«

»Darüber müsst Ihr selbst urteilen, Herr«, sagte ich.

Aber es war klar, dass mein Plan Eindruck auf ihn gemacht hatte, denn er blieb in Gedanken versunken, bis wir zu Tisch gerufen wurden. Kaum hatte uns Mrs. Rankeillor bei einer Flasche Wein wieder allein gelassen, mochte er auch schon wieder Anspielungen auf meinen Vorschlag. Wann und wo ich meinen Freund, Mr. Thomson, treffen sollte; ob ich mich auf die Verschwiegenheit des Mr. Thomson verlassen könne; ob ich, falls uns der alte Fuchs in die Falle ginge, mich mit diesen oder jenen Bedingungen einverstanden erklären würde: diese und ähnliche Fragen stellte er mir immer wieder nach längeren Pausen, während er den Wein, in Gedanken versunken, in kleinen Schlückchen langsam trank. Als ich sie alle beantwortet hatte, anscheinend zu seiner Zufriedenheit, verfiel er noch tiefer in Gedanken und vergaß sogar den Wein darüber. Dann nahm er ein Blatt Papier und einen Bleistift und fing an zu schreiben, jedes Wort wägend und überlegend. Endlich zog er an einer Glocke und rief seinen Schreiber ins Zimmer.

»Torrance,« sagte er, »ich muss dies bis abends säuberlich abgeschrieben haben. Wenn es geschehen ist, setzt, bitte, Euren Hut auf und macht Euch bereit, mich und diesen Herrn zu begleiten, denn wir werden Euch wahrscheinlich als Zeugen brauchen.«

»Wie, Herr,« rief ich, sobald der Schreiber fort war, »wollt Ihr es wagen?«

»Ja, es scheint so«, sagte er und füllte sein Glas. »Aber jetzt wollen wir nicht mehr von Geschäften sprechen. Der Anblick Torrances bringt mir eben eine komische Geschichte in Erinnerung. Es war vor ein paar Jahren, als ich mit dem armen Dummkopf verabredet hatte, wir sollten uns beim Kreuz in Edinburgh treffen. Jeder war seinen eigenen Geschäften nachgegangen und als es vier Uhr wurde, hatte Torrance ein Glas zu viel getrunken und erkannte seinen Herrn nicht, und ich hatte meine Brille vergessen und war ohne sie so blind, dass ich, auf mein Wort, meinen eigenen Schreiber nicht erkannte.« Und darüber lachte er gar herzlich.

Ich sagte, es wäre ein komischer Zufall gewesen und lächelte höflichkeitshalber. Aber was mich den ganzen Nachmittag immer neu verwunderte, war, dass er immer wieder auf die Geschichte zurückkam und sie immer von neuem mit anderen Einzelheiten und vielem Gelächter erzählte. So dass ich endlich ganz aus der Fassung kam und mich der Narrheit meines Freundes schämte.

Als die Zeit herankam, die ich mit Alan verabredet hatte, machten wir uns auf vom Haus, Mr. Rankeillor und ich, Arm in Arm, Torrance hinter uns, die Urkunde in der Tasche und einen zugedeckten Korb in der Hand. Wir hatten endlich die letzten Häuser hinter uns und gingen längs des Hafens auf Hawes' Gasthaus und die Brückenpfeiler zu, dem Schauplatz meines Unglücks. Ich konnte nicht ohne eine gewisse Rührung des Tages gedenken, da ich zuletzt hier gewesen war; so viele, die damals mit mir waren, lebten nicht mehr: Ransome, wie ich hoffen will, von seinem größeren Elend erlöst, Shuan in ein neues Leben eingegangen, dahin ich ihm nicht folgen konnte, und all die armen Seelen, die mit dem Schiff untergegangen waren. Ich hatte sie alle und das Schiff selbst überlebt und war nun all der Not und den schrecklichen Gefahren entronnen. Dankbarkeit hätte mich bei diesem Gedanken ganz erfüllen sollen, doch konnte ich mich bei diesen Erinnerungen des Mitleids, der Angst und des Grauens nicht erwehren.

Ich wurde aus meinen Gedanken durch Mr. Rankeillor plötzlich aufgeschreckt, der leise aufschreiend seine Hände zusammen schlug, seine Taschen durchstöberte und dann zu lachen anfing.

»Dies ist doch wahrhaftig wie in einem Lustspiel!« rief er. »Nach all dem Gesagten habe ich nun meine Brille vergessen!«

Da verstand ich natürlich den Zweck seiner Anekdote und wusste, dass, wenn er seine Brille daheimgelassen hatte, es mit Absicht geschehen war, damit er den Vorteil von Alans Hilfe genießen und sich zugleich die Unannehmlichkeit, ihn zu erkennen, ersparen konnte.

Sobald wir Hawes' Gasthaus hinter uns hatten (wo ich den Wirt erkannt hatte, der vor seiner Tür stand und eine Pfeife rauchte; ich war betroffen, ihn nicht älter aussehend zu finden als damals), wechselte Mr. Rankeillor unsere Marschordnung und schickte mich als Führer voraus, während er mit Torrance hinter mir zurückblieb. Ich schritt den Hügel hinauf und pfiff von Zeit zu Zeit mein gälisches Liedchen. Endlich hatte ich das Vergnügen, eine Antwort zu hören und Alan hinter einen Busch hervorkommen zu sehen. Er war ein wenig niedergeschlagen, da er den ganzen langen Tag allein da im Hinterhalt gelegen hatte und nur ein kärgliches Mahl in einem Wirtshaus bei Dundas eingenommen hatte. Aber beim bloßen Anblick meiner Kleider erhellte sich sein Gesicht, und sobald ich ihm erzählt hatte, welche Fortschritte unsere Sache gemacht und welche Rolle ich ihm für den Rest zugedacht hatte, da wurde er völlig ein anderer Mensch.

»Und das ist eine sehr gute Idee von dir«, sagte er, »und ich darf wohl sagen, dass du nicht leicht einen Besseren hättest finden können, um sie auszuführen, als Alan Breck. Nicht ein jeder (merk' es dir) könnte das, da gehört schon einiger Verstand dazu. Aber es kommt mir vor, dass dein Herr Anwalt sich schon sehnt, mich kennenzulernen.«

So rief und winkte ich Mr. Rankeillor, der allein heraufkam und meinem Freund, Mr. Thomson, vorgestellt wurde.

»Mr. Thomson, ich freue mich, Euch kennenzulernen«, sagte er. »Aber ich habe meine Brille vergessen und unser Freund, Mr. David hier« (er klopfte mir auf die Schulter), »wird Euch sagen, dass ich beinahe blind bin, und Ihr dürft es mir nicht übelnehmen, wenn ich morgen vielleicht an Euch vorbeigehe, ohne Euch wiederzuerkennen.«

Dies sagte er in der Annahme, dass Alan sehr erfreut sein werde, aber mein Highlander fühlte sich schon geringerer Anlässe wegen in seiner Eitelkeit gekränkt.

»Nun, Herr,« erwiderte er sehr steif, »ich möchte eigentlich bemerken, dass das umso weniger von Belang ist, als wir hier ja nur zu einem bestimmten Zweck zusammentreffen, nämlich, um dafür zu sorgen, dass Mr. Balfour Gerechtigkeit widerfahre, und wir, soviel ich sehen kann, sonst nicht allzu viel miteinander gemein haben. Aber immerhin nehme ich Eure Entschuldigung, die ich für vollkommen wohlangebracht halte, mit Dank entgegen.«

»Und das ist mehr, als ich erwarten konnte, Mr. Thomson«, sagte Rankeillor herzlich. »Und jetzt, da Euch und mir die Hauptrollen in diesem Unternehmen zufallen, glaube ich, müssen wir uns ganz genau über die Sache verständigen und darum schlage ich vor, dass Ihr mir Euren Arm reicht, denn ich bin durch die Dunkelheit und das Fehlen meiner Brille des Weges nicht ganz sicher. Was Euch anbelangt, Mr. David, so werdet Ihr Euch sicherlich mit Torrance ganz gut unterhalten. Nur will ich Euch nochmals sagen, es ist ganz unnötig, dass er von Euren oder, hm, Mr. Thomsons Abenteuern zu viel erfährt.«

So gingen die beiden voraus in angeregter Unterhaltung, Torrance und ich bildeten die Nachhut.

Ehe wir das Haus der Shaws erreichten, war es vollkommene Nacht geworden. Es war zehn Uhr vorbei; die Nacht war finster und milde, leise rauschte der Wind vom Südwesten her und dämpfte den Klang unserer Schritte; als wir nahe herangekommen waren, sahen wir nicht einen einzigen Lichtschimmer in irgend einem Winkel des Hauses. Es schien, dass mein Onkel bereits zu Bett gegangen war, was zu unserem Vorhaben ganz trefflich passte. In einer Entfernung von einigen fünfzig Ellen trafen wir im Flüsterton unsere letzten Vereinbarungen, dann krochen der Anwalt, Torrance und ich leise hinauf und versteckten uns hinter einer Ecke des Hauses. Sobald wir unsere Plätze eingenommen hatten, schritt Alan ohne jede Vorsicht zur Tür und fing zu klopfen an.

## Ich gelange in mein Königreich

Alan tobte eine Zeitlang vor der Tür, ohne dass sein Klopfen etwas anderes als den Widerhall im Haus erweckte. Endlich aber konnte ich das Geräusch eines vorsichtig geöffneten Fensters vernehmen und wusste, dass mein Onkel an seinen Beobachtungspunkt gekommen war. Bei der herrschenden Dunkelheit konnte er Alan nur wie einen schwachen Schatten auf der Schwelle sehen. Die drei Zeugen waren seinen Blicken vollkommen entzogen, so dass für einen ehrlichen Menschen kein Grund war, in seinem eigenen Haus zu erschrecken. Trotz alledem betrachtete er seinen Besucher geraume Weile schweigend und als er sprach, klang seine Stimme misstrauisch.

»Was gibt's?« fragte er. »Das ist nicht eben die richtige Stunde für anständige Menschen und mit Nachtvögeln habe ich nichts zu tun. Was führt Euch her? Ich habe ein Gewehr da.«

»Seid Ihr es selbst, Mr. Balfour?« erwiderte Alan, einen Schritt zurücktretend und in die Finsternis hinaufblickend. »Gebt Acht mit dem Gewehr, das sind abscheuliche Dinger, wenn sie losgehen.«

»Was führt Euch her und wer seid Ihr?« fragte mein Onkel ärgerlich.

»Ich habe keine Lust, meinen Namen ins weite Land hinauszuschreien,« sagte Alan, »aber was mich herführt, ist wieder eine andere Geschichte; das ist mehr Eure Sache als die meine. Und wenn Ihr es gerade wünscht, so bin ich gern bereit es in ein Lied zu fassen und Euch vorzusingen.«

»Und was ist es?« fragte mein Onkel.

»David«, sagte Alan.

»Was war das?« rief mein Onkel mit vollkommen veränderter Stimme.

»Soll ich Euch den vollen Namen nennen?« fragte Alan.

Es folgte eine Pause; dann: »Ich glaube, es wäre besser, ich lasse Euch herein«, sagte mein Onkel zögernd.

»Ich glaube auch«, sagt Alan; »aber die Frage ist nur, ob ich auch hineingehe? Jetzt will ich Euch sagen, was ich glaube. Ich glaube, dass wir eben an dieser Türschwelle über die Sache verhandeln müssen, und es wird hier sein oder überhaupt nicht. Denn Ihr müsst nun einmal einsehen, dass ich ebenso halsstarrig bin wie Ihr selbst und noch dazu aus einer vornehmeren Familie stamme.«

Diese Änderung des Tones machte Ebenezer etwas stutzig; er überlegte eine Weile und sagte dann: »Nun gut, was sein muss, muss sein«, und schloss das Fenster. Aber er brauchte ziemlich lange, um die Stiege herunterzukommen und noch länger, um Schloss und Riegel aufzusperren. Er bereute es wohl und bekam von neuem Angst, bei jeder zweiten Stufe, Stange oder Kette. Endlich jedoch hörten wir die Türangeln knarren und mein Onkel schlich, wie es schien, vorsichtig heraus, und da er sah, dass Alan ein oder zwei Schritte zurückgetreten war, setzte er sich auf die oberste Stufe der Schwelle, das Gewehr in der Hand.

»Und jetzt«, sagte er, »vergesst nicht, ich habe ein Gewehr, und wenn Ihr einen Schritt näherkommt, seid Ihr so gut wie tot.«

»Das nenne ich eine höfliche Rede«, sagte Alan.

»Nein,« sagte mein Onkel, »aber das ist nicht eben ein vertrauenerweckendes Vorgehen und ich muss daher vorbereitet sein. Und jetzt, damit wir einander verstehen, sagt, was Euch herführt.«

»Also,« sagte Alan, »Ihr, als ein Mann, der die Dinge richtig zu erkennen vermag, werdet wohl zweifellos bemerkt haben, dass ich ein Edelmann aus den Highlands bin: Mein

Name tut nichts zur Sache, aber das Land meiner Angehörigen liegt nicht sehr weit von der Insel Mull entfernt, von der Ihr sicherlich schon gehört habt. Es scheint, dass in der Gegend ein Schiff gescheitert ist. Am nächsten Tag suchte einer meiner Familienangehörigen längs der Küste angeschwemmtes Holz für sein Feuer; da fand er einen halbertrunkenen Burschen. Er brachte ihn heim und er und einige andere nahmen ihn zu sich; sie versteckten ihn in einem alten, halbverfallenen Schloss, wo er von jenem bis auf den heutigen Tag geblieben ist und meine Leute ein hübsches Stück Geld gekostet hat. Meine Leute sind ein wenig ungebunden und halten sich nicht so genau an das Gesetz wie andere, die ich näher bezeichnen könnte. Und nachdem sie herausgefunden hatten, dass der Bursche von ordentlichen Leuten stammt und Euer leiblicher Neffe ist, Mr. Balfour, so baten sie mich, mich an Euch zu wenden und mit Euch über die Sache zu verhandeln. Ich kann Euch gleich voraussagen, wenn wir uns nicht über irgendwelche Bedingungen einigen können, so werdet Ihr ihn schwerlich wiedersehen, denn meine Leute«, fügte Alan hinzu, »sind nicht eben wohlhabend.«

Mein Onkel räusperte sich. »Es liegt mir nicht viel daran«, sagte er. »Er war zumindest nicht das, was »man einen braven Burschen nennt und ich habe keine Veranlassung, mich einzumischen.«

»Ja, ja«, sagte Alan. »Ich sehe schon, wo Ihr hinauswollt: vorgeben, dass Euch nicht viel daran liegt, um das Lösegeld herunter zu drücken.«

»Nein,« sagte mein Onkel, »es ist nur die reine Wahrheit. Ich habe gar kein Interesse an dem Burschen und ich werde kein Lösegeld bezahlen, Ihr könnt von mir aus mit ihm machen, was Ihr wollt.«

»Ha, mein Herr!« sagte Alan, »Blut ist doch stärker als Wasser, in des Teufels Namen! Ihr könnt doch anstandshalber Eures Bruders Sohn nicht im Stich lassen; und wenn Ihr es doch tätet und es würde bekannt, so wäre das für Euren guten Ruf hier in der Gegend nicht eben förderlich, kann ich mir denken.«

»Mein Ruf ist eben nicht der allerbeste hier«, antwortete Ebenezer; »auch wüsste ich nicht, wie es bekannt werden sollte. Durch mich sicherlich nicht, ebenso wenig durch Euch und Eure Leute. Das ist also alles unsinniges Geschwätz, mein Lieber«, sagte er.

»Dann wird es wohl David sein, der es erzählen wird«, sagte Alan.

»Wieso«, fragte mein Onkel schnell.

»Na, ganz einfach«, sagt Alan. »Meine Leute würden Euren Neffen sicherlich solange behalten, als sie mit einiger Wahrscheinlichkeit damit ein wenig Silber herausschlagen könnten. Wenn das aber nicht der Fall wäre, dann bin ich ganz überzeugt davon, dass sie ihn laufen ließen, wohin er wolle, wenn er sich nur zum Teufel scherte.«

»Ja, aber eben daran liegt mir auch nicht besonders viel«, sagte mein Onkel. »Darüber wäre ich auch nicht sehr entzückt.«

»Das habe ich mir gedacht«, sagte Alan.

»Und warum?« fragte Ebenezer.

»Nun, Mr. Balfour,« antwortete Alan, »nach all dem, was ich erfahren konnte, gab es nur zwei Möglichkeiten: entweder Euch läge etwas an David, dann hättet Ihr wohl dafür bezahlt, ihn zurück zu bekommen; oder Ihr hättet gute Gründe, ihn nicht hier haben zu wollen, dann würdet Ihr wohl dafür bezahlen, dass wir ihn behielten. Es scheint, das erste ist es nicht, gut, dann ist es eben das zweite; und ich bin froh, es zu wissen, denn es soll ein hübsches Sümmchen sein für meine Tasche und für die meiner Leute.«

»Jetzt konnte ich Euch wieder nicht folgen«, sagte mein Onkel.

»Nein?« sagte Alan, »also seht her: Ihr wolltet den Burschen nicht zurückhaben; also was wollt Ihr, dass mit ihm geschehe und wieviel wollt Ihr dafür bezahlen?«

Mein Onkel gab keine Antwort, sondern rutschte verlegen auf seinem Platz herum.

»Nun Herr«, rief Alan. »Ihr müsst wissen, dass ich ein Edelmann bin, ich trage eines Königs Namen; entweder Ihr gebt mir eine anständige Antwort, und zwar sofort, oder bei Gott, ich renne Euch drei Fuß Eisen in den Leib.«

»He, Mensch,« schrie mein Onkel und sprang auf die Beine, »so wartet doch eine Minute! Was habt Ihr denn? Ich bin ein einfacher Mann, aber ich will mich bemühen, Euch eine anständige Antwort zu geben, soweit es möglich ist. Aber was sollen Eure groben Reden? In den Leib rennen, sagt Ihr? Und wo bliebe ich mit meinem Gewehr?« brummte er.

»Pulver und Eure alten Hände wären nur wie die Schnecke gegen die Schwalbe, im Vergleich zu dem blitzenden Stahl in Alans Händen«, sagte der andere. »Ehe Eure zitternden Finger den Hahn gefunden, säße der Griff meines Degens schon an Eurem Brustbein.«

»Ach, Mensch, wer leugnet's denn?« sagte mein Onkel. »Sei's denn, wie Ihr wollt, ich will nichts tun, was Euch ärgert. Sagt mir einfach, wieviel Ihr ungefähr wollt und Ihr sollt sehen, dass wir uns einigen werden.«

»Also wirklich, Herr«, sagte Alan, »ich verlange nichts als klare Abmachungen. In zwei Worten: wollt Ihr, dass der Bursche umgebracht werde oder nicht?«

»Oh, Herr!« rief Ebenezer. »Oh du meine Güte! Was ist das für eine Sprache!«

»... umgebracht werde oder nicht?« wiederholte Alan.

»Oh nicht, nicht umgebracht!« jammerte mein Onkel. »Wir wollen doch, bitte, kein Blut vergießen.«

»Nun, Herr, wie Ihr wollt,« sagte Alan, »das wird aber teurer kommen.«

»Teurer?« rief Ebenezer. »Möchtet Ihr lieber Eure Hände mit einem Verbrechen besudeln?«

»Na,« sagte Alan, »beides ist ein Verbrechen, und Umbringen ist leichter und schneller und sicherer. Den Burschen versteckt halten wird eine mühsame Sache sein, eine mühsame, heikle Geschichte.«

»Und doch will ich, dass es geschehe«, antwortete mein Onkel. »Ich habe niemals etwas wirklich Sündhaftes getan und werde nicht jetzt damit anfangen, einem wilden Highlander zuliebe.«

»Seid Ihr aber skrupelhaft«, grinste Alan.

»Ich habe meine Grundsätze«, sagte Ebenezer einfach, »und wenn ich dafür bezahlen muss, so werde ich bezahlen. Und außerdem vergesst Ihr, dass der Bursche der Sohn meines Bruders ist.«

»Gut, gut,« sagte Alan, »und jetzt zum Preis. Es ist nicht ganz leicht für mich, eine Summe zu nennen. Ich müsste erst einige Kleinigkeiten wissen. Ich müsste zum Beispiel erst wissen, was Ihr Hoseason das erste Mal bezahlt habt?«

»Hoseason?« schreit mein Onkel entsetzt, »wofür?«

»Um David zu entführen«, sagt Alan.

»Es ist eine Lüge, es ist eine freche Lüge!« schreit mein Onkel. »Er ist niemals entführt worden. Das war ein Lügner, der Euch das erzählt hat. Entführt? Niemals!«

»Das ist nicht meine Schuld und auch nicht die Eure«, sagte Alan; »auch Hoseasons Schuld ist es nicht, wenn man sich auf ihn verlassen kann.«

»Was meint Ihr?« rief Ebenezer. »Hat Euch Hoseason etwas gesagt?«

»Natürlich, verdammter alter Kerl, woher denn sollt ich's wissen?« schrie Alan. »Hoseason und ich, wir arbeiten zusammen und teilen. Da könnt Ihr selbst sehen, was es für einen Sinn hat zu lügen. Ich muss offen sagen, es war ein Unsinn einen Menschen, wie diesen Seemann, so in Eure Privatangelegenheit einzuweihen. Aber dafür ist es jetzt zu spät, und Ihr müsst liegen, wie Ihr Euch gebettet habt. Augenblicklich ist die Frage nur, wieviel habt Ihr bezahlt?«

»Hat er Euch's selbst gesagt?« fragte mein Onkel.

»Das ist meine Sache«, sagte Alan.

»Gut,« sagte mein Onkel, »mir ist es gleich, was er gesagt hat, er hat gelogen; die Wahrheit ist, bei Gott, dass ich ihm zwanzig Pfund gegeben habe. Aber ich will ganz aufrichtig mit Euch sein: Wenn er den Burschen auf den Karolinen verkauft hätte, wäre es weit mehr gewesen, aber nicht aus meiner Tasche, versteht Ihr?«

»Danke, Mr. Thomson, das genügt vollkommen«, sagte der Rechtsanwalt, kam aus seinem Versteck hervor und sprach überaus höflich: »Guten Abend, Mr. Balfour.«

Und: »Guten Abend, Onkel Ebenezer«, sagte ich.

Mein Onkel sprach kein einziges Wort, sondern saß auf der obersten Stufe der Schwelle und starrte uns an, wie wenn er zu Stein geworden wäre. Alan nahm ihm das Gewehr weg und der Rechtsanwalt nahm ihn beim Arm, hob ihn von der Stufe auf und führte ihn in die Küche, wohin wir alle folgten, setzte ihn auf einen Stuhl neben den Herd, in dem das Feuer ausgegangen war und nur noch ein wenig Glut brannte.

Wir sahen ihn alle eine Weile lang an und freuten uns unseres Erfolges, empfanden aber doch auch ein wenig Mitleid beim Anblick seines beschämten Zustandes.

»Also kommt, Mr. Ebenezer,« sagte der Rechtsanwalt, »Ihr müsst nicht so niedergeschlagen sein, denn ich verspreche Euch, dass Ihr günstige Bedingungen haben sollt. Gebt uns inzwischen den Kellerschlüssel und Torrance wird so gut sein, uns eine Flasche von Eures Vaters Wein zu bringen, zur Feier des Tages.« Dann wandte er sich mir zu und schüttelte mir die Hand: »Ich wünsche Euch viel Freude zu all Eurem Glück, das Ihr, wie ich glaube, wohl verdient habt.« Dann zu Alan mit einem leisen Anflug von Spott: »Mr. Thomson, ich spreche Euch meine Bewunderung aus, Ihr habt es wahrhaft kunstvoll gemacht. Nur in einem Punkt konnte ich Euch nicht folgen; soll ich es so verstehen, dass Euer Name James oder Charles oder vielleicht George ist?«

»Und warum sollte es einer von den dreien sein, Herr?« fragte Alan, der eine Beleidigung in der Luft witterte.

»Nur darum, Herr, weil Ihr eines Königs Namen erwähntet,« antwortete Rankeillor, »und da es noch nie einen König Thomson gegeben hat, oder sein Ruhm zumindest noch nie bis zu mir gedrungen ist, so nahm ich an, dass Ihr auf Euren Vornamen anspieltet.«

Das war eben der Stachel, den Alan am schmerzlichsten fühlte und ich muss gestehen, dass er es sehr übel nahm. Er antwortete kein Wort, sondern schritt in den entferntesten Winkel der Küche, wo er sich hinsetzte und schmollte. Erst bis ich ihm nachging und ihm die Hand gab und mich bei ihm bedankte, als den Haupturheber meines Erfolges, fing er erst wieder an, ein wenig zu lächeln und ließ sich endlich dazu bringen, sich der Gesellschaft wieder anzuschließen.

Nun hatten wir auch das Feuer wieder angezündet und eine Flasche Wein entkorkt. Ein gutes Nachtmahl kam aus dem Korb, und Torrance, Alan und ich setzten uns dazu, während der Rechtsanwalt und mein Onkel ins Nebenzimmer gingen, um miteinander zu beraten. Sie blieben dort etwa eine Stunde lang eingeschlossen, ehe sie endlich zu einer Verständigung gekommen waren, und mein Onkel und ich schlossen nun ein formelles Übereinkommen, nach welchem mein Onkel sich verpflichtete, Mr. Rankeillor für seine Vermittlung zu entschädigen und mir zwei Drittel des jährlichen Ertrages von Shaws zu bezahlen.

So hatte der Bettelknabe aus dem Märchen endlich heimgefunden; und als ich mich diese Nacht auf die Küchenbank hinlegte, stand ich im Besitz ansehnlicher Güter und eines wohlangesehenen Namens. Alan, Torrance und Rankeillor schliefen und schnarchten in ihren harten Betten, aber mich – der ich so viele Tage und Nächte draußen unter freiem Himmel gelegen hatte, im Schmutz und auf Steinen, oft mit einem leeren Magen und in Angst um mein Leben – mich hatte diese glückliche Wendung meines Schicksals stärker hergenommen, als irgendeine der früheren unglücklichen; ich lag bis zur Dämmerung und sah dem Flackern des Feuers zu und machte Pläne für die Zukunft.

## Das Lebewohl

Was mich anbelangte, so war mein Schiffchen nun im Hafen gelandet; aber ich hatte noch Alan, dem ich so sehr verpflichtet war, am Hals. Ich vertraute meine Sorge am nächsten Morgen Mr. Rankeillor an, als wir gegen sechs Uhr vor dem Haus der Shaws auf und ab gingen, vor uns die Felder und Wälder, die vor mir dagewesen waren und jetzt mir gehörten. Während ich von ernsten Dingen sprach, ließ ich meine Blicke über diese schöne Aussicht schweifen und mein Herz hüpfte mir im Leib vor Freude und Stolz.

Mein Rechtsfreund war über meine Pflicht dem Freund gegenüber nicht im Mindesten im Zweifel: ich müsse ihm, unter welchen Gefahren auch immer, aus dem Land helfen. Er gab mir noch zwei Empfehlungsschreiben, nahm dann Abschied und machte sich mit Torrance auf den Weg nach Ferry, während Alan und ich uns der Stadt Edinburgh zuwendeten. Als wir über den Pfad schritten, an den Gitterpfeilern und der unvollendeten Türsteherloge vorbei, blickten wir nach dem Haus meines Vaters zurück. Dort stand es, kahl und groß und rauchlos, wie ein unbewohnter Ort; nur in einem der oberen Fenster wackelte der Zipfel einer Nachtmütze hin und her wie der Kopf eines Kaninchens in seinem Bau. Ich hatte bei meiner Ankunft keinen herzlichen Willkommgruß erhalten, wenig Freundlichkeiten erfahren während meines Aufenthaltes dort, aber ich wurde zumindest beobachtet, als ich den Ort verließ.

Wir schritten langsam auf unserem Weg hin, Alan und ich, und hatten weder zum Gehen noch zum Reden Lust. Derselbe Gedanke beschäftigte uns beide, dass der Augenblick unserer Trennung nahe sei, und die Erinnerung vergangener Tage lastete schwer auf uns. Wir sprachen nur davon, was geschehen sollte, und es wurde beschlossen, dass Alan sich auf dem Land versteckt halten sollte, sich bald hier, bald dort aufhaltend, aber täglich einmal an einem bestimmten Ort kommen sollte, wo ich ihn dann selbst treffen oder eine Botschaft zukommen lassen könnte. Inzwischen sollte ich einen Rechtsgelehrten suchen, einen Appin Stewart, einen Mann also, dem man voll vertrauen könnte, und es sollte dann seine Aufgabe sein, ein Schiff zu finden und Alans Einschiffung mit aller Sicherheit zu bewerkstelligen.

Sobald wir dies vereinbart hatten, schienen wir keine Worte mehr finden zu können, und obwohl ich versuchte, mit Alan unter dem Namen Mr. Thomson zu scherzen und er mit mir, wegen meiner neuen Kleider und meines Grundbesitzes, konnte jeder leicht merken, dass uns die Tränen näher waren als das Lachen.

Als wir auf die Höhe des Hügels von Corstorphine kamen, blieben wir beide stehen, denn wir wussten beide, ohne dass es eines Wortes bedurft hätte, dass wir an die Stelle gekommen waren, wo sich unsere Wege trennten. Hier wiederholte er mir noch einmal, was wir verabredet hatten: die Adresse des Rechtsanwaltes, die tägliche Stunde, um die Alan gefunden werden konnte, und die Zeichen, die zu geben wären, wenn ihn einer suchen käme. Dann gab ich ihm, was ich noch an Geld hatte (ein oder zwei Guineen von Mr. Rankeillor), damit er in der Zwischenzeit nicht zu hungern brauche, dann standen wir still und sahen schweigend auf Edinburgh nieder.

»Nun lebe wohl«, sagte Alan, und hielt mir seine linke Hand hin.

»Lebwohl«, sagte ich, drückte seine Hand ein wenig und ging den Hügel hinunter.

Keiner von uns sah dem anderen ins Gesicht, auch blickte ich, so lange ich ihn hätte sehen können, nicht ein einziges Mal zurück nach dem Freund, den ich verließ. Aber als ich auf meinem Weg zur Stadt vorwärts schritt, fühlte ich mich so einsam und verlassen, dass ich mich am liebsten am Wegrand hingesetzt und geweint hätte, wie ein kleines Kind.

Es war gegen Mittag, als ich bei West Kirk und Grass Market die Straßen der Hauptstadt betrat. Die ungeheure Höhe der Gebäude mit ihren vielen, vielen Stockwerken, die finsteren, niedrigen, gewölbten Häusereingänge, die ununterbrochen Menschen ausspien, die Waren der Kaufleute in den Auslagen, das Gedränge und endlose Durcheinander, der üble Geruch und die seinen Kleider und tausend andere Kleinigkeiten – zu unbedeutend, um ihrer zu erwähnen – versetzten mich in einen Zustand des Staunens und Entsetzens, so dass ich mich von der Menge hin- und hertreiben ließ. Und doch dachte ich die ganze Zeit nur an Alan, und obwohl man annehmen sollte, dass ich von all den Neuigkeiten sehr entzückt war, hatte ich das Gefühl, als nagte mir etwas an den Eingeweiden, wie Reue nach getanem Unrecht.

Die Hand der Vorsehung führte mich endlich während meines Herumirrens gerade vor die Tür der British Linen Company's Bank.

• • •

Und hier, auf der Schwelle zu Glück und Reichtum, will der Verfasser für dieses Mal von David Abschied nehmen. Wie Alan entkam und was der Mord noch für Folgen hatte, mit einer Menge anderer abenteuerlichen Einzelheiten, mag vielleicht noch eines Tages erzählt werden. Das ist jedoch eine Sache, die von der Aufnahme beim Publikum abhängt.

Der Verfasser hat eine große Zuneigung, sowohl zu Alan wie zu David gefasst und würde den größten Teil seines Lebens in ihrer Gesellschaft verbringen, aber mit dieser Vorliebe könnte er leicht allein stehen. Aus Angst davor und damit man sich nicht beklage, dass unlautere Mittel gebraucht worden seien, beeilt er sich mitzuteilen, dass alles gut ging mit den beiden, in dem beschränkten, menschlichen Sinn des Wortes »gut«: Was auch immer ihnen zustieß, so war es keine Schande, und was auch immer misslang, so sind sie sich doch stets selbst treu geblieben.